Über dieses Buch Ende des 17. Jahrhunderts geriet das deutsche Wort »Witz« unter den Einfluß des französischen »Esprit« und erfuhr einen Bedeutungswandel. Als Übersetzung von »Esprit« bedeutete »Witz« fortan Geist, Talent zum geistreichen Formulieren im Sinne von »Witz haben«. Im heutigen Sprachgebrauch ist der französische Anteil von »Witz« weitgehend verlorengegangen. Wenn wir heute von Witz sprechen, meinen wir in der Regel Scherz, jene sprachliche Form des Komischen, die wir als »Textsorte« Witz im Sinne von »einen Witz machen« bezeichnen. Wie kam es zu dieser »Ausbürgerung« eines gerade erst glanzvoll »eingebürgerten« Begriffs? Die Antwort auf diese Frage enthüllt ein ebenso prägendes wie faszinierendes Stück europäischer Kultur- und Geistesgeschichte. Über mehr als einhundert Jahre zog sich der Streit hin, ob Deutsche Witz haben können. Klima, Denkweise, Charakter wurden als Hindernisse angeführt. Berühmte Franzosen sprachen sich dagegen, berühmte Deutsche dafür aus. Französischer »Esprit« gegen deutsches »Genie« wurde zur Formel – Oberflächlichkeit gegen Tiefe, ein Gegensatz, der zum Klischee erstarrte und bis ins 20. Jahrhundert nachwirkte. Das Buch geht der Geschichte der anfänglichen »Anziehung« und des Umschlagens in »Abstoßung« nach – in Gesellschaft und Literatur. Es erschließt eine neue Dimension deutschen Selbstverständnisses.

Der Autor Otto F. Best, Dr. phil., Jg. 1929, nach Studium von Romanistik, Philosophie und Germanistik Tätigkeit als Verlagslektor; heute Professor für deutsche Literatur an der University of Maryland in den Vereinigten Staaten.

Otto F. Best

Volk ohne Witz

Über ein deutsches Defizit

Fischer Taschenbuch Verlag

5.–7. Tausend: April 1993

Originalausgabe
Veröffentlicht im Fischer Taschenbuch Verlag GmbH,
Frankfurt am Main, Januar 1993

Umschlaggestaltung: Buchholz/Hinsch/Hensinger
Gesamtherstellung: Clausen & Bosse, Leck
Printed in Germany
ISBN 3-596-10094-1

Gedruckt auf chlor- und säurefreiem Papier

»Es gibt in … der Welt kaum einen anderen Staat, dessen Angehörige ein so verschwommenes und relativ farbloses Wir-Bild haben … Deutschland ist in dieser Hinsicht ein unglückliches Land.«

Norbert Elias, *Studien über die Deutschen*

»Das Wort Aufklärung wird in unsern Zeiten oft sehr gemißbraucht und bedeutet nicht sowohl Veredlung des Geistes als Richtung desselben auf grillenhafte, spekulative und phantastische Spielwerke. Die beste Aufklärung des Verstandes ist die, welche uns lehrt, mit unsrer Lage zufrieden und in unsern Verhältnissen brauchbar, nützlich und zweckmäßig tätig zu sein. Alles übrige ist Torheit und führt zum Verderben.«

Adolph von Knigge, *Über den Umgang mit Menschen*

»Ringe, Deutscher, nach römischer Kraft, nach griechischer Schönheit!
Beides gelang dir, doch nie glückte der gallische Sprung.«

Jakob Michael Reinhold Lenz, *Deutscher Genius*

Inhalt

Einleitung 9

Erster Teil
Zwischen Hof und Bürokratie

1. Vom Altern der Wörter 17
2. Persönlichkeit und Nationalcharakter 19
3. Deutschland und Frankreich: zwei Welten 21
4. Adel und Bürgertum: das verschmähte Vorbild 27
5. »Vetter Michel in seiner wohlbekannten Deutschheit« 32
6. Die Erziehung des Menschengeschlechts
   aus dem Geist der Bürokratie 35
7. Das Militär als Modell 39
8. Pistolenduell statt Rededuell 43
9. Keine Kompromisse 45
10. »... civilisiert bis zum Überlästigen« 50

Zweiter Teil
Der deutsche Michel – ein Mann mit Witz?

1. Talleyrands Traum 59
2. Krankheitserscheinungen am Sprachleib 61
3. Europäische Perspektiven 65
4. »Ob ein Deutscher Witz haben könne« 68
5. Schwierigkeiten mit der deutschen Sprache 72
6. Vom »Geist der Gesellschaftlichkeit« 76
7. Wer hat Geschmack? 79
8. »Langeweile ist ein böses Kraut« 82
9. Rousseau oder Voltaire? 86
10. Winckelmanns witziges Griechenland 88

Dritter Teil
Die poetische Landkarte des Spiels des Witzes

1. Kann ein Schöngeist »gründlich« sein? 95
2. Einen Zaun um den Witz? 98
3. Poésie légère – schwer gemacht 101
4. Die gezähmte Melancholie 104
5. Witz als Zivilisationskrankheit 108
6. »Mit dem Hohen nichts gemein...« 111
7. Kein Witz »von Frankfurt an bis Wien« 113
8. Auf, zum Göttlichen... 117
9. Spitzfindiges Spiel 120
10. Eitler Witzling – interessanter Witz 124

Vierter Teil
Von den Löchern in der Ordnung der Dinge

1. Suchendes Versuchen: Liebesspiel der Sprache 133
2. Die schillernde Dialektik 136
3. Züge des Abenteuerlichen 139
4. Vom Sprühfeuer der Salonkultur 142
5. Deutsche Dichter – brillante Franzosen 147
6. Vom »Geist der Zersetzung«: jüdischer Witz 151
7. Warnung vor der Laxheit des Dilettanten 156
8. »Wort-Lustgewinn« 159
9. Sinn im Unsinn 162
10. »Stachel« oder »Spiegel«? – Witz am Werk 165

Epilog

Die *ultima ratio* und darüber hinaus: Gesucht wird Held mit Gemüt . . 175

Literaturverzeichnis 183

Einleitung

*An den Wörtern, die sich nicht übersetzen lassen,
erkennt man, wes' Geistes Kind eine Sprache ist.*

Gibt es »witzige« Deutsche? Gewiß. Sind die Deutschen »witzig«?
Kaum. Jedenfalls nicht in dem Sinn, wie den Franzosen »Esprit« oder
den Engländern »Humor« nachgesagt wird. Witz gehört nicht zu den
Eigenschaften, an die Angehörige anderer Völker denken, wenn sie
»deutsch« sagen. Anderes scheint näherzuliegen. Ein kluger Franzose
sei der Ansicht, schreibt Rolf Breitenstein in seinem Buch *Der häßliche
Deutsche* (1968), deutsches Wesen lasse sich in zwei Wortpaaren erfassen: »entweder – oder« und »wenn schon – denn schon«. Diese harsche
Reduktion auf Gehorsam und Hang zur Gründlichkeit schießt gewiß
weit über das Ziel hinaus. Nur: Trifft sie nicht dennoch den Kern?

Noch immer sei das deutsche Grundverhaltensmuster gültig,
schrieb Brigitte Sauzay, profunde Kennerin Deutschlands wie Frankreichs, Ende der achtziger Jahre. Es habe sich höchstens um neue
Komponenten erweitert. Bekannt ist, daß unsere westlichen und öst-
lichen Nachbarn uns »plump, schwerfällig und rücksichtslos« finden.
Eine das »ganze Leben« beherrschende »Steifheit« gilt ihnen als »typisch deutsch«. Neben Schwerfälligkeit falle mangelndes *Savoir-vivre*
und ein Defizit an Humor und Esprit, sprich: Witz, an uns auf. »Ihre
Blumen haben Farbe und Geschmack, aber keinen Duft«, faßte der
polnische Romancier Boleslav Prus 1901 zusammen. »Ihr Haus hat
ein schönes Äußeres, aber keine gute Küche. Ihr Leben hat Verstand
und Arbeit, aber keine Poesie. Und Deutschland, das ist ein großer,
starker, grob gehauener Sockel, der keine feinen Umrisse besitzt.«
Keine Frage: »Maß«-gebend bei solcher Beurteilung ist das Vorbild
Frankreichs. Französisches Wesen gilt als fein und vornehm. Ihm hat
Deutschland wenig Gleichwertiges entgegenzusetzen.

Schon in der Renaissancezeit ist von der »Trunksucht« und der
»Gefrässigkeit« der Deutschen die Rede. Auch ihre Einfalt, Tölpel-
haftigkeit und Geschmacklosigkeit wurden hervorgehoben. Sie seien
»eher für die niederen Künste« geeignet, »nicht für die höheren, eigentlich menschenwürdigen«. So geht den Deutschen nach tradi-
tioneller französischer Auffassung zwar die Eignung für die feinere
Lebensweise und die eleganteren Formen der Geistigkeit ab, doch
stehen sie in dem Ruf, nützlich und geschickt im Handwerklichen zu
sein. Heißt es schon im 16. Jahrhundert, die Deutschen hätten »den
Verstand in den Händen«, so nennt noch gegen Ende des 18. Jahrhun-

derts der Fachschriftsteller A. Gignon Deutschland »*la patrie des machines*«: »das Vaterland der Maschinen«. Und das Image der »Dichter und Denker«, das, von der Deutschlandreisenden Madame de Staël geprägt, unserem Selbstbild so ungemein schmeichelt? Es ist mehr kompensatorische Wunschvorstellung als Resultat bewundernder Einschätzung durch die Welt.

Von Jahr zu Jahr wächst die Zahl der Bücher, die sich mit dem Wesen der Deutschen beschäftigen. Ihnen verdanken wir einen so übersichtlichen wie beeindruckenden Tugend- und Lasterkatalog. Ein Grund, seinen Inhalt erneut zur Diskussion zu stellen, besteht nicht. Näherliegend dürfte es sein, statt sich in horizontale Vermessung einzulassen, einmal in die Tiefe zu graben. Und zwar nicht, um die deutsche Seele auszuloten, sondern um anhand eines konkreten, historisch dokumentierbaren Beispiels zu zeigen, »warum wir sind, was wir sind«. Wie kam es, daß das Prinzip Witz in Deutschland in Ungnade fiel und schließlich als »undeutsch« eliminiert wurde? Besteht ein Zusammenhang zwischen unserem Ordnungssinn, unserem Hang zur Gründlichkeit und dem »Verlust des Witzes«? Nicht »Was ist deutsch?« soll ermittelt werden, sondern »Warum gilt Witz als undeutsch?« Oder: Warum konnte in Deutschland keine »Witzkultur« entstehen? Das Defizit, von dem dieses Buch handelt, ist nichts anderes als eine Folgeerscheinung des deutschen Ausbruchs aus europäischer Tradition und Geschichte.

Nicht oft genug kann daran erinnert werden, daß die Persönlichkeitsstruktur der Deutschen von einer über Jahrhunderte ungebrochenen absolutistischen Tradition geprägt ist. Als Modell für menschliche Beziehungen dienten weitgehend militärische Formen der Über- und Unterordnung, des Befehlens und Gehorchens (Norbert Elias). Auf alle Lebensbereiche erstreckte sich der Einfluß des Obrigkeitsstaats. Nicht zuletzt diesem Einfluß ist es zuzuschreiben, daß eine Disposition für eine bestimmte Art des Denkens, Erlebens und Handelns entstehen konnte, die von der Welt als »typisch deutsch« angesehen wurde. Aber nicht nur Produkt einer beschreibbaren historisch-gesellschaftlichen Konstellation ist das typisch Deutsche; es ist auch ein Produkt seiner selbst, indem es diese Konstellation immer wieder reproduzierte. Welche unheilvolle Rolle die Konditionierung zum »Nicht-Merken«, die sogenannte »Schwarze Pädagogik«, spielt, ist inzwischen mehrfach herausgestellt worden (Katharina Rutschky, Alice Miller). Im westlichen Deutschland konnte dieser *Circulus vitiosus* durchbrochen werden, weil nach 1945 die Erzieher zum ersten Male nicht aus der eigenen, d. h. der deutschen Erziehung hervorgegangen sind.

Es ist noch gar nicht so lange her, daß es in Deutschland zu einem Plebiszit gegen die repräsentative Demokratie kam. Dieses Plebiszit war zugleich ein Bekenntnis zur »autoritären Konzeption des Wünschenswerten« (Helge Pross). Worin bestand dieses Wünschenswerte? In sozialen Verhaltensweisen wie »fraglosem Gehorsam, Disziplin, Unterwerfung: fragloses Vertrauen in die Weisheiten der Autoritäten«. Nicht nur dem Bereich der Politik haben diese Vorstellungen ihren Stempel aufgedrückt, auch die Strukturen von Familie, Schule, Arbeitsstätte und Organisation sind von ihnen geprägt.

So konnte in Deutschland ein Verhalten zum Ideal werden, das keine Zugeständnisse an menschliche Unzulänglichkeiten und Schwächen macht. Alles oder nichts soll es sein. Nach Prinzipien, Doktrinen, absoluten Werten hatte sich das Leben zu richten. Da sie absolute Gültigkeit beanspruchten, war ihnen nie wirklich gerecht zu werden. Stets blieb eine Differenz, die dafür sorgte, daß das Gewissen nicht zur Ruhe kam. Entsprechend dem Motto jenes rheinischen Arbeitgebers, der von sich sagte: »Ich bezahle meine Arbeiter für fünfundzwanzig Stunden am Tag. Selbst wenn sie vierundzwanzig Stunden für mich arbeiten, bleiben sie mir eine Stunde schuldig.« Eine der Folgen solcher Überspannung: Das Gewissen wird überwach und stumpf zugleich. Wie läßt sich die Kluft zwischen Ideal und Wirklichkeit überbrücken? Im (heldischen) Wirken des Genies. Es verkörpert das Unbedingte, die Vollkommenheit, das Traumbild des Außergewöhnlichen. Sozusagen über die Wolken hinausragend, ist es doch mitten unter uns. Die Erhebung von Genie und Ideal zum Eichmaß, einem strengen und anspruchsvollen, erlaubte es, Rücksicht auf die realen Umstände, Kompromißbereitschaft und Relativitätsdenken als Werk einer kalten, berechnenden Vernunft abzutun. Nicht selten genügt sich die typisch deutsche Urteilsreaktion deswegen in einem apodiktischen »Das muß ganz anders gemacht werden«. »Losgelöst«, absolut erfolgt es und fragt nicht danach, ob das Vorgestellte machbar, das Geforderte überhaupt erreichbar ist. Die Diskussion um die deutsche Vereinigung, die so naive wie selbstgefällige Art, in der man dieses Jahrhundertproblem anpackte, war in den Augen vieler Ausländer ein Musterbeispiel für deutsche Unfähigkeit zu relativieren, d. h. realitätsbezogen zu denken und pragmatisch zu handeln.

Erfahrung von Zersplitterung und Zwietracht wie Orientierung am Ideal fanden ihren Ausdruck nicht nur in dem Ruf nach Ordnung, auch in der Sehnsucht nach der einigenden und ordnenden Kraft des (Führer-)Genies. Und da die Mechanismen der Selbstkontrolle unterentwickelt blieben, der deutsche Untertan auf Steuerung von außen angewiesen war, erwies sich auch seine Selbstachtung als gebrechlich. Mangel an instinktiver Selbstsicherheit führt zur Betonung von Höherwertigkeit, genauso wie die tägliche Erfahrung von Zerrissenheit dem Kult von Disziplin und Ordnung förderlich sein muß. Die Folgen dieser fehlenden Absättigung und Formung des Lebens zu einem Stil, wie er England und Frankreich charakterisiert, sind nur allzu bekannt: Überspannung, Verkrampfung, Schaukeln zwischen Extremen. Nacheiferung fremder Vorbilder heute, deren Verteufelung morgen als verhängnisvolle Begleiterscheinung. Gerade die Geschichte des Phänomens Witz trägt deren Siegel.

Wie hätte sich, vereinfachend gesagt, unter diesen Umständen der Spieltrieb entfalten sollen? Denn Spiel bedarf frei vereinbarter Regeln. Nur wenn Regeln ausgehandelt und eingehalten werden, läßt sich das dem Spiel Reiz und Spannung verleihende Unfaßbare fassen. Die kulturelle Bedeutung des Spiels liegt in solcher Domestizierung des Zufalls. Die dunklen, irrationalen Kräfte des Schicksals zwingt es in eine »Abmachung«. So dürfte es sich erklären, daß gerade die berühmte »clarté«, die Klarheit der Entfaltung des Witzes in Frankreich förderlich war. Mit dem Regelbewußtsein schärft sie das Sprachgefühl. Erst Regelfestigkeit erlaubt Spiel mit der Ausnahme, mit dem, wie es in der Linguistik heißt, »pathologischen Fall«. Auch Ironie, Untertreibung, als eine Erscheinung der Witzigkeit, hat immer ein objektives Verhältnis zum anerkannten, zivilisierten Wort zur Voraussetzung. Ohne die gesellschaftlich abgesicherte Hülle des Ernstes kann es kein Spiel geben. Wie ohne gesundes Selbstbewußtsein keine Selbstironie.

Es liegt nahe, von einem »deutschen Sonderweg« zu sprechen. Die im Ersten Weltkrieg in England entstandene These über diesen Weg wurde inzwischen vielfach angefochten. Jenen, die behaupten, sie bestehe zu Recht, werden die Ausführungen dieses Buches Wasser auf die Mühle sein. Sie beweisen zumindest, daß es ganz sicher nicht falsch ist, von einem »deutschen Sonderbewußtsein« auszugehen, das der Historiker Hagen Schulze gegründet sieht auf: »Verachtung der Politik, des grauen, alltäglichen Geschäfts des Interessenausgleichs, Angst vor der pragmatischen Verschmutzung von Idealen durch den politischen Kompromiß, Abscheu vor der kühlen Vernunft, die den heißen Drang des Herzens zu korrumpieren droht, die Prämiierung der Prinzipienfestigkeit, Grundsatztreue und rücksichtsloser Konsequenz gegenüber dem Ausgleich, dem Kompromiß«. Wie verträgt sich nun mit diesen langfristig wirksamen Tendenzen und Traditionen die Witzig-

keit als Witz, den man hat: dieser Störenfried, dessen Systemfeind-
lichkeit sprichwörtlich ist?

Überraschenderweise hatte auch das Wort »Esprit« in seiner deutschen Entsprechung zunächst als »Schöngeist«, dann als »Witz«,
einen festen Platz in unserer Sprache gefunden. Aber war das, was er
bezeichnete, nicht ein Produkt französischer Zivilisiertheit? Die
Frage, »ob ein Deutscher Witz haben könne«, führte zu einer grenz-
überschreitenden Kontroverse, die sich über Jahrhunderte hinzog.
Den deutschen Dichtern Gründlichkeit und Fleiß zuzugestehen, hatten die französischen Kritiker keine Bedenken gehabt. »*Bon esprit*«:
»fleißig-gründliche Mühewaltung« – ja; »*bel esprit*«: »Witz« – nein.
Jemand, der mit wenigen Worten viel zu sagen vermag, sei noch lange
kein »Schöngeist«. Dem Schöngeist eigne als Know-how das »Ich-
weiß-nicht-was« des instinktsicheren Geschmacks und der geistreichen Rede. Wie kommt es, daß die einen es besitzen, während es
den anderen fehlt? Ist die Körpergröße der Deutschen die Ursache
für deren vermeintliche Ungeistigkeit, wie Jean Bodin meint? Oder
läßt sie sich auf fehlende Zivilisiertheit zurückführen? Die Gleichsetzung der Deutschen mit »Moscowitern und Barbaren« durch den
Abbé Bouhours löste besonders heftige Proteste aus. Fast modern
mutet es an, wenn Adrien Baillet den Vorschlag macht, in der klimatischen Ungunst der nördlichen Länder die Ursache für das deutsche
Defizit zu sehen.

Baillets deutscher Kontrahent, Johann Gottlieb Meister, weiß sich
zwar mit dem Franzosen darin einig, daß eine jegliche Nation »ihr
besonderes Naturell«, ein jegliches Jahrhundert »sein Genium« auf-
zuweisen habe, doch von der Beeinflussung durch das Klima will er
nichts wissen. Er hält daran fest, daß das »Naturell« bestimmt ist
durch die Erbanlage, durch »die Beschaffenheit der zeugenden El-
tern« – und damit auch der »trunkenen Väter«, die man den Deutschen damals nachsagte –, durch die Erziehung sowie durch das Wal-

ten Gottes. Nein, selbst auf die Gefahr hin, für einen Patrioten gehalten zu werden, sehe er, Meister, keinen Grund, an der Fähigkeit der Deutschen zum Witz zu zweifeln.

Wie zu zeigen sein wird, mußte das Prinzip Witz in Deutschland jenem des Genies weichen. Seine Rolle beschränkte sich mehr und mehr darauf, die »Textsorte« Witz zu bezeichnen. Wer denkt heute, wenn er von Witz spricht, noch daran, daß das Wort »Verstandeskraft«, »Gabe des geistreichen Einfalls« bedeutete und erst sehr spät zum Lachen in Beziehung gesetzt wurde? Was ist geschehen? Was hat zur Ersetzung, Verdrängung von Witz durch Genie geführt? Wie lassen sich die Kräfte benennen, die hier am Werk waren? Solchen Fragen auf den Grund zu gehen, heißt zugleich, deutsches »Sonderbewußtsein« zu beschreiben. Wenn wir Nietzsches Aphorismus »Esprit und Moral« beim Wort nehmen wollen, so haben die Deutschen, die sich »auf das Geheimnis« verstünden, »mit Geist, Wissen und Gemüt langweilig zu sein«, und sich daran gewöhnt hätten, »die Langeweile als moralisch zu empfinden«, vor dem französischen Esprit die Angst, »er möchte der Moral die Augen ausstechen – und doch eine Angst und Lust, wie das Vöglein vor der Klapperschlange«. Angst und Lust – Nietzsche trifft den Nagel auf den Kopf.

Die Frage nach dem Witz als Testfrage also. Noch 1948 unterscheidet der Philosoph und Psychologe Ludwig Klages auf der Grundlage des Gegensatzes von (deutscher) Kultur und (westlicher) Zivilisation zwischen zwei Arten von Einfällen. Der »Tiefe«, d. h. der »Seele«, entstammen die einen: Sie sind »schöpferisch«. Die andern hingegen kommen »von oben«: Sie sind »flach«. »Alles mit dem kaum übertragbaren Wort Esprit Gemeinte, ferner das Geistreiche, überlegene Witzigkeit«, hänge am Einfallsreichtum bei »gemiedener Tiefe«. Klages' gewollte oder ungewollte Unterscheidung zwischen (deutscher) Tiefe und (westlicher) Flachheit ist das Ergebnis einer Weichenstellung, die Jahrhunderte zurückliegt. Von ihr und den Folgen handelt dieses Buch. Daß es ohne die Arbeiten von Norbert Elias, Helmuth Plessner, Helge Pross oder Hagen Schulze, um nur die wichtigsten zu nennen, der »Grundlage« entbehrt hätte, sei dankbar vermerkt.

»Der Januarius ist der Monat, da man seinen guten Freunden Wünsche darbringt, und die übrigen die, worin sie nicht erfüllt werden.«
Georg Christoph Lichtenberg

Erster Teil
Zwischen Hof und Bürokratie

»Zum Befehlen oder Gebieten brauche ich
gern die deutsche, im Frauenzimmer die
französische, im Rat die italienische
Sprache.«
                Zincgref: *Apopthegmata*

»Mit deutscher Freiheit ist's nun so:
Es läßt sich Abends gut beim Rausche davon singen,
Doch singt nur nicht zu laut, zu froh:
Der Morgen möchte sonst schon Singe-Steuern bringen.«
                Anonymus

1. Vom Altern der Wörter

Sprachen seien die Stammbäume der Nationen, schreibt der englische Sprach- und Dichterbiograph Samuel Johnson. Das ist richtig. Aber wir sollten ergänzen, daß Sprache auch der Leib des Denkens der Nationen ist. »Die Sprache ist gleichsam die äußere Erscheinung des Geistes der Völker«, heißt es bei Wilhelm von Humboldt. Im Wort läßt der Geist sich fassen. Deswegen ist Sprache »ein äußeres Denken«, Denken eine »innere Sprache«, wie der witzige Franzose Rivarol formuliert. Wer behauptet, Worte seien die »einzigen Dinge, die ewig währen«, der irrt sich allerdings. Worte sind sterblich wie Gedanken. Für unsterblich erklärt, offenbaren sie erst recht ihre Sterblichkeit. Nietzsche nennt sie Taschen, »in die bald dies, bald jenes, bald mehreres auf einmal hineingesteckt worden ist«. Indem man die Worttaschen leert, herausnimmt, was sie, von den meisten Zeitgenossen unbeachtet, aufbewahren, es betrachtet und bedenkt, entstehen Geschichten. Die Geschichte eines Worts: Erinnerung beginnt zu sprechen.

Wörter erzählen Geschichten. Geschichte bedeutete einst Begebenheit, wurde dann zum Bericht über sie. In den Geschichten der Wörter gibt Kultur Rechenschaft über ihre Vergangenheit. Wie in der Natur die Lebenskraft zunimmt, je einfacher die Formen werden, so scheint auch der Wortschatz, je allgemeiner, elementarer er ist, als »Grundwortschatz« sprachliche Grundbedürfnisse befriedigt, an Dauerhaftigkeit zu gewinnen. Ganz anders das, was die Stilistik »besonderen Wortschatz« nennt. Seine Wörter kommen und gehen: Sie altern. Heute in Mode, zeitgemäß, sind sie morgen leere Hüllen, »Worthülsen«, Stege über Flüsse, die ausgetrocknet sind. Veraltet haben sie nurmehr Museumswert. Wer spricht heute noch von »Minne« oder »Hain«, von »Hort« oder »Fehde«. Auch wenn Wörter wie diese, gang und gäbe im Mittelalter, im 18. Jahrhundert in Texteditionen zum Leben erweckt wurden, sind sie inzwischen so gut wie dem Vergessen anheimgefallen. Statt dessen sprechen wir von »Liebe« oder »Wald«, von »Schatz« oder »Krieg«. Dennoch meint das Wort »Minne« anderes als sein Nachfolger »Liebe«. Es bezieht seinen Sinn aus der mittelalterlichen Kultur. Mit dieser blüht es, versinkt es. Umfangreich ist der Beispielkatalog.

Auch das Wort »Witz« findet sich nach wie vor in jedem seriösen Wörterbuch. Es sei gleichbedeutend mit »Spaß«, »Scherz«. Was vor seiner Um- und Abwertung, seiner Bedeutungsveränderung liegt, findet sich, wenn wir Glück haben, in eine Klammerangabe zusammen-

> »Witz ist das Salz der Unterhaltung, nicht deren Nahrung.«
> *William Hazlitt*

> »Was ist Witz? Raffiniert ausgedrückte Vernunft.«
> *André Chenier*

gedrängt. Als »Verstand« zur Blüte gelangt, sei der Begriff durch »Genie« verdrängt worden. Eine Textsorte bezeichne er heute. Wörter wie »Mutterwitz« und »Vorwitz«, »Aberwitz« und »Wahnwitz« erinnerten an die alte Bedeutung. Wenn Goethe in einem Brief schreibt: »hierüber muß ich meinen Witz befragen«, so ist diese Formulierung heute kaum noch verständlich. Küppers *Wörterbuch der Umgangssprache* (1987) kennt denn auch das Wort fast nur mehr in der neuen Bedeutung. Was ist hier geschehen? Nur wenn wir die Kulturgeschichte befragen, die Wörter mit ihrer Hilfe zum Sprechen bringen, vermögen wir eine Antwort auf diese Frage zu finden.

Geriet der Begriff »Witz« im Sinne von Verstand, Scharfsinn – Esprit ins Abseits, weil er bezeichnete, was von einem bestimmten Zeitpunkt an nicht mehr gefragt war, als »undeutsch«, mit deutscher »Kultur« unvereinbar galt? Der witzige Einfall als dem Eigenen oder, besser: als Eigenes Empfundenen, Fremdes? Das Eigene? Es ist das aus der »Tiefe«, »von unten« Kommende, das Schöpferische, zum Mythos vom Volk der Dichter und Denker Gehörende. Abwertung und schließlich Verlust der alten Bedeutung von Witz hängt aufs engste zusammen mit deutscher Selbsteinschätzung, mit Abgrenzung durch Widerspruch, Protest. Berufen wir uns noch einmal auf den Charakterkundler Ludwig Klages als Zeugen: Alles mit »Esprit« und Witzigkeit Gemeinte, »eingerechnet den vor allem in Weltstädten blühenden Volkswitz« sowie »die *Kunst* der Unterhaltung und des Briefeschreibens«, wie sie das 18. Jahrhundert und das erste Drittel des 19. Jahrhunderts auszuüben verstanden habe, hänge am Einfallsreichtum bei »gemiedener Tiefe«. Demnach soll Mangel an Tiefe, Oberflächlichkeit der Witzigkeit in Deutschland das Todesurteil gesprochen haben, als Charakterzug jener »Zivilisation«, die nicht nur Klages als »gegensätzlich« zur (deutschen) »Kultur« definiert. Die Werke, die der Hauptbegründer der modernen Ausdruckskunde als Beispiele für Einfallsreichtum »von oben« anführt, haben vorwiegend Griechen und Franzosen zu Verfassern. Ein Zufall? Keineswegs.

2. Persönlichkeit und Nationalcharakter

Deutsche Kultur ist das Produkt deutscher Geschichte. Und umgekehrt. Ein Teufelskreis. Nur durch Einwirkung äußerer Kräfte läßt er sich durchbrechen. Die gegensätzlichen Beispiele Deutschland nach 1945 und Sowjetunion der achtziger Jahre bezeugen es. Jedenfalls erwies Geographie sich bei den Deutschen in stärkerem Maße als bedingende und prägende Kraft als bei anderen Völkern. Sie ließ ihnen viele Wege offen. Deshalb könnte Deutschland auch ein ganz anderes Gesicht haben. Seine Gestalt ist nicht »natürlich«, d. h. von der Natur »gegeben«. »Formlos« von Natur (Ludwig Dehio) ist Deutschland. Deshalb wird Form ihm zum Wunschziel wie dem zum Buckel Neigenden die aufrechte Haltung. Daß er übertreibt, sich zu »stramm« hält, ist nur eine der Folgen.

Durch Formlosigkeit unterscheidet Deutschland sich von anderen Nationen Europas. Von dem aus der Provinz Gallien hervorgegangenen Frankreich, den Halbinseln Italien und Spanien, der Insel England, um nur einige zu nennen. Ein Land ohne natürlichen Mittelpunkt, ohne natürliche Grenzen. Was es zusammenhält, seiner Amorphie zur Fassung verhilft, war nichts geringeres als eine Idee: die Reichsidee. Nicht von innen nach außen formte sich das Reich, sondern von außen nach innen oder, besser: von oben nach unten. Von der Idee her, die eine Verkörperung sucht.

Zu dieser Spannung zwischen Idee und Wirklichkeit, Formlosigkeit, die von Gestaltung träumt, kam als Besonderes im deutschen Fall die eigentümliche Spannung zwischen Reichs- und Nationalgeschichte. Die grenzüberschreitende, »transnationale *raison d'être* des Reichs« hat sich nach Hagen Schulze als unvereinbar erwiesen mit den Erfordernissen eines modernen, sprachlich wie territorial vereinfachten und zentrierten Staatsgebildes. Daraus habe sich »die frühe Emanzipation der Regionen und Territorien« ergeben, »was wiederum zum charakteristischen Ergebnis von Reformation und Gegenreformation führte, der konfessionellen Spaltung des Reichs, während der Gegensatz in fast allen übrigen europäischen Staaten so oder so ausgekämpft und entschieden wurde«. Fehlen des letzten Wortes, sozusagen, Ausbleiben der Synthese, sprich: Einheit, in horizontaler und, wie sich zeigen wird, nicht weniger in vertikaler Richtung, beschwor die Gefahr der Verkrampfung und, in deren Gefolge, der Extremisierung herauf.

Weder dem Westen noch dem Osten zugehörig, entbehrte Deutschland mit der Hauptstadt auch einer Gesellschaft, die maßge-

Anno 1839

O Deutschland, meine ferne Liebe,
Gedenk' ich deiner, wein' ich fast!
Das muntre Frankreich scheint mir trübe,
Das leichte Volk wird mir zur Last.

Nur der Verstand, so kalt und trocken,
Herrscht in dem witzigen Paris –
O Narrheitsglöcklein, Glaubensglocken,
Wie klingelt ihr daheim so süß!

Höfliche Männer! Doch verdrossen
Geb' ich den art'gen Gruß zurück. –
Die Grobheit, die ich einst genossen
Im Vaterland, das war mein Glück!

Lächelnde Weiber! Plappern immer
Wie Mühlenräder, stets bewegt!
Da lob' ich Deutschlands Frauenzimmer,
Das schweigend sich zu Bette legt.

Und alles dreht sich hier im Kreise
Mit Ungestüm, wie 'n toller Traum!
Bei uns bleibt alles hübsch im Gleise
Wie angenagelt, rührt sich kaum...

Heinrich Heine

bend und modellbildend hätte wirken können. Residenzen und Stadt-gesellschaften, Adel und Bürgertum verfolgten eigensüchtig ihre Ziele. Die Geistfeindlichkeit der Aristokratie fand ihre Entsprechung in der Politikfremdheit des Bürgertums. Beide kamen nicht zusammen in einer nationalen Elite. Auch wenn der Bürgergeist die Vorherr-schaft ausübte, in Deutschland wurde der Zwiespalt zwischen Geist und Macht nie überwunden. Ja, er verschärfte sich sogar noch im Laufe der Zeit. Der deutsche Geist ist Kleinbürgergeist, geformt in der Re-volte gegen die adligen Werte und Lebensformen, die den westlichen und südlichen Völkern durch den Einfluß einer formgebenden Gesell-schaft zur zweiten Natur geworden sind. Da es dem (abstrakten) Geist verwehrt blieb, als (konkrete) politische Praxis die Gesellschaft zu formen, suchte er Zuflucht beim Universalen, Menschheitlichen. »Hu-manität« wurde zur Parole des Bürgertums. Statt vom Menschen sprach man von der »Menschheit«, statt des Nationalen postulierte man das Universale. Idee, die ihren Körper sucht.

Überraschenderweise wurden aber gerade die Universalität und Humanität, die aus der Not geborenen Tugenden, schließlich zum Stein des Anstoßes. Der nationale Gedanke, blind für geschichtliche Bedingtheit, sah in ihnen lästigen Sand im Getriebe. Ausdruck von Schwäche. Der Geist als Feind des Lebens. Antirationalismus und Antiintellektualismus dominierten. Läuterte sich bei den westlichen Völkern der Instinkt zur Vernunft, so ging Deutschland eigene Wege. Von ihnen wird im folgenden noch vielfach die Rede sein.

Wie läßt sich nun dieses eigene Wege gehende deutsche Denken und Handeln erfassen, wie beschreiben? In Begriffen und Stereotypen. Kein Weg führt an diesen Abstraktionen vorbei. Das Stereotyp, das »Vorurteil«, ist eine Form des »Verständnisses« (Hans-Georg Gadamer). Es ebnet der Erkenntnis die Wege. Und mit dem Denken hat auch die Sprache teil an der Welt der Stereotype. Deswegen heißt es, den Gedanken beim Wort zu nehmen. Selbst wenn die Beschaffenheit des Wortes bisweilen nahelegen mag, es als »Gerede«, Klatsch oder einfach »Meinung«, Ideologie abzutun.

Erfahrung ist verstandene Wahrnehmung, wie Kant sagt. Sie vollzieht sich mithin auch in der Sprache. Erfahrung bildet letztlich sprachliche Erfahrung. Ähnlichkeit der Erfahrung läßt gleichartige Charakter- und Persönlichkeitstypen entstehen. Ernst Fromm hat verschiedene Verhaltensmuster beschrieben, die für die westliche Kultur bezeichnend sind. Sei das Individuum ständigem Anpassungsdruck ausgesetzt, entwickele es »autoritären Charakter«. Ein Menschentyp entstehe, der sich den gesellschaftlich über ihm stehenden Autoritäten ausliefert, seinen Zorn und seine Frustration aber an jenen abreagiert, die von ihm abhängen. Das »Radfahrerprinzip« als Mittel, menschliche Selbstachtung wiederherzustellen. Verkrampfung also, ein Verhältnis zu Denken, Sprechen und Handeln, das sich mit Genie- und Autoritätskult vertragen mag, kaum aber mit Demokratie und Witzigkeit. Der witzige »Radfahrer« ist ein weißer Rabe.

3. Deutschland und Frankreich: zwei Welten

Daß es einen deutschen Nationalcharakter gibt, steht außer Frage. Nicht weniger als einen englischen oder französischen. Vieles hat zusammengewirkt bei seiner Formung. Nicht allein, daß das Territorium, das von den Deutschen als »deutsch« angesehen wurde, wegen seiner »Offenheit« nur schwer zu verteidigen war, der Weg zu seiner dynastischen und dann nationalen Einigung war auch weiter als bei anderen, »geschlosseneren« europäischen Staaten. Zur politischen und geographischen Zerrissenheit kam die kulturelle. Limes- und Elbgrenze markieren Gegensätze, die bis in unsere Zeit spürbar sind.

Über Jahrhunderte hin kämpften Deutsche gegen Deutsche. Uneinigkeit, Unbeweglichkeit, territorialstaatlicher Egoismus schienen ihr Schicksal zu sein, Einigkeit bloßer Traum zu bleiben. Da die Erfüllung der nationalen Wünsche immer wieder an der »schmutzigen« Realität scheiterte, wurden sie zum Ideal hin abgedrängt. Einigkeit verfestigte sich zu einer utopischen Projektion aus einer idealisierten, einer griechischen, einer germanischen Vergangenheit, ohne wesentlichen Wirklichkeitsbezug (Hagen Schulze). Den Griechenland-Obsessionen der deutschen Klassik steht die Verfallenheit an das Mittelalter der Romantik gegenüber. Hieraus erklärt es sich, daß das nationale Selbstbild der Deutschen auf einem selektiven Grundriß der eigenen Geschichte beruht und am Ideal orientiert ist.

Unserer politischen und kulturellen Vielfalt wegen fällt es uns leichter zu sagen, was wir nicht sind, als »undeutsch« empfinden. Die nationale und kulturelle Identität der Deutschen gründet sich auf Abgrenzung, Gegnerschaft. Erfüllt von der Idealvorstellung eines Ganzen, das frei ist von Widerspruch, Zwietracht, stellen sie das Sollen über das Sein, die gute Absicht über die pragmatische Einsicht. Schweiß auf der Stirn, Verkrampfung sind die Folgen. Keine Frage, die Deutschen sind anders. Zumindest im kulturellen Bereich läßt sich von einem »Sonderweg« ausgehen.

Ob »Sonderweg« oder »Sonderbewußtsein«, auch der Witz ging eigene Wege in Deutschland. Über ihn sprechen heißt, ihn im Spiegel seines französischen Bruders betrachten: des Esprits. Als Ausdruck des Verständnisses der französischen Geistigkeit besticht dieser durch

Schärfe und Härte. Der im 17. Jahrhundert alle Lebensbereiche erfassende französische Kultureinfluß prägte auch unser Wort »Witz«. Witz geriet in den Bannkreis des in Deutschland bewunderten und vielgerühmten Esprit. Dieses Kind eines »reinen Intellekts« und einer sozialen Verfeinerung, wie ihn der Engländer Basil Hall Chamberlain nennt, wurde im Salon erzogen, wo die Konversation sich bis zur Kunst erhebt, jedes Wort ein Rapier, jeder Ausfall leicht und elegant ist. Esprit und Witz werden Synonyme, nachdem von Christian Wernicke erstmals Esprit mit »Witz« übersetzt worden war. Beträchtliche Unsicherheit ging dieser Eindeutschung voraus, Auf- und Abwertung folgten ihr. Letztere vollzog sich im Spannungsfeld deutsch-französischer politischer und kultureller Divergenzen.

Bereits Kant bescheinigt den Deutschen den Ruf des guten Charakters, nämlich den der Ehrlichkeit und Häuslichkeit, Eigenschaften, die eben nicht zum Glänzen geeignet seien. Kants apologetischer Unterton ist unüberhörbar: Wir mögen nicht großartig sein, aber wir sind zumindest ehrlich, einfach, sparsam, besitzen die »unverdorbenen« Eigenschaften von Kleinbürgern. Mit dem Hinweis auf das »Glänzen« gibt der Philosoph zu erkennen, daß seine Charakteristik nichts anderes ist als Beschreibung durch Gegenüberstellung, Abgrenzung. Denn *briller*, glänzen, ist ein Wesenszug, der gemeinhin aufs engste mit den Franzosen, insbesondere deren Gesellschaftskultur und Esprit, in Zusammenhang gebracht wird.

Goethe hebt an den Franzosen die »Fähigkeit zu Kommunikation« hervor. Sie seien »gesellige Menschen«, sie lebten und wirkten, sie stünden und fielen mit der Gesellschaft. Ihnen gebühre der Ruhm, »die geistreichste« Nation genannt zu werden. Ganz anders die Deutschen. Wo die Franzosen »ganz allein von und für die Gesellschaft« existierten, da sei bei seinen Landsleuten »der Trieb, die Lust, das Bedürfnis, sich im Geselligen zu bilden«, kaum entwickelt. Dort, wo man bei anderen Völkern gewöhnlich auf eine Bereitschaft zu gegenseitiger Teilnahme rechnen dürfe, stehe jeder Deutsche für sich allein. Jeder gehe seinem Kopf nach, keiner frage nach dem andern. Eine »typisch deutsche« Haltung, dieses für sich allein Stehen? Offenbar. Denn noch zweihundert Jahre später wird als »Defizit« der Deutschen genannt werden: »Mangel an Solidarität oder fehlende Kooperationsbereitschaft« (Rainer A. Roth).

Unter den zivilisierten Völkern sei der Deutsche denn auch der »am meisten von Neuerungssucht und Widersetzlichkeit gegen die eingeführte Ordnung Entfernte«, lobt Kant an seinen Landsleuten. Daß der »Alleszermalmer« auch hier abgrenzt, wird deutlich, wenn man zurückblättert in seiner Anthropologie und in den Paragraphen über die Franzosen nachliest. Diese seien »zur Veränderung geneigt, die oft heilsam, aber doch öfterer auch halsbrechend sein« könne, heißt es da. Ihre Lebhaftigkeit sei nicht »genugsam durch überlegte Grundsätze« gezügelt, ihr »Leichtsinn« führe dazu, daß sie »gewisse Formen, bloß weil sie alt oder auch nur übermäßig gepriesen worden, wann man sich gleich dabei wohl befunden hat, nicht lange bestehen« ließen. Ihr »Freiheitsgeist« sei ansteckend. Aus der Umkehrung von Kants Charakterisierung ergibt sich der Befund für die Deutschen: deren Festhalten an Grundsätzen und Formen, deren Autoritätsgläubigkeit, die einige Jahre vor Kant der Württemberger Publizist Friedrich Karl von Moser als Deutschlands »große Triebfeder« bezeichnet hatte. Im Einklang damit nennt Ernst Robert Curtius, einer der besten Frankreich-Kenner unseres Jahrhunderts, »die instinktive Opposition gegen die Staatsautorität« eine der spezifischen Besonderheiten des französischen Empfindens.

Jedem Ausländer falle der »Gefühlsdemokratismus« des französischen Lebens auf, schreibt Curtius. Um zu verdeutlichen, was er damit meint, zitiert der deutsche Gelehrte ein Wort von Alain: »Nicht die Gleichheit der Vermögen scheint mir die erste Gerechtigkeit zu sein, sondern die Gleichheit im Ton und in den Manieren sowie die Freiheit der Meinung«. Die Rücksicht, die man aufeinander nehme, sei das, worauf es ankomme. Gleichheit, Höflichkeit, Rücksicht – eine undeutsche Dreiheit. Als gälte sie einer anderen Welt, nimmt sich dagegen Tucholskys ironisch-resignative Feststellung aus, »die zuständige Ration Verstand der Deutschen« teile das Land »horizontal in zwei Lager« ein: »oben die Ämter, unten der Untertan«. Und er glaube »die Ämter seien vom Monde heruntergefallen und die Beamten dazu, und all das bedrückt mit seinen Stempeln, seinem Schnauzton und seiner langweiligen Unfähigkeit, die arme unschuldige Bürgerschaft«.

An Ordnung gewöhnt, starre Systematik und Gründlichkeit, haben wir die Neigung, im Entweder-Oder-Schema zu denken und zu handeln. Entweder du bist mein Freund, oder du bist mein Feind. Daß dieses abstrakte Schema wenig lebensfreundlich ist, braucht nicht bewiesen zu werden. Fehlende Elastizität und Mangel an Gefühl für Relativität führen zur Kompromißlosigkeit des Kasernengeistes. Auf sie wird noch zurückzukommen sein, weil sie zu den Todfeinden des Witzes gehört. Ganz anders das französische Sowohl-als-auch, Grundprinzip der Demokratie. Gewiß, hier wie dort brechen, da es um Menschen geht, immer wieder Gegensätze auf. Die Frage ist nur, wie man mit diesen Gegensätzen fertig wird. Ob man eingleisig, ordnungsfromm denkt, rechthaberisch auf der einseitigen Position des als der einzig gültigen besteht oder den Dialog sucht, jenes Prinzip, das auch dem Witz zugrunde liegt, während die Eingleisigkeit der Kompromißlosigkeit auf das Genie verweist.

In unserem geistigen Wertsystem stehe zuoberst der Begriff der Genialität, schreibt Ernst Robert Curtius, ein Begriff, der, wenn wir Alexander von Humboldt glauben wollen, den Franzosen fehlt. Wir Deutsche erwarteten vom Genius, meint Curtius, daß er uns »das Bild der Welt« erneuere, daß er aus sich »eine eigene Welt des Geistes« gestalte. Der französische Geist hingegen stelle Ausgewogenheit höher als Kraft, er suche den harmonischen Ausgleich geistiger Mittellagen. Wie verträgt sich damit die französische Neigung zum Spott, zur Skepsis? Als Freude an witzigem Umgang mit »heiklen« Dingen gilt er als gallisches Erbe, »*esprit gaulois*«, wie die Unbeständigkeit, die Sucht der Neuerung, die Frankreich in den Augen der Deutschen zum »Land der Moden« macht. »Mode« hat keinen guten Klang im Deutschen. Das Wort verweist auf Flüchtigkeit, Oberflächlichkeit – wie der Witz.

Die vielgerühmte *clarté* der französischen Sprache, ihre kalte Bestimmtheit, verdankt sich nicht zuletzt der juristischen Schulung. Der Liebestheoretiker Stendhal war kaum der einzige französische Schriftsteller, der sich durch das Lesen im *Code Napoléon* für seine literarische Arbeit vorbereitete: »Ich kenne nur eine Regel«, schrieb er an Balzac auf dessen kritische Einwände gegen den Stil der *Kartause von Parma*, »der Stil kann gar nicht klar und einfach genug sein.« Aufs engste verbunden mit der Geschichte des Rechtslebens ist jene der Rhetorik, der »überzeugenden« Kommunikation. Auf eine Tradition der Rhetorikfeindlichkeit blickt Deutschland zurück, Rhetorik und Dichtung traten in scharfen Gegensatz zueinander. Kants Formulierung gilt als bezeichnend: Rhetorik sei »die Kunst, sich der Schwäche der Menschen zu seiner Absicht zu bedienen«. Für die Deutschen erwies sich der moralische und geistliche Einfluß des Pfarrhauses als prägend. Französische Berechnung der Wirkung, Betonung der Qualität der Feinheit begegnet bei ihnen der Ablehnung. Glätten, Schleifen, alles das, was zur Verfeinerung der rauhen Natur führt, was sei es anderes als Veräußerlichung, Ausdruck von Künstlichkeit und Oberflächlichkeit.

»Es ist den Franzosen sehr eigen, in ungeheuer kleine Nüancen von Worten, Akzenten, Gebärden viel zu legen«, schreibt Wilhelm von Humboldt in seinen Tagebüchern (13. Mai 1798). Es sei ihm aufgefallen, »daß Dinge, die da wichtig genannt werden, für die Sachen nichts sagen, und nur durch solche Feinheiten Bedeutung bekommen«. Für Humboldt, der einige Zeit in Paris lebte, gehört diese Feinheit »einer gewissen List« des Charakters an und entspringt aus einer »künstlichen Art des Umgangs«. Daß die Franzosen »kalt« sind, ihnen »Wärme und Innigkeit« durchaus fremd ist, scheint für den Frankreich-Kenner ausgemachte Sache zu sein. Das »leichte Gaukelspiel« ihrer Phantasie sei nicht »schaffend«, »nur bildend«. Da der französische Volkscharakter sich im Sammeln und Begreifen der »äußerlichen Bestandteile der Wirklichkeit« erschöpfe, seien er und die Franzosen »immer in zwei verschiedenen Welten geblieben«. Freilich ist Humboldt ehrlich genug, »offenherzig« zu gestehen, »daß sogar Deutsche und Franzosen zu verwechseln« ihm in Paris »einigemale« geschehen sei.

Die »vorausschauende Bewußtheit« (Ernst Robert Curtius) der Franzosen hat nicht wenige Bewunderer. Paul Valéry führt das propagandistisch immer wieder ausgeschlachtete Phänomen des Bevölkerungsrückgangs in Frankreich auf diese »Bewußtheit«, »Geistesgegenwart« zurück. Curtius setzt diese »vorsichtige Berechnung«, dieses »Abwarten der Gelegenheit« und »schrittweise Vorgehen« zur nationalen Expansion Frankreichs in Beziehung. Genauso hätte er auf den Zusammenhang mit der französischen Witz-, sprich: Esprit-Kultur hinweisen können. Als Kenner-Kultur ist die Kultur Frankreichs »Spätkultur«. Esprit, sagt Nietzsche, sei »Eigentum später Rassen« wie der Juden, Franzosen, Chinesen.

Gern wird von deutscher Seite auf den »Sekundärcharakter« der französischen Kultur hingewiesen. An ihrem Anfang stehe nicht ein »Urerlebnis«, sondern ein »Bildungserlebnis«: »die Aufnahme und Aneignung einer fremden, reifen, alten Kultur«. Anders die Germanen: Für sie habe es ein »Urerlebnis« gegeben: Völkerwanderung und Staatengründung. Römische Tradition, Latinität, gegen Neubeginn. Die deutsche Vorsilbe »ur-« gilt als einmalig. In Kluges *Etymologischem Wörterbuch* heißt es, sie habe in den übrigen indogermanischen Sprachen »keine sicheren Verwandten«. Bereits 1534 hatte Aventin das Deutsche als »Ur- und Hauptsprache« dem Kreis der »heiligen Sprachen« zugeordnet. Dem war die Ansicht eines unbekannten Schreibers vorausgegangen (*Kolmarer Handschrift*), daß Adam im Paradies deutsch gesprochen habe und das Deutsche demnach die Ursprache der Menschheit sei. Anderthalb Jahrhunderte später mahnt Johann Adam Schill: »Mein lieber Landsmann, so oft du einen Spanier, einen Franzosen und Italiener in ihrer Mutterspra-

> »...die europäische Noblesse – des Gefühles, des Geschmacks, der Sitte, kurz das Wort in jedem hohen Sinne genommen – ist *Frankreichs* Werk und Erfindung...«
>
> *Friedrich Nietzsche*

che reden hörst, so oft gedenke und halte dafür, daß du einen Essig von der lateinischen Sprache kostest... Hergegen wann du deine eigene teutsche Muttersprache hörst, so hastu einen reinen Wein, eine unbefleckte Jungfrau, eine keusche Königin.« Solche Gedanken werden später immer wieder anklingen, u. a. bei Leibniz und Klopstock, Fichte und Arndt. Der Philosoph Fichte vertritt die These, das deutsche Volk habe unter den europäischen Völkern, und besonders im Vergleich zu Frankreich, eine eigentümliche Bedeutung, weil es ein »Urvolk« sei mit »gewachsener« Sprache, nicht latinisiert und deshalb mit seinem Ursprung noch im Kontakt. Ihm sei deshalb alles künstliche, zivilisierte Wesen fremd.

Es ist klar, daß sich das Spiel des Witzes nur schwer mit der Vorstellung von Sprache als »keuscher Königin« verbinden läßt. Nicht weniger klar ist, daß der Begriff des Genies besser in das Konzept von Urvolk und Ursprache paßt als das Witz-Prinzip. Was sich noch aus der Selbsteinschätzung der Deutschen als »Urvolk« ergibt: Griechenland mußte ihnen näher liegen als Rom. Winckelmanns folgenreiche Entscheidung, die Erneuerung der deutschen Literatur in Athen zu beginnen, setzt in die Praxis um, was als Theorie schon lange vorbereitet war. Nach Berthold Vallentin stellt Winckelmann »das Urbild der Antike wieder her, während sein Zeitgenosse Friedrich II. von Preußen, ein Opfer der französischen Hofkultur, alles Selbständig-Urtümliche abwies und in den unechten Geistes- und Lebensformen seines Jahrhunderts befangen blieb«.

4. Adel und Bürgertum: das verschmähte Vorbild

In Europa war es im Laufe des 18. Jahrhunderts zu gewaltigen sozialen Veränderungen gekommen. Allenthalben hatten Vertreter des Mittelstands nach oben gedrängt. Allerdings erwiesen sich die traditionellen Trennwände zwischen den Klassen nicht überall als gleich durchlässig. In England war die Durchdringung einer adeligen Oberschicht mit Vertretern der bürgerlichen Mittelschichten ein zwar langwieriger, aber zielstrebiger Prozeß. Verhaltensmodelle beider Klassen wurden durch ihn verschmolzen. Auch in Frankreich wurden bedeutende Menschen, die aus den Mittelklassen kamen, von der Oberschicht ohne großen Widerstand aufgenommen. Der ständische Stolz der französischen Aristokratie war zwar beträchtlich – und ist es noch immer –, aber bereits im 18. Jahrhundert gab es im Land der Bourbonen zwischen den bürgerlichen Spitzengruppen und dem höfischen Adel keine ins Gewicht fallende Gesittungsdifferenz mehr. Ganz anders in Deutschland. Dort hätten die feudalen Kräfte gesellschaftlich ein weitaus stärkeres Übergewicht behalten als anderswo, schreibt Leo Kofler. Ihr Wille und ihr Geist seien in alle Fugen des nationalen Lebens gedrungen, hätten sich »monopolistisch« des Staats bemächtigt. Sie hätten die bürgerliche Ökonomie einzig geduldet, soweit sie sich als »Werkzeug der feudalen Staatsordnung« gebrauchen ließ. Der Adel habe das schwache Bürgertum wie die Landbewohnerschaft als »Objekt und Werkzeug seines totalen Herrschaftsanspruchs« benutzt.

So kam es in Deutschland nicht zu einer Vermischung der oberen Schichten mit der bürgerlichen Intelligenz. Das Bürgertum hatte zwar seinen politischen und wirtschaftlichen Einfluß im Laufe des 16. Jahrhunderts verloren, der Fortschritt in Handel und Industrie brachte ihm im 18. Jahrhundert jedoch neuen Wohlstand. Trotz dieser Gesundung griff es keineswegs, wie in Frankreich, die höfischen Modelle auf, um sie fortzubilden und den eigenen Wertvorstellungen entsprechend abzuwandeln. Es grenzte sich ab gegen die Werte und Lebensformen, denen die europäische Aristokratie anhing, und die inzwischen auch den meisten westlichen und südlichen Völkern durch den traditionellen Einfluß einer formgebenden Gesellschaft zur zweiten Natur geworden waren.

Wie die Identität der Deutschen sich auf Abgrenzung und Abwehr gründet, so formt das Selbstverständnis des Bürgertums sich in Opposition zum Adel. Bürgerlich-mittelständische Wertvorstellungen, die sich an der »Tugend«, an »inneren Werten« also, orientierten, standen gegen aristokratische, auf Ehre und Zivilität, sprich: feine Manieren, beruhende. Scharf setzt sich mittelständische Aufrichtigkeit ab gegen das Verhalten des Welt- und Hofmanns. Der »verfeinerte« Weltmensch erscheint als »lügenhafte Larve«, fühllos, unwahr, kalt. Seine Gefühle gelten als nicht weniger erkünstelt als seine Sprache. Ein 1736 erschienenes Lexikon charakterisiert das Hofleben »wegen Müßiggangs, Wollust und Üppigkeit, so zum öfteren daselbst getrieben wird«, als lasterhaft und somit tadelnswert. Nicht ohne Grund werde gesagt: »nahe bei Hofe, nahe bei der Hölle«. Daß diese »Verteufelung« gerade auch der Sprache gilt, wird sich im folgenden noch überdeutlich zeigen.

In seinem Buch *Über den Umgang mit Menschen* hat Knigge dem »Umgang mit Hofleuten und ihresgleichen« ein ganzes Kapitel gewidmet. Es enthält einen umfangreichen Sündenkatalog: »Entfernung von Natur; Gleichgültigkeit gegen die ersten und süßesten Bande der Menschheit; Verspottung der Einfalt, Unschuld, Reinigkeit und der heiligsten Gefühle; Flachheit; Vertilgung, Abschleifung jeder charakteristischen Eigenschaft und Originalität«. Statt dessen »Unverschämtheit«, »Impertinenz«, »Geschwätzigkeit«, »Inkonsequenz«, »Nachlallen«, »Kälte«, »Üppigkeit«, »Weichlichkeit«, »Ziererei«, »Wankelmut«, »Leichtsinn«, »Flitterpracht«, »Falschheit«, »Untreue«. Das seien »die Studien«, nach denen sich »die Leute von feinerem Tone« bildeten. Wer dazu verdammt sei, »an Höfen oder sonst in der großen Welt zu leben«, könne nichts besseres tun, als sich nach Möglichkeit fernzuhalten von diesem »Getümmel, das Geist und Herz betäubt, verstimmt und zugrunderichtet«. Knigge empfiehlt, in »friedlicher, häuslicher Eingezogenheit« ein Leben zu führen, »das unserer Bestimmung, unseren Pflichten, den Wissenschaften und unschuldigen Freuden gewidmet ist«. Man solle sich stets vor Augen halten, daß »an Höfen und in der feinen Welt« nicht der »edle, weise, geschickte Mensch« geschätzt werde. Im besten Falle könne man erwarten, »artig« gefunden zu werden, daß es von einem heiße: »*Par dieu! il a de l'esprit, comme nous autres!*«: »Donnerwetter, er hat Witz, wie wir!«

Mit der Frontstellung gegen den Adel rückt zugleich Frankreich ins Blickfeld. Weil z. B. am preußischen Hof die Anhänger der französischen Aufklärungsphilosophie als tonangebend galten und weil dem preußischen Vorbild nachzueifern auch der Ehrgeiz der zahlreichen kleineren Höfe war, richtete sich die bürgerliche Opposition gegen Hof und Adel häufig auch gegen die französische Aufklärungsphilosophie und ihre Konsequenzen. Der lüsterne Mörder in Schnabels *Insel Felsenburg* (1731 ff.) ist nicht nur Adliger, auch Franzose. An Beispielen fehlt es nicht. Es sei nur an Lessings französischen Leutnant Riccaut de la Marlinière erinnert. Die »Sprache des Witzes«, in der sich der unehrliche, geschwätzige »*honnête homme*« ergeht, ist ein auf deutschen Krücken einherhumpelndes Französisch. Es ist damit die volksfremde Sprache der Höfe, der Unterdrücker also, und zugleich die alles geistige Leben okkupierende und mit dem als »undeutsch« abgelehnten Geist des Rationalismus leicht gleichzusetzende Fremdsprache. Der weltläufige Konversationston dieser

»Sprache des Witzes« wird von Minnas »Sprache des Herzens« als hohl und verlogen »entlarvt«: als Konversation eben. Das große lexikographische Unternehmen der Aufklärung, die von Diderot konzipierte und geleitete Enzyklopädie (1751 ff.), war rasch zu legendärem Ruhm gelangt. Dennoch blieb es in Deutschland still um dieses monumentale Werk. Selbst wenn es postulierte: »Kein Mensch hat von der Natur das Recht erhalten, über andere zu gebieten«, wies es einen schwerwiegenden, ins Auge springenden Mangel auf: Es kam aus Frankreich. Frankophobie und Aufmucken gegen »die da oben« erscheinen verklammert im Vorwurf von Dekadenz und Unaufrichtigkeit. Er gilt Adel wie westlichem Nachbarn. Der »Verderb« liege in Deutschland »in der undeutschen Art der höchsten Klassen, in dem furchtbaren und elenden Wesen, das man Gesellschaft nennt«, klagt Wilhelm von Humboldt in einem Brief aus Paris.

Wenn der deutsche Aphoristiker Lichtenberg zwischen französisch »*promesse*« und deutsch »Versprechung« unterscheiden zu müssen glaubt, so weist dies in die gleiche Richtung. Die »letztere« werde gehalten, die »erstere« nicht. Zum »Nutzen der französischen Wörter im Deutschen« notiert Lichtenberg sich, es wundere ihn, daß man das noch nicht bemerkt habe: Das französische Wort gebe »die deutsche Idee mit einem Zusatz von Wind oder in der Hofbedeutung«. Eine Erfindung sei »etwas Neues«. Und eine »*decouverte*« »etwas Altes mit einem neuen Namen«. Habe Columbus Amerika »entdeckt«, so Americus Vesputius es »decouvriert«. Ja, »*goût*« und »Geschmack« stünden »einander fast entgegen«, und Leute von *goût* hätten »selten viel Geschmack«. War Lichtenberg ein Chauvinist? Keineswegs. Sogar ein Vertreter der Aufklärung war er. Nur sprach er aus, was viele seiner Zeitgenossen diesseits des Rheins dachten. *Goût* galt den Franzosen als »natürliches Vermögen«, während Geschmack nach Ansicht der Deutschen dem »Genie« zukommt, jener »Flamme«, nach deren Schein man in Frankreich vergeblich Ausschau halte.

Spannung zwischen mittelständischer Intelligenz und höfischer Aristokratie, die in jener zwischen Deutschland und Frankreich ihre Entsprechung findet, drückt sich aus in der Bildung griffiger Gegensatzpaare wie Tiefe und Oberflächlichkeit, Aufrichtigkeit und Heuchelei, wahre Tugend und äußere Höflichkeit oder Tiefe des Gemüts und Oberflächlichkeit des Witzes. Gegensätzlichkeit, Unversöhntheit als eine Folge der Abschließung? Jedenfalls hat die Bewahrung der Gesellschaftsschranken dazu geführt, daß das, was als »Nationalcharakter« der Deutschen in Erscheinung tritt, von Kleinbürgergeist geprägt ist, reglementierend, belehrend, rechthaberisch, wie er im

Zunftwesen beherrschend gewesen sein mochte. Glaubt man im Verhalten des englischen Arbeiters noch das Haltungsmodell der Landedelleute und der im Fernhandel tätigen Kaufleute »durchscheinen« zu sehen, und spricht aus französischem Wesen die Kombination von Höflingsstil mit der Lebensart eines durch Revolution zur Macht gekommenen Bürgertums, so verschmolzen in Deutschland Kleinbürgergeist, Bürokratismus und Militärtradition zu jener Wesensart, die zu einem Stereotyp werden sollte. Eine ähnliche Rolle im sozialen Leben spielend wie Bilder, sprechen Stereotype die »Wahrheit«. Allerdings gilt es, sie zu relativieren.

Die deutsche Elite etablierte sich als eine geistige Elite, ohne soziale Verbindlichkeit, ohne Wirksamkeit. Von den geistigen Führern der Nation zu einer doppelten Moral angehalten, enthielt sie sich des »Eingreifens«, wie Brecht, neben Kant oder Mendelssohn selber »in Notzeiten« für ein Doppelleben eintretend, es nennen würde. Sie blieb unter sich, wurde nicht zum Mittler der »Weisheit der Formen« (Erich von Kahler). Schreiben wurde im »Land der Dichter und Denker« zu einer Art Entladung, zur Fluchtreaktion jener durch Geist und Talent ausgezeichneten Bürgersöhne, die in ihrer Mehrheit vom höfisch-politischen Leben ausgeschlossen blieben. Bis 1789 habe es in Deutschland, von wenigen Ausnahmen abgesehen, »keine Idee einer konkreten politischen Aktion« gegeben, nichts, was an »eine politische Parteibildung« erinnern könnte, schreibt Norbert Elias. Das Selbstbewußtsein der mittelständischen Jugend vermochte sich nicht aus tätigem Eingreifen in den Gang von Politik und Gesellschaft zu nähren, es gründete sich auf das »rein Geistige«. Dieses liegt in der »Bildung« des einzelnen, vorwiegend durch das Medium des Buches, in der Persönlichkeit. Goethes Wilhelm Meister sieht in der »personellen Ausbildung« die einzige Möglichkeit, das zu erreichen, was dem »Edelmann« durch Geburt gegeben ist: Sein Ziel ist es, eine »öffentliche Person« zu werden, sich »einen Namen« zu machen, sich zu verdienen, was jenem in die Wiege gelegt wird. Je eindeutiger diese Aspiration sich als Wunschbild enthüllt, desto stärker wird die Tendenz, zwischen dem »rein Geistigen«, als dem eigentlich Wertvollen, und dem Politischen, Wirtschaftlichen, Gesellschaftlichen rabiat zu unterscheiden. Trennung von Gespräch und Gesellschaft, Verarmung des Dialogs zum Monologischen kann nicht ohne weitreichende Folgen bleiben für die Rolle des Worts. Statt des spielerischen Stoßes mit dem Florett der Hieb mit dem – Beil.

5. »Vetter Michel in seiner wohlbekannten Deutschheit«

Unser Nationalstolz, unsere kollektive Selbstachtung hätten stets auf wackeligen Beinen gestanden. Andere Völker seien besser dran gewesen. Daß an diesen Behauptungen Wahres ist, verraten nicht zuletzt die Spitznamen, die im Umlauf sind: »John Bull«, der handfeste, nüchterne englische Tuchhändler; der schlaksige amerikanische Fleischinspektor »Uncle Sam« oder »Marianne«, die mitreißende Freiheitsheldin, um nur einige zu nennen. Neben ihnen nimmt sich der ungelenke Bauernbursche mit der Zipfelmütze seltsam aus. Er gilt nicht nur als gutmütig und unbeholfen, auch als einfältig, geistig beschränkt (Grimm, *Deutsches Wörterbuch*). Ein Tölpel als Sinnbildgestalt des Deutschen?

Deutsche Selbsteinschätzung gebe sich entweder als Raunen oder als Schreien kund, meint ein schwedischer Psychologe. Den Grund für diese Unausgeglichenheit sieht er in Benachteiligung. Tatsächlich war den Staatsgesellschaften Englands und Frankreichs eine stetigere und glattere Entwicklung zum Nationalstaat vergönnt gewesen. Für uns Deutsche wurden Erklärungen zur Nationalität stets zu Notstandserklärungen. Folge solchen »Nicht-Festgemacht-Seins« war Mangel an instinktiver Selbstsicherheit, die ihrerseits bewußte Nachahmung fremder Vorbilder nach sich zog. »Fragloses Ruhen in sich« blieb uns Wunschziel. Ironisch merkt Schopenhauer an: »Den Deutschen hat man vorgeworfen, daß sie bald den Franzosen, bald den Engländern nachahmen. Das ist aber gerade das Klügste, was sie tun können: denn aus eigenen Mitteln bringen sie doch nichts Gescheites zu Markte.«

So mag es zu erklären sein, daß die Engländer die Fähigkeit entwickeln konnten, sich über den eigenen, an Hybris grenzenden Nationalstolz lustig zu machen. Mit den Witzen anderer über sie fertig zu werden, scheint ihnen ausgesprochen leicht zu fallen. Unsicher und verwundbar, betrachten wir Deutsche den Umgang mit »heiligen« Dingen als schwerwiegende Sache. Daß man Nationalstolz haben und dennoch Nationales belächeln kann, wollte uns lange nicht in den Kopf. Zu Recht sagte man uns nach, wir fühlten uns allzu leicht gekränkt, seien ewig beleidigt. Und Spaß verstünden wir schon gar nicht.

Ob es bei dieser Bilanz geblieben ist, mag an den Wandlungen abzulesen sein, denen die Gestalt des deutschen Michel unterlag. Offensichtlich haben sich Charakter und Funktion des wenig schmeichelhaften Nationalklischees inzwischen grundlegend geändert. Denn

Karikaturen aus den letzten Jahren statten Michel mit einem Selbstbewußtsein aus, das seinem traditionellen Bild widerspricht. Hat er
gelernt, sich weniger ernst zu nehmen, ja über sich selbst zu lachen?
Das wäre eine überraschende Neuorientierung.

Bis zum Reformationszeitalter läßt sich die widerspruchsvolle Geschichte des deutschen Michel zurückverfolgen. In seinen *Sprüchwör-
tern* (1541) wartet der kritisch fromme Sebastian Franck mit der folgenden aufsteigenden Reihung auf: »ein grober Algewer Bauer, ein
blöder Schwab, ein recht dummer Jahn, der deutsche Michel«. Als
Verkörperung (mittelständisch) deutschen Protests gegen die Ausrichtung des modisch-gesellschaftlichen Lebens nach französischem
Vorbild begegnet uns Michel im 17. Jahrhundert. Der barockzeitliche
Satiriker Moscherosch bezeichnet ihn 1648 als groben und ehrlichen
Mann, der die »teutsche Wahrheit« sagt. Tatsächlich erinnert er in
seiner Unbildung und Provinzialität an Parzival. Deutsch ist die einzige Sprache, die er versteht. Und dies zu einer Zeit, als das Französische das Erbe des Lateinischen angetreten hatte und auch in Deutschland recht verbreitet war. Junge Deutsche unternahmen bereits Stu-
dien- und Bildungsreisen nach Frankreich. Allerdings sind es auch die
Jahre, da mit dem Begriff »Erbfeind«, der früher dem Teufel vorbe-
halten gewesen und zur Zeit der Türkenkriege auf die Belagerer
Wiens übertragen worden war, die französischen Nachbarn bedacht
wurden. Mit nachhaltigem Erfolg, wie sich gezeigt hat.

Wenig Beachtung schenkte das Jahrhundert der Aufklärung dem
deutschen Michel. Kants »Wage zu wissen!«, die Aufforderung,
»mündig« zu werden, »autonom«, vertrug sich schlecht mit seiner be-
flissenen Einfalt. Tritt er gelegentlich in Erscheinung, so wie üblich
als »tumber« Bauernknecht. Goethe bediente sich seiner, um den
»Natürlichkeitskult« gewisser Musenalmanache zu verspotten:

> Laß den Witzling uns besticheln!
> Glücklich, wenn ein deutscher Mann
> Seinem Freunde Vetter Micheln
> Guten Abend bieten kann.
> Wie ist der Gedanke labend:
> Solch ein Edler bleibt uns nah!
> Immer sagt man: Gestern abend
> War doch Vetter Michel da!

Im Laufe des 19. Jahrhunderts ändert sich einiges. Auf dem Titelblatt
der von den beiden Romantikern Achim von Arnim und Clemens

Brentano herausgegebenen *Zeitung für Einsiedler* präsentiert Michel sich noch als Mann in mittleren Jahren, mit großen Augen, blondem Haar und der Zipfelmütze. Sein Gesichtsausdruck, treuherzig, ehrlich, scheint zu sagen: Was geht es mich an! Laßt mich in Ruhe! Das ist Sache der Regierung! Während der Revolutionsmonate setzt er freilich flugs die phrygische Freiheitsmütze auf und gibt sich als schlanker, energischer Handwerksbursche. Nur: Solche Fortschrittlichkeit erweist sich als bloßes Intermezzo. Noch ehe das Jahr 1848 Geschichte ist, greift er wieder zur vertrauten Kopfbedeckung, der Schlafmütze. »Solang ich den deutschen Michel gekannt«, dichtet Heine, »war er ein Bärenhäuter.« Ein Faulpelz also, Träumer vielleicht und – Teufelsbündler.

Wie mag dieses so einseitige wie widersprüchliche Nationalklischee zustande gekommen sein? War es wirklich als Ausdruck nationalen Selbstverständnisses akzeptiert? Und wenn ja, von wem? Feststeht, daß Michel als Bezeichnung für den Deutschen zurückgeht auf den Erzengel Michael. Schon im frühen Mittelalter wurde der Anführer der himmlischen Heerscharen zum deutschen Nationalheiligen erhoben. Daß dann auch der einzelne Deutsche nach ihm genannt wurde, ist nicht weiter verwunderlich. Überraschen muß jedoch, daß bereits im altfranzösischen Roman Deutsche als zum Ritter- und Minnedienst wenig geeignete Tölpel auftreten. Damit ist gegen Ende des 13. Jahrhunderts das Fundament gelegt für die pejorative Auffassung vom Deutschen, wie sie sich »fast bruchlos« bis in unsere Zeit behauptet hat (F. Neubert). Allerdings verdankt sich die Verfestigung zum Klischee nicht nur der (üblen) Nachrede unserer Nachbarn. Kräftig dazu beigetragen haben auch die Deutschen selbst. Michel ist zugleich eine Spottfigur der »großen Herren«, die ihrerseits, wie wir wissen, fasziniert nach Frankreich blickten. Wenn wir das von anderen für uns gefertigte Bild nicht zurückwiesen, so mag sich darin neben Selbsthaß und Selbstbemitleidung auch Ohnmacht und der Wunsch nach Abgrenzung äußern. Und vielleicht sogar etwas von der *ultima ratio* der Beschwörungsformel.

Im Rückblick stellt sich der deutsche Michel als eine Allegorie nicht des deutschen Volkes dar, sondern des mittelständischen deutschen Kleinbürgertums. Vor allem die Engländer und die Russen – letztere haben unsere »Sprachlosigkeit« bekanntlich in ihre Bezeichnung für uns eingebracht – haben am deutschen Charakter stets das Kleinbürgerliche hervorgehoben. Gutmütig, »naiv«, wie die Franzosen uns unermüdlich bescheinigen, litten wir unter unserer Treue und Ehrlichkeit und verfolgten dabei mit Wehmut das Treiben der Franzosen. In

Stammtischgepolter und Vereinsmeierei suchten wir uns als »Knull-«, sprich: »Saufmichel«, »Quatschmichel« und »Heulmichel«, wie die überlieferten Formen lauten, für unseren Ausschluß aus der Politik zu entschädigen. Sensibilität und Witz vertrügen sich nicht mit unserer Art. Weshalb der Satiriker Gottlieb Wilhelm Rabener klagt: »Der beste deutsche Poet ist in den Augen der lateinischen Welt weiter nichts als ein deutscher Michel.« Er scheint gemeint zu sein, wenn Nietzsche »deutschen Geist« als »contradictio in adiecto« bezeichnet und meint, man müsse die Deutschen »durch *esprit* rasend machen«. Was der Philosoph damit sagen will, dürfte sich aus den folgenden Kapiteln ergeben.

6. Die Erziehung des Menschengeschlechts aus dem Geist der Bürokratie

Die Aufklärung gilt als »politische Elementarschule« (Arnold Hauser) des modernen Bürgertums. Sie leitete den Bürger dazu an, »herauszutreten« aus »selbstverschuldeter Unmündigkeit« (Kant). Ohne diese Elementarerziehung hätte er die bestimmende Rolle, die ihm die letzten zwei Jahrhunderte vorbehielten, kaum spielen können. Ganz so einfach lagen die Dinge in Deutschland freilich nicht. Hier hatte das Bürgertum, dessen wirtschaftlicher und politischer Einfluß seit dem Ende des Mittelalters gewachsen war, im Laufe des 16. Jahrhunderts seine Bedeutung verloren. Im Verfall seiner Städte spiegelte sich sein Niedergang. Angesichts des Verlusts alles dessen, was es im Laufe des 14. und 15. Jahrhunderts an Einfluß und Besitz eingebüßt hatte, verlor es, aller Vorrechte beraubt, mit seinem Selbstvertrauen auch seine Selbstachtung.

Der Ausschluß von so gut wie jeder politischen Tätigkeit machte der bürgerlichen Klasse stets aufs neue ihre Rechtlosigkeit bewußt, und dieses Gefühl der Frustration führte zu Resignation und Passivität. Das gesamte Kulturleben wurde von ihr ergriffen. Betontes Desinteresse an politisch-gesellschaftlichen Fragen und ein übersteigerter Idealismus, ein »Ausweichen nach oben«, waren verständliche Folgen. Was jedoch für unsere Überlegungen zur Rolle des Witzes wichtiger ist: Es entwickelte sich, wie Arnold Hauser darlegt, jenes Ideal der Untertanenmoral, jene Loyalität der Treue, »die jedem im Staube kriechenden Spießer erlaubte, sich als Diener einer höheren Idee zu fühlen«. Uniform und Orden waren deren sichtbare Requisiten.

Kam es in England und Frankreich, wie bereits dargelegt, zu einer Art Ausgleich zwischen Adel und Bürgertum, so erwies sich die soziale und, letztlich auch politische Spannung zwischen den beiden Klassen in Deutschland als besonders lähmend. Dennoch konnte das Bürgertum im 18. Jahrhundert ein vergleichsweise hohes Maß an Autonomie gegenüber der spezifisch höfischen Tradition der Zeit erlangen. Es versteht und akzeptiert sich als Stand des Besitzes und der Bildung und etabliert sich in diesem Bewußtsein als (beschränkt) kritische Instanz. Im Laufe des 19. Jahrhunderts kam es dann zu wachsender Annäherung zwischen Militäradel und Stadtbürgertum. Die Mehrheit der dem Mittelstand angehörigen deutschen Bürger machte ihren Frieden mit dem privilegierten höheren Stand. Ja, »gehobene« bürgerliche Kreise unterwarfen sich freudig der politischen und militärischen Führung durch Hof und Adel. Zumal man sich für die Anpassung nach oben durch Abschottung nach unten entschädigen konnte. Der Druck auf den Kopf brauchte doch bloß mit den Füßen weitergegeben zu werden. Willige Hinnahme des Drucks von oben bedeutete zugleich Öffnung für den Verhaltens- und Empfindungskanon des Militäradels. Preußisch-militärische Wertvorstellungen gewannen national-deutsche Bedeutung, wurden mitbestimmend für das, was man deutschen Nationalcharakter nannte. Als Verbindung von Kleinbürgermentalität und Militärgeist sollte er noch viel von sich reden machen.

In Deutschland, wo nach dem Westfälischen Frieden die Loyalität des Heeres und der Bürokratie die Grundlage des neuen Feudalismus bildete, lag die Staatsverwaltung zur Gänze in den Händen des Adels. Nur subalterne Ämter standen den Angehörigen der Mittelschicht offen. Für einen Bürgerlichen, der nicht in Handel und Gewerbe tätig war, also nicht einem in den Augen des Adels »zweitklassigen« Beruf nachging – mithin als »Krämer« selber »zweitklassig« war –, blieb der Dienst für den Staat oft die einzige standesgemäße Lebensmöglichkeit. Als Glied des meist kleinlichen Staatsapparats, in untergeordneter Stellung tätig, bildeten die bürgerlichen Beamten neben den höheren, dem Adel zugehörigen Staats- und Hofbeamten, die »eine Art neuen Vasallentums um die Fürsten« darstellten, die niedere Bürokratie, die als verlängerter Arm der höheren fungierte. Für die Notwendigkeit der Servilität nach oben entschädigten sich die einen, wie gesagt, durch Rücksichtslosigkeit nach unten, die andern durch einen Kult der Disziplin, der aus dem Vorgesetzten einen »inneren Zensor und aus der amtlichen Pflichterfüllung eine Religion machte«. Es sei nur an die nicht ohne Grund »Wurm« genannte Figur des Sekretärs in Schillers Drama *Kabale und Liebe* erinnert. Nur so ist es zu erklären, daß ein Straßenbahnschaffner, seiner »Pflicht« genügend, einen Fahrgast zum Aussteigen zwingt, weil ihm ein Pfennig zum vollen Betrag für den Fahrschein fehlt. Oder, um ein schwerwiegenderes Beispiel anzuführen, daß ein Mann wie E. T. A. Hoffmann, als Verwaltungsbeamter 1804 nach Warschau in Polen versetzt, dort mitwirkte beim Erfinden und Oktroyieren von jüdischen Namen wie »Hintertreppengeländer«, »Abzug« oder gar »Afterduft«, die ihre Träger, soweit sie überlebt haben, noch heute erniedrigen. Schadenfreude? Einer der Begriffe, die als spezifisch deutsche Erfindung gelten.

In Deutschland konnte solcherart ein bürokratischer Absolutismus entstehen, der alle Lebensbereiche durchdrang. Wenn die preußische Bürokratie sich zu der Überzeugung verstieg, sie sei das »Rüstzeug, welches die Weltregierung zur Erziehung des Menschengeschlechts auswählte«, wie Friedrich von Hardenberg sich vernehmen ließ (H. Schulze), so sollte dies nach dem Gesagten nicht weiter verwundern. Das Volk galt als aufgefordert, sich den »weisen« Erziehungsmaßnahmen des Beamtenapparats zu unterwerfen. Und es unterwarf sich. Daß »Unterwerfungslust« nicht selten in »Angriffslust« ihre Entsprechung in entgegengesetzter Richtung findet, ist bekannte Tatsache. Die Metapher vom »Radfahrer« verdankt dieser Kombination wohl ihre Entstehung. Das Regiertwerden von oben, die fast einlinige autokratische Tradition ließ in der Masse der Deutschen nur ein relativ schwaches, abhängiges Gewissen in öffentlichen Angelegenheiten entstehen, von mangelnder Verantwortungsbereitschaft über die jeweilige Bezugsinstanz hinaus gar nicht zu reden. Wenn die Persönlichkeitsstruktur, die Gewissensbildung und der Verhaltenskanon sich dieser Regierungsform anglichen, so bedeutete dies disziplingesteuerte, monologische Existenz ohne »Spiel-Raum«. Die Menschen leben in Frag-, ja Sprachlosigkeit.

Von größter Bedeutung für die politische Kultur Deutschlands war tatsächlich, da ist Hagen Schulze beizupflichten, daß nicht der von den 48er Liberalen herbeigewünschte parlamentarisch-demokratische Nationalstaat der Deutschen verwirklicht wurde, sondern der kleindeutsche Obrigkeitsstaat Bismarcks, der nichts anderes war als ein bürokratischer Erziehungsstaat. Alles wurde bürokratisch, d. h. »fraglos«, »monologisch« geregelt von Beamten, die ein »Gesetz« repräsentierten, das geradezu den Anspruch erhob, »heilig« zu sein. Sollen gewinnt so Vorrang vor dem Sein. Was zählt, ist Prinzipienfestigkeit, Grundsatztreue.

Für Deutschland trifft zu, was Wilhelm von Humboldt über »Grenzen der Wirksamkeit des Staates« schrieb: »Die, welche einmal die Staatsgeschäfte verwalten, sehen immer mehr und mehr von der Sache weg und nur auf die Form hin... Daher nimmt in den meisten Staaten von Jahrzehnt zu Jahrzehnt das Personal der Staatsdiener und der Umfang der Registraturen zu und die Freiheit der Untertanen ab.« Carl Zuckmayers Schuster Wilhelm Voigt, der in die Mühlen der Bürokratie gerät und sich als »Hauptmann von Köpenick« mit einem Husarenstück daraus befreit, kann ein Lied davon singen. Seinem Verzweiflungsakt liegt ein historisches Ereignis zugrunde. Rücksichtslose Konsequenz also statt Bereitschaft zum Kompromiß, der von vornherein als »faul«, »undeutsch« denunziert wird. Darüber ist an anderer Stelle zu reden, da Kompromiß und Witz Geistesverwandte sind. Mäßigung, der Glaube an die Vernunft, die Maßstäbe bürgerlicher Zivilisation verfallen der Ablehnung. Dem Staat »Allzuständigkeit« einzuräumen, wird zur typischen Haltung eines Deutschen, als dessen Wesensmerkmale »die Mischung von Innerlichkeit und Autoritätsgläubigkeit, Gründlichkeit und Disziplin« gelten.

Die strikte Hierarchisierung der menschlichen Beziehungen, ihre Ausrichtung nach einer klaren Ordnung des Befehlens und Gehorchens trugen erheblich zur Entstehung jenes Sonderbewußtseins bei, das in Rechnung zu stellen hat, wer nach der Rolle des Witzes in

> ### Das deutsche Reich
> Deutschland? aber wo liegt es? Ich weiß das Land nicht zu finden.
> Wo das gelehrte beginnt, hört das politische auf.«
> *Schiller und Goethe*

Deutschland fragt. Müßte nicht schon angesichts dieser politisch-gesellschaftlichen Grundmuster der Witz zu einem Fremdling werden und das Genie, der Held zu einem – Ideal? In Jaroslav Hašeks unvollendetem Roman *Die Abenteuer des braven Soldaten Schweijk während des Weltkriegs* (1921 ff.) erweist sich der Witz nicht nur als Fremdling im Apparat von Bürokratie und Militär, auch als deren entschiedener Gegner und Entlarver. Er wird zur Waffe im Kampf ums Überleben.

7. Das Militär als Modell

Noch bis in unser Jahrhundert war politisch und sozial einflußreichste Klasse in Deutschland der »verhöflichte Kriegeradel« (Helmuth Plessner). In Armee und Diplomatie nahm er die Schlüsselstellungen für sich in Anspruch. Die von ihm geschaffenen Modelle des Befehlens und Gehorchens überlagerten und verdrängten die städtisch-bürgerlichen Verkehrsformen des Verhandelns und Überredens. »Überreden« gewann den Unterton von »Herumkriegen«, »Breitschlagen«, »Aufschwatzen«, ja »Verführen«. Dabei hatte es einst einen guten Klang gehabt. Schon bei Diogenes Laertius heißt es: »Um etwas zu bekommen, bediene dich der Überredung, nicht der Gewalt.« Gespräch, Verständigung durch Worte war nie Sache des Militärs. Es gefällt sich in der Ellipse, Aposiopese. So erklärt es sich, daß »eine große Gruppe oft nicht gerade wenig einflußreicher Herren«, wie Manfred Koch-Hillebrecht schreibt, dazu tendiert, »deutschfreundlich zu reagieren: die Militärs der ganzen Welt«. Auch die Tatsache, daß unter den Freunden Deutschlands in aller Welt die Männer überwiegen, wird von daher verständlich.

Zweifellos ist noch heute, fast ein halbes Jahrhundert nach Ende des Zweiten Weltkriegs und radikaler Zäsur in der Militarismus-Tradition, deutlich erkennbar, in welch starkem Maße militärische Modelle den deutschen Habitus geprägt haben. Zur Durchdringung des

Bürgertums mit Kommunikationsweisen, die besonders für Entwicklung und Erscheinungsbild der preußischen Gesellschaft charakteristisch sind, konnte es freilich erst kommen, als der weiter oben beschriebene traditionelle Gegensatz zwischen Bürgertum und Adel mehr oder minder überwunden, besser: übertüncht, worden war. Was machte die Annäherung und Wende möglich?

Daß die auch »Kunstperiode« genannte Zeit Kants, Goethes, Schillers in Deutschland zwei Gesichter aufwies, da der Riß eines schroffen Antagonismus zwischen bürgerlichen und höfisch-aristokratischen Schichten sie durchzog, gehört zu den gern angemerkten historischen Tatsachen. Es sei selten, schreibt Eleazar von Mauvillon in seinen *Französischen und deutschen Briefen* (1740), deutsche Adelige – er nennt sie hochmütig und zu »barscher Launenhaftigkeit neigend« – »einfach und freundlich mit Bürgerlichen verkehren zu sehen«. Deutlicher sagt es Goethes Werther. Wenn er sich der Demütigung erinnert, die ihm als bürgerlichem Subalternem beim Grafen von C. widerfuhr, knirscht er mit den Zähnen. Er hatte versäumt, sich rechtzeitig zu entfernen, als eine (adelige) Abendgesellschaft stattfand, und wurde hinausgewiesen. Da sehe man, heißt es, »wo es mit den Übermütigen hinausginge, die glaubten, sich . . . über die Verhältnisse hinwegsetzen zu dürfen«. Desungeachtet hatte auch Werthers Schöpfer eine recht konservative Auffassung von Freiheit und Standesgrenzen: »Der Bürger ist so frei wie der Adelige«, schreibt Goethe, »sobald er sich in den Grenzen hält, die ihm von Gott durch seinen Stand, worin er geboren, angewiesen.« Die Berufung auf Gott zu einer Zeit, da in Frankreich die neue Weltordnung verkündet wurde, mutet, gelinde gesagt, anachronistisch an. Der Klassengegensatz reichte weit über den politischen und wirtschaftlichen Bereich hinaus und war zugleich zivilisatorischer Natur. Entsprechend eindeutig war, zunächst, die Ablehnung militärischer Haltungen und Wertungen durch das Bürgertum, zumal ihm, wie gesagt, der Zugang zu den Schlüsselstellungen in Politik und Armee verwehrt blieb.

Als nicht das oppositionelle deutsche Bürgertum die Einigung Deutschlands zustande brachte, sondern die adligen Militärs, stellte der Sieg über Frankreich zugleich eine Niederlage des deutschen Bürgers dar. Nietzsche hat davor gewarnt, sich einzubilden, »daß auch die deutsche Kultur in jenem Kampfe gesiegt habe«. Jedenfalls führte der Sieg der deutschen Waffen dazu, daß die Stellung des Krieger- und Beamtenadels als höchstrangiger und mächtigster Schicht der Gesellschaft nicht nur aufs glänzendste bestätigt schien, sie wurde auch weiter gefestigt. Was blieb dem Bürgertum anderes übrig, als sich mit der

Rolle des Vertreters einer zweitrangigen Klasse abzufinden. Als »Untertan« fügten seine Vertreter sich ein in die Gesellschaftshierarchie. Und worauf es in diesem Zusammenhang ankommt, sie machten, mehr oder weniger bewußt, die Normen des Militäradels zu den ihren. Man sprach später, zurückblickend, von einer »Kapitulation« des deutschen Bürgertums.

In dem Maße, wie die am Ende des 18. Jahrhunderts noch dominierende humanistisch-idealistische Komponente der deutschen bürgerlichen Kulturtradition, die oft mit einer aufs Kulturelle beschränkten anti-höfischen und anti-aristokratischen Einstellung Hand in Hand ging, verebbte und (militärische) Adelswerte übernommen wurden, verbürgerlichte sich zugleich das Kriegerethos. Kriegerische Werthaltungen wie Disziplin, Ordentlichkeit, Gehorsam, Loyalität, vom Adel auf selbstverständliche Weise geschätzt und hochgehalten, fanden Verankerung in friedfertigen Berufstraditionen und wurden bewußt gepflegt. Als zweite Natur steuerten sie wesentliche Züge bei zum deutschen Nationalcharakter.

Neben der Gründlichkeit fällt ausländischen Beobachtern immer wieder der Ordnungssinn als markanteste Eigenschaft der Deutschen auf. In seiner Novelle *Nevskij Prospekt* läßt der russische Schriftsteller Gogol einen deutschen Handwerksmeister namens Schiller auftreten, um mit ihm deutsche Ordentlichkeit zu karikieren. Sein Schiller sei »nicht jener Schiller, der *Wilhelm Tell* und die *Geschichte des Dreißigjährigen Krieges* geschrieben hat«, klärt der große Russe seinen Leser auf, »sondern der bekannte Schiller, der Klempnermeister aus der M.-Straße« in Petersburg: »der deutsche Mann, wie er im Buche steht«. »Mit zwanzig Jahren, in dem seligen Alter, da der Russe noch leichtsinnig in den Tag hineinlebt, hatte Schiller schon sein ganzes Leben bindend festgelegt und wich von da an niemals und in keinem Fall von diesen selbsterlassenen Gesetzen ab. Er hatte sich vorgenommen, stets um sieben aufzustehen und um zwei zu essen, sich in jeder Hinsicht akkurat zu zeigen und sich jeden Sonntag zu betrinken. Er hatte sich das Wort gegeben, im Verlauf von zehn Jahren 50 000 Rubel auf die Bank zu legen, und daß er dies auch erreichen würde, war so unabwendbar wie das Schicksal, weil ein Deutscher nie sein Wort bricht. Schiller ging mit seinen Ausgaben nie über seinen Voranschlag hinaus, und stieg in einem Jahr der Kartoffelpreis zu ungewohnter Höhe, so legte er doch keinen Groschen mehr für dieses Nahrungsmittel an und schränkte lieber den Verbrauch ein. Seine Prinzipientreue ging so weit, daß er sich vorgenommen hatte, seiner Frau nur zweimal täglich einen Kuß zu geben, und daß er ja nicht in die Lage

käme, über dieses Maß hinauszugehen, tat er nie mehr als einen Kaf-
feelöffel Pfeffer in die Suppe« (nach Breitenstein).

Mit Einführung der allgemeinen Wehrpflicht gewannen die Wertvorstellungen von Militär und Beamtenschaft formende Bedeutung.
Das Militär etablierte sich offiziell als »Schule der Nation«, als Präge-
stock deutschen Untertanentums. So hoch war sein Prestige, daß es
auf alle Lebensbereiche modellbildend einwirken konnte: bis hin zu
Schule, Sportplatz, ja selbst Schlafzimmer, wie Heinrich Mann in seinem Roman *Der Untertan* demonstriert. Daß der deutsche Reichskanzler und andere Regierungsmitglieder in Uniform vor dem Parla-
ment erschienen und ihre Reden mit der Hand am Degenknauf
hielten, war nichts Außergewöhnliches. Sie schienen damit zum Ausdruck bringen zu wollen, guter Deutscher und guter Soldat seien Synonyme. Gehorsam hat fraglos, Disziplin strikt zu sein. Vom Bürovor-
steher und Meister bis hinauf zum Fabrikbesitzer, Behördenchef, Ge-
neral oder Reichskanzler gaben die Vorgesetzten Befehle. Eine rie-
sige Maschine, an deren »erstem« Hebel der Kaiser saß. Die jeweils
Untergebenen gehorchen ohne Diskussion, sie fragen nicht, sie versuchen sich weder in Überredungstaktiken noch in Verhandlungsstrate-
gien. Ihr Vertrauen in die Weisheit »der da oben«, der jeweils höheren Instanz, scheint bedingungslos gewesen zu sein. Die hierarchische
Struktur des Militärapparats hatte seine Entsprechung in der Gesellschaft. Sie setzt auf Helden, Genies. In Schwejk sieht sie einen Feind.
Sie fürchtet seinen zersetzenden Witz.

Mit * versehene Überschriften stammen vom Verfasser.

8. Pistolenduell statt Rededuell

Daß Privilegien das Grab der Freiheit und Gerechtigkeit (Johann Gottfried Seume) sind, zeigt sich an der Rolle, die das Pistolenduell in Deutschland spielte. Zu den Vorrechten des Adels gehörte es, persönliche Streitigkeiten mit der Waffe zu »bereinigen«. Als Mann gegen Mann, sozusagen. Nicht dem König und seinem Gericht überließ man die Entscheidung, man griff zur Selbsthilfe. Das Gesetz war für die Untertanen da, für das Volk. Im Sinne von Ludwig Börnes Wort, daß der Adel sich als einen Obelisken ansehe, »dessen Spitze der Fürst und dessen Postament das Volk bildet«.

Der deutsche Adel verfügte über diesen Spielraum, wo er praktisch tun und lassen konnte, was er wollte, da die Zerrissenheit des Landes, dessen Vielstaatigkeit ihm ständig Ausweichmöglichkeiten bot. Gab es in Frankreich, um ein Beispiel zu nennen, nur einen einzigen Hof, so in Deutschland gleich Dutzende. Fiel man an dem einen in Ungnade, wandte man sich eben einem anderen zu. Ein Landesfürst, in dessen Dienste man treten konnte, fand sich immer. Und was einem den Wechsel erleichterte: Man befand sich selbst dann noch in Deutschland. Deutschland war eben ein Plural. Mit diesem Ausweichspiel wiederholte sich auf einer »höheren« Ebene, was den deutschen Juden blutige Alltagserfahrung gewesen war und ihnen vielfach Überleben ermöglicht hatte. Wurden sie aus der einen Stadt vertrieben, konnten sie darauf hoffen, daß eine andere ihnen die Tore öffnete. Als willkommenes Ausbeutungsobjekt.

Statt vor Gericht zu gehen, um zu seinem Recht zu kommen – es zu behalten, ohne es zu haben! –, duellierte man sich. Heißt nicht ein altdeutscher Rechtspruch: »Kein gesetzlich Recht kann natürlich Recht widerlegen«? Nicht das »Recht« soll entscheiden, das »Gesetz«, das »der Freund der Schwachen« sein soll (Schiller), sondern »Stärke«, »Geschicklichkeit«. »Der Starke weicht einen Schritt zurück, behält aber das Ziel fest im Auge«, läßt sich 1850 der Freiherr von Manteuffel in der Preußischen Zweiten Kammer vernehmen. Er sieht, »auf welchem anderen Wege er es erreichen kann«.

In kaum einem anderen Land habe bis 1918 das Duellieren eine dermaßen zentrale Rolle gespielt. Es war »Kernstück des Ehrenkanons« (N. Elias), nicht nur der Oberschichten, sondern auch der oberen Mittelschichten; nicht nur des Adels und des gesamten Offizierskorps, sondern auch der bürgerlichen Verbindungsstudenten und Akademiker. Diese betrachteten sich als die »Schicht der Satisfaktionsfähigen«, im Gegensatz zur Masse der Bevölkerung. Die Vertreter dieser Oberschicht waren überzeugt davon, das »eigentliche Deutschland« zu sein. Dem entspricht, daß das Volk in seiner Mehrheit den Staat in der »Obrigkeit« sah. Der Staat, das waren eben »die da oben«. Ihren Befehlen hatte man zu gehorchen. Nach dem Motto: »Gar leicht gehorcht man einem edlen Herren, der überzeugt, indem er uns gebietet« (Goethe).

Das Duell ist eine »formalisierte Gewalttat«. Im Vergleich zur Prügelei bei den niederen Schichten, die von Spontaneität der Gefühle befeuert wird, informellen Charakters ist, folgt es einem Ritual, das der gesellschaftliche Kanon diktiert. Dennoch ist beides Gewalttat, Überbleibsel aus frühen Tagen, zu den Verhaltensweisen der Kriegerkaste gehörig. Davon überzeugt, daß das Recht auf der Seite des Stärkeren, d. h. physisch Überlegenen, ist, lehnt der Duellant den Versuch zur »Versöhnung«, das Angebot einer Entschuldigung ab. Alles oder nichts. Duelle kennen keine Kompromisse. Wo die Auseinandersetzung mit der Waffe, die physische Stärke, Kriegerqualitäten also den höchsten Platz auf der Wertskala einnehmen, fällt die Kunst der Auseinandersetzung mit Worten dahin. Überreden oder Überzeugen wird zur Sache des Schwächeren. Im Bewußtsein seiner Überlegenheit lehnt der Herausforderer es als geringerwertig oder geradezu verächtlich ab. Statt des Rededuells, des formalisierten Gesprächs, wie es in der Rhetorik über große, weit zurückreichende europäische Tradition verfügt, das Pistolenduell. Führt jenes zu einem Kompromiß, einem Ausgleich, der »lebt und leben läßt«, so endet dieses in der Vernichtung des Gegners.

In einer Gesellschaft, welche die autokratische Herrschaftsform im Habitus der einzelnen Menschen verankert, wo Befehlen und Gehorchen im Verkehr untereinander besonders hoch bewertet werden, hat die Kunst der Diskussion, das dialogische Prinzip, keine rechte Chance, sich zu entfalten. Das Monologische dominiert. In der deutschen Gesellschaft, schreibt Norbert Elias, sei die Gewöhnung an Formen des Befehlens und Gehorchens und, bis vor kurzem, »das vergleichsweise geringe Geschick im Gebrauch von Diskussionsstrategien als Erbe der langen absolutistischen oder nahezu absolutistischen Herrschaftsstruktur« deutlich zu bemerken. Man könnte noch weitergehen und behaupten, dies sei selbst den Debatten im Deutschen Bundestag noch anzumerken. Ihre oft totschlägerische Wortwahl und Argumentation lassen den Zeugen bisweilen den Atem anhalten.

Deutschland wurde bis 1918 absolutistisch regiert. Daß die Parteien nach 1871 an Einfluß gewannen, ändert wenig am Gesamtbefund.

Abgesehen davon, daß auch im Parteileben autoritäre Strategien eine nicht geringe Rolle spielen, wie Helge Pross gezeigt hat, sorgten schon die deutschen Beamten dafür, daß dieser Geist seine Prägekraft nicht verlor. »Je mächtiger die parlamentarischen Einflüsse auf das Staatsleben einwirken«, läßt Bismarck sich 1867 in einer Reichstagsrede vernehmen, »desto notwendiger ist meines Erachtens eine straffe Disziplin im Beamtenstande.« Das »Radfahrerprinzip« läßt auch den Untertan in deren »Genuß« kommen.

Dem prägenden Einfluß der absolutistisch-monarchischen Tradition ist die Bereitschaft zuzuschreiben, sich durch Fremdzwang leiten zu lassen. Zudem: Gehorchen ist nun einmal einfacher als in Selbstverantwortung Entscheidungen zu treffen. Sich an der (ausgleichenden) Auseinandersetzung von Menschen mit unterschiedlichen Standpunkten und Meinungen beteiligen zu müssen, kann als Last empfunden werden. Deswegen verlangt das Leben unter einem autokratischen Regime eine relativ simple Persönlichkeitsstruktur. Im gleichen Maße gilt, daß das komplexe parlamentarische Mehrparteiensystem mit seiner ständigen Neuverteilung der Gewichte, der Notwendigkeit des Abwägens und Umdenkens, eine differenziertere Persönlichkeitsstruktur erfordert und auch hervorbringt.

Zum gesellschaftlichen Zusammenleben gehören Konflikte. Leben heißt mit Konflikten leben, sich einrichten mit ihnen, wie die Sprache sich mit den »pathologischen Situationen« möglicher Mißverständlichkeit zu arrangieren hat. In der Bereitschaft, Konflikte als »normal« zu akzeptieren und nichts ins Abseits des »Abnormalen«, gewaltsam zu Erledigenden abzuschieben, wird der irrationalen Radikallösung des Duells der Boden entzogen. Die Entscheidung zwischen den Standpunkten gegnerischer Gruppen erfolgt auf gewaltlose Art: durch Diskussion oder »Sprachduell«. Am Ende steht der Kompromiß. Der »natürlichen« Totschlaglösung des Duells setzt er eine lebenspositive Ausgleichhaltung entgegen. Sie ist »künstlich« wie der Witz, lebt aus Relativierungs- und Kombinationsvermögen wie er. Duellfreundlichkeit und Witzfeindlichkeit gehören genauso zusammen wie Dialog und Kompromiß.

9. Keine Kompromisse...

Keine Kompromisse zu schließen galt (und gilt noch immer) in Deutschland als Tugend. Wer kompromißlos an seiner Überzeugung festhält, kann seiner Bewunderer sicher sein. Wir Deutsche verbin-

Der »schneidige Herr« als Lebensideal*

(Der sozialdemokratische Abgeordnete Wendel spricht)

»In England hat die bürgerliche Klasse nicht nur die politische und wirtschaftliche Macht erobert, sondern die Lebensanschauungen, Sitten und Gebräuche des Volkes sind mit bürgerlichem Geiste durchsetzt worden. In England ist auch die feudale Klasse in ihrem Wesen verbürgerlicht, und deshalb war es in England möglich, der feudalen Unsitte des Zweikampfes die Wurzeln abzugraben.

Umgekehrt ist es in Deutschland. Die geschichtliche Entwicklung Deutschlands hat es mit sich gebracht, daß die bürgerliche Klasse feudalisiert und militarisiert worden ist. (*Sehr gut! bei den Sozialdemokraten.*) Nicht der ehrenwerte Bürger ist das vielfach gangbare Lebensideal für die Mittelklasse des deutschen Volkes, sondern der schneidige Herr »von« mit dem aufgedrehten Schnurrbart. (*Heiterkeit.*) Ein junger Kaufmann will bei uns nicht aussehen wie ein junger Kaufmann, sondern womöglich wie ein Leutnant in Zivil. (*Heiterkeit.*) Und ein Jüngling allerbürgerlichster Herkunft schafft sich, wenn er Ehrgeiz hat, zunächst ein Monokel an und dann diesen imponierenden königlich preußischen Schnarrton. (*Heiterkeit.*) Da ist es gar kein Wunder, daß die bürgerliche Klasse dem Duell keinen energischen Widerstand entgegensetzt, sondern daß sie bei ihrem krankhaften zurückgebliebenen Klassenselbstbewußtsein sich der Unsitte anbequemt, eben weil sie feudal ist... als vor einem Jahrzehnt etwa eine Antiduelliga in Deutschland begründet wurde und auf einem Kongreß dieser Antiduelliga der ganz selbstverständliche Antrag gestellt wurde, daß kein Mitglied dieses Verbandes sich auf einen Zweikampf einlassen dürfe, da gab es entrüsteten Widerspruch auf dem Kongreß, und der Antrag wurde abgelehnt; es wurde der Beschluß gefaßt – ich weiß nicht, ob Nationalliberale dabei beteiligt waren –, (*Heiterkeit*) im Prinzip ist zwar der Zweikampf zu verwerfen und bis zum äußersten zu bekämpfen, aber im gegebenen Fall dürfe jedes Mitglied dieser Antiduelliga so handeln, wie er es für gut halte. (*Große Heiterkeit.*) Es war also eine Art Verein zur Bekämpfung des Duells mit unbedingter Satisfaktion.«

Aus: *Stenographische Berichte über die Verhandlungen des Reichstags, Bd. 294 (1914)*

den damit die Vorstellung von Charakterfestigkeit, Zuverlässigkeit. Kompromissen haftet in den Augen vieler Deutscher etwas Schäbiges an. Sie seien »faul«, heißt es, unsauber, unehrlich, stellten also einen Unwert dar. Man sieht in ihnen nicht realistische Lösungen für soziale Probleme, sondern Halblösungen, »Kuhhandel«. Kompromisse kompromittierten, heißt es. Daß der schlechte Ruf des Kompromisses sich von dem Verlangen nach autoritärer Ordnung herleitet und der Geringschätzung von Toleranz entspricht, ist leicht einzusehen.

In den Augen des deutschen Soziologen Georg Simmel stellt der Kompromiß »eine der größten Erfindungen der Menschheit« dar. Sollte, was für die Menschheit gilt, vielleicht für die Deutschen keine Gültigkeit besitzen? Denn das Wort »Kompromiß«, seit dem 15. Jahrhundert in der deutschen Sprache belegt, hat es dort zu allem anderen als einem Ehrenplatz gebracht. Nachschlagewerke informieren uns, daß Bereitschaft zum Kompromiß für Friedfertigkeit steht. Daß diese allzu leicht mit Nachgiebigkeit, also Schwäche, gleichgesetzt wird, ist bekannt. Wer Kompromisse schließt, macht Zugeständnisse, sucht Ausgleich: eben die friedliche Lösung. Anderen auf halbem Weg entgegenzukommen, dem »Mittelweg« zu folgen ist eines der Grundprinzipien der Demokratie. Ohne Parteien-Kompromiß kann das parlamentarische System nicht funktionieren. Es ist auf Verhandlungen, Diskussion, kurz: Dialog abgestellt.

Wie sich gezeigt hat, sind Glaubens- und Verhaltenstradition der Deutschen geprägt von militärischen Wertvorstellungen, die auf frühe Staats- und Gesellschaftsformen verweisen. Selbstgeschaffene Modelle, die ihnen signalisierten, wie weit sie im Streit miteinander gehen oder welche Kompromisse sie noch akzeptieren könnten, ohne ihre Überzeugung zu verraten, fehlen ihnen (Norbert Elias). Was haben die Wörter »stramm« und »schwanger« gemein? Sie sind, was sie sind, ganz oder nicht. An die Stelle der »mittleren Linie«, der Vermittlung tritt die »Prinzipientreue«, der Gehorsam dem (abstrakten) Prinzip gegenüber. Nietzsche irrt, wenn er meint, Prinzipien seien »lächerlich« geworden, niemand erlaube sich »ohne Ironie mehr von seiner ›Pflicht‹ zu reden«. In einer Landschaft, wo es nur Gebots- und Verbotstafeln gibt, ist es leicht, seinen Weg zu finden. Richtet menschliches Zusammenleben sich indessen nach Regeln, heißt es, abzuwägen, Taktgefühl zu zeigen, und das heißt, in Eigenverantwortung ab- und zuzugeben. Solche Modellierung nimmt ganze Jahrhunderte in Anspruch.

Was ist eigentlich Takt, Taktgefühl? Man hat sie den »Verstand des Herzens« (Karl Gutzkow) genannt, spricht von Unbesonnenheit, Unbeholfenheit, wo sie fehlen. Wenn man sie nicht gar als »Heuchelei« (Carl Spitteler) abgetan hat. Das Wort »Takt«, im 16. Jahrhundert aus dem Lateinischen entlehnt, meinte ursprünglich den Schlag (»Berührung«), der den Rhythmus angibt, dann den Rhythmus selbst und schließlich auch einen Abschnitt des rhythmischen Ganzen. Unter dem Einfluß des Französischen wurde es im übertragenen Sinne gebraucht. Takt haben, heißt, sich »im Einklang« mit dem Rhythmus (der Gesellschaft, in eher abfälligem Sinn: mit der Konvention) befinden. Diese Verbindung von Schicklichkeitsgefühl und Konvention, d. h. Gesellschaft, ist in Deutschland auf Vorbehalte gestoßen. Wie im Falle von Höflichkeit, die für viele Deutsche, z. B. Schopenhauer, nichts als »grinsende Maske« ist. Im Deutschen lüge man, läßt Goethe den Baccalaureus in *Faust II* sagen, »wenn man höflich ist«. Es ist der gleiche Goethe, von dem das Wort stammt, es gebe »kein äußeres Zeichen der Höflichkeit, das nicht einen tiefen sittlichen Grund hätte«.

Angesichts seiner militärischen Herkunft nimmt der deutsche Verhaltenskanon keine Rücksicht auf menschliche Unzulänglichkeiten und Schwächen. Seine Forderungen sind unbedingt, sein Ideal ist die Ausnahmslosigkeit, die völlige Übereinstimmung mit den Normen, wie sie im Ideal oder in der Doktrin vorgegeben sind. Die Kunst der Auseinandersetzung mit Worten gerät deshalb leicht in ein geradezu verächtliches Zwielicht. Die Deutschen beschäftigen sich lieber mit der Sprache als mit dem Sprechen. Zwangloses dialogisches Miteinander, in dem geselliges Gefühl lebt, die Neigung zu Spott und Witz Auftrieb erhält, hat keine eigentliche Tradition in ihrem Land. Zwar ist auch hier im 18. Jahrhundert die auf den Humanismus zurückgehende Form des Dialogs zu neuer Blüte gelangt, hat sie Eingang gefunden in Erzählungen, ja sogar in Wörterbüchern, aber das blieb lebensferne Ausnahme.

Mit seinem »dia-« verweist das Wort »Dialog« auf das »Inter-«, das »Zwischen« des Mit- und Gegeneinanders der Sprechenden, deren »wechselnde Rede«. Miteinander reden heißt, aufeinander zugehen. Es schafft Gemeinsamkeit. In der wechselseitigen Mitteilung erscheint ein den Partnern gemeinsamer »Sinnbestand«. Am Anfang steht, als erster Schritt sozusagen, der »Streit«, am Ende winkt die »Übereinkunft«. Der Streit, der die Urform des Dialogs bildet, gründet in einer Urspannung, die sich aus der Negation des Du durch das Ich nährt und nach Überwindung der Polarität drängt. Das Ziel heißt »Wir«. Je kultivierter, »zivilisierter«, »entwickelter« eine Gesellschaft ist, desto entschiedener werden die den Dialog tragenden Gefühls- und Willensmomente geformt, »modelliert«. Der Streit legt die Waffen ab, die Faust öffnet sich der dargebotenen Hand.

Schon bei den Römern habe der Dialog der »Konversation in guter Gesellschaft« zugeneigt (Rudolf Hirzel). Als »Volk der Konversation« galten dann die »Nachfolger« der Römer: die Franzosen. »Gespräch in der Jugend, Brüderlichkeit im Alter«, heißt es bei ihnen.

Kein Zutritt für Kellnerinnen *

»Ein junger Beamter lernt die Tochter einer wenig bemittelten Witwe kennen und heiratet das Mädchen trotz ihrer Armut. Nach fünfjähriger glücklicher Ehe begeht der Kriegerverein in Berlin, dem der junge Sekretär als ehemaliger Militär angehört, sein Stiftungsfest, und der Beamte führt seine junge, reizende Frau in den Familienkreis seiner einstigen Kameraden ein. Im Verlauf des Abends fängt er eine Bemerkung auf, die ein als Gast anwesender ehemaliger Vorgesetzter macht, und die dessen Verwunderung ausdrückt, daß in einer so ›anständigen‹ Gesellschaft ›auch Kellnerinnen‹ Zutritt fänden. Zur grenzenlosen Bestürzung des jungen Mannes weist jener dabei mit dem Finger auf seine in einiger Entfernung von ihm stehende eigene junge Gattin. Totenbleich fordert der Beamte den Gast zu einer Erklärung auf, der nun, erschocken über das, was er angerichtet, nicht anders kann, als dabei zu bleiben, daß die von ihm bezeichnete Dame ihn früher längere Zeit in einem Restaurant der Friedrichstraße bedient habe. Die gänzliche Fassungslosigkeit seiner sofort von ihm unter vier Augen zur Rede gestellten Frau beweist dem Beamten, daß die Behauptung begründet ist – entrüstet, vernichtet, verläßt er das Fest.

Später gelang es wohl den Bitten der jungen Frau, ihren Mann zu beruhigen, aber der Wurm fraß weiter. Da sie damals trotz aller Anstrengungen keine passende Beschäftigung finden konnte und ihre alte Mutter nicht darben lassen wollte, so hatte sie einige Zeit in ehrbarster Weise als Kellnerin gearbeitet! und nun wurde ihrem Manne zu allem noch nahegelegt, aus dem Verein auszuscheiden.«

Aus: Jeannot Emil Frh. von Grotthuß,
Aus deutscher Dämmerung ([3]1909)

Esprit, Witz, ist für sie vor allem »*Esprit de conversation*«: witziges Gespräch. Wie sich zeigen wird, gewinnt der Witz Bedeutung für die deutsche Literatur, indem er auf die ästhetische Kultur bezogen wird, wie die französische Gesellschaft sie verkörpert. Denn genauso wie man nicht mit sich selbst spricht, ist man auch nicht witzig für sich allein, wie Goethe zu Riemer sagt (20. Februar 1809). Ähnlich verhält es sich mit Kompromißlosigkeit und Dialog in der Gesellschaft. Extreme – Deutschland und Frankreich verkörpern sie.

10. »...civilisiert bis zum Überlästigen« (Kant)

Als Tragödie der Zivilisation empfanden die Franzosen ihre Niederlage von 1871. Flaubert sprach vom »Untergang der Welt«. Die Katastrophe wurde Anlaß zu nationaler Selbstbesinnung. Charles Renouvier, der »französische Kant«, sah Frankreich durch eigene Schuld erniedrigt. Es müsse, meinte er, von den Siegern lernen. Von den Deutschen also. Im Protestantismus, dem Geist der Disziplin und des Gehorsams sieht er die Gründe für die »Überlegenheit der germanischen Rasse«. Was auch immer es mit dieser Überlegenheit auf sich haben mag: Renouviers Aufzählung läßt sich in einen Begriff zusammenfassen, der »zutiefst Deutsches« bezeichnet: »Obrigkeitsfrömmigkeit«. Nicht nur in den Augen des französischen Philosophen ist sie eines der hervorstechenden Wesensmerkmale der Deutschen.

Staatsfremdheit und Obrigkeitsfrömmigkeit sind komplementäre Größen in Deutschland. »Gehorche der Obrigkeit und laß die andern über sie streiten«, empfiehlt Mathias Claudius seinem Sohn. Ihren Ursprung hat diese Autoritätsgläubigkeit in der politischen Indifferenz des Luthertums, in der Verbindung der lutherischen Kirche mit den Landesherren. Ähnlich nachteilig mußte sich die Gegnerschaft des katholisch und universal ausgerichteten Kaisertums zum nationalen Gedanken auswirken. An der Ausbildung des neuzeitlichen, auf das natürliche Recht des Menschen gegründeten Staats- und Völkerrechts, wie sie sich in Frankreich und England vollzog, hat Deutschland keinen Anteil. Seit dem 17. Jahrhundert ging dieses innerlich zerrissene Land auf Wegen, die es dem Westen zunehmend entfremdeten.

In Frankreich und England führte der Einfluß der Mächte der Aufklärung und des Puritanismus zur Umbildung des Staates aus dem Geist der persönlichen Freiheit. Der Staat wird verstanden als Vertrag im Sinne der Übereinkunft zwischen freien Bürgern. Wer sich zu ihm bekennt, gehört zu ihm, ist sein Bürger. Weswegen Rousseau im *Contrat Social* warnt: »Sobald man bei Staatsangelegenheiten die Worte hören kann: ›Was geht es mich an!‹ kann man davon ausgehen, daß der Staat verloren ist.« Da der »ungeliebte« Staat sich nicht auf einen in vorgeschichtliche Zeit zurückreichenden Volksbegriff stützt, wie im benachbarten Deutschland, kennt er keine »natürlichen«, sondern nur politische Gegner. Das sichert ihm Dynamik und Gegenwartsnähe.

Weder vom Calvinismus noch von der Aufklärung ist Deutschland wirklich innerlich erfaßt worden. Das Luthertum hat beides verhindert. Robert Beauvais charakterisiert den typischen deutschen Protestanten als weltverbesserischen Schulmeister, jedem Genuß abhold und jedem Luxus feind. Er sei ein von Schuldgefühlen geplagter Masochist, besessen von einer abstrakten Idee des Guten und überzeugt, grundsätzlich im Recht zu sein. Abgesehen davon, daß die religiöse Befreiungstat Luthers, auf dessen Konto die Erfindung der Theorie des passiven Gehorsams geht, dem Gottesgnadentum zur Dauer verhalf, sie blockierte auch, anders als in den Ländern calvinistischer Reformation, die Entwicklung freikirchlichen Glaubenslebens. Durch ihren Abstand vom einzelnen, ihren bürokratischen Charakter verweigerte die lutherische Staatskirche dem Glied der Gemeinde die Rolle, die es in einer Freikirche zu spielen vermag. Damit unterband sie die Entfaltung der neu geweckten religiösen Kräfte. Es drängte sie ab in weltliche Bereiche. Eine spezifisch lutherisch-religiöse Weltlichkeit und Weltfrömmigkeit entstand, die in der persönlichen Auseinandersetzung des einzelnen mit Welt und Gott ihren Ausdruck fand. Wissenschaft und Kunst, Arbeit und Spiel, ja das gesamte öffentliche Leben waren deshalb von persongebundener Weltanschauung bestimmt, als die Entwicklung der Deutschen bürgerliches Gepräge erhielt.

Dem deutschen Wort »Kultur« eigne ein »besonderes Pathos«, schreibt Helmuth Plessner. Denn jene dem Deutschen eigentümlich gewordene »Tiefe verweltlichter Frömmigkeit« sei in ihm ausgesprochen. Obwohl es eine für weltliche Güter gültige Prägung sei, bewahre es doch den Zusammenhang mit dem religiösen Untergrund, wie noch im 18. Jahrhundert das Wort »Vernunft« und in den folgenden Zeiten Wörter wie »Geist«, »Leben« und »Volk«. Noch in seinen aufgeklärtesten Positionen habe deutscher Geist seine Bindung an evangelische Frömmigkeit gewahrt. Bis ins 19. Jahrhundert habe das evangelische Pfarrhaus die Richtung gewiesen. Keine Frage, seine geistige Führerschaft bildete einen Gegensatz zur politischen; im Zwiespalt zwischen Stadt und Land hat diese Gegensätzlichkeit ihre Entsprechung.

Nicht die Idee des Rechts bestimmte nach deutscher Vorstellung das Geschichtsbild des Staats, sondern die des Volkes und seiner Herkunft. Volk und Weltfrömmigkeit sind die beiden Begriffspfeiler, auf denen der deutsche Kulturbegriff ruht. Kultur galt denn auch als Antithese zu Zivilisation. Als »gewachsen« sieht man das eine, als »künstlich« das andere. Kants Entgegensetzung von Kultur und Zivilisation findet bei Wilhelm von Humboldt zusätzliche Deutung im Sinne von »innerlich« und »äußerlich«. Zivilisation als etwas, das nur das »Äußerliche« des Menschen, nur die Außenseite, »Oberfläche« seines Wesens faßt, »nützlich«, aber »flach«, die »inneren Werte« vernachlässigend. »Je zivilisierter, desto mehr Schauspieler«, belehrt uns Kant. Für den Untergangsphilosophen Oswald Spengler schließlich ist »Zivilisation« gleichbedeutend mit »äußerlichen und künstlichen Zuständen« – »steinerne, versteinernde Weltstadt«.

Zivilisation, schreibt Norbert Elias, bezeichne einen Prozeß, eine Bewegung, die stets »vorwärts« geht. Auf die Produkte des Menschen, »die da sind, wie ›Blühen auf den Feldern‹«, beziehe sich hingegen die Kultur. In diesem Sinn grenzt Kultur ab, meint Gegebenes, Ordnung. Es gehe um den Unterschied von Masse und Volk, der dem Unterschied entspreche von Individuum und Persönlichkeit, sozialem und metaphysischem Leben. Tatsächlich fängt die Zivilisation in Frankreich, ihrem »klassischen« Land, schon mit dem Essen an, wie Ernst Robert Curtius ausführt. Das Gespräch gehört nicht weniger dazu als Höflichkeit, die »Glättung« der rauhen Natur, Verfeinerung der Sitten, Humanisierung des Barbarischen.

Im Gegensatz von Stadt und Land, Garten und (ländlicher) Wildnis findet das Spannungsverhältnis von Zivilisation und Kultur eine weitere Entsprechung. Auf dieses Kapitel deutscher Seelengeschichte im einzelnen einzugehen, würde zu weit führen. Zeugnisse gäbe es genug. Das deutsche Gemüt sehnte sich nach »ländlicher Echtheit«. So manche Freude, die man in Städten nicht habe, finde man in »ländlicher Einsamkeit«, schreibt der Arzt Johann Georg Zimmermann. Der »Anblick der ruhigen Natur« reinige »so manches Herz von lasterhaften Neigungen«, mache »so gutmütig, liebreich, offen, zutraulich«. In der Natur, »fern von des Lebens verworrenen Kreisen« (Schiller), sucht das Gemüt Befreiung von den »widrigen« Stadteindrücken, das »Glücksgefühl«, das die Empfindung »echter Schönheit« vermitteln kann. Auch dem fordernden Sog des Gesprächs, dem verpflichtenden Miteinander vermag es sich dort zu entziehen. Die Idyllen Geßners und Gellerts Gedichte singen das Lob dieser Wunschwelt.

Sah Nietzsche in der Stadt ein »gebautes Laster«, so Stefan George die wiedererstandene biblische Hure Babylon. Flucht in die »heile« Natur als Schutz vor ihnen. Als Nietzsches Zarathustra auf dem Rückweg ins Gebirge an das Tor der »großen Stadt« kommt, versperrt ein Narr ihm den Weg. »O Zarathustra«, warnt er den Ankömmling, »hier hast du nichts zu suchen und alles zu verlieren... Hier verwesen alle großen Gefühle, hier dürfen nur klapperdürre Gefühlchen klappern! Riechst du nicht schon die Schlachthäuser und Garküchen des Geistes?... Siehst du nicht die Seelen hängen wie schlaffe schmutzige Lumpen?«

Für Heinrich Mann, den »Zivilisationsliteraten«, wie sein Bruder Thomas, selber eher »Kulturapologetiker«, ihn (herabsetzend) nannte, bleibt die Stadt »das stärkste Bollwerk« unserer Vernunft. Sie

Der preußische König Friedrich Wilhelm IV., dem Karl Marx nachsagt, es habe »sicher keinen Handlungsreisenden in Berlin« gegeben, »der ihn an Fülle vermeintlichen Witzes und an Geläufigkeit im Sprechen übertreffen konnte«, soll unter den Antrag der Bürger von Gumbinnen an der Pissa, die um Änderung des Namens ihres Flusses baten, geschrieben haben: »Genehmigt. Empfehle Urinoco.«

Als Mitglied einer Ermittlungskommission hatte der Reichtagsabgeordnete Adolf Hoffmann einmal einen ins Zwielicht geratenen Kaufmann zu vernehmen. Dieser, aufgebracht über Hoffmanns schnoddrigen berlinischen Ton, sagt plötzlich: »Ich lehne es ab, mich mit Ihnen zu unterhalten. Sie verwechseln ja ständig mir und mich!« Worauf Hoffmann erwidert: »Dat isso, is aba nich strafbar. Sie aba verwechseln ständig mein und dein, und deswejen sind Se hier und müssen mir antworten!«

sei »tiefer eingefühlt in die Zeit« als das Land, sei »nachgiebiger und stärker«. Hier entstünden »neue Werte«, die Sprache lebe »überwach« hier, wie der Mensch. »Gebildete Wendungen, Literatur, wie man sagt«, fänden sich im Alltagsgebrauch selbst der kleinen Leute. Überall blühe die eigentlich menschliche Form, Eindrücke zu überwinden: die Ironie...

Diese Äußerungen führen uns zurück zum Ausgangspunkt unserer Überlegungen. Ausformung eines deutschen Sonderbewußtseins hat dazu geführt, daß Deutschland nicht wie Frankreich ein gesellschaftliches Verhältnis zur Literatur fand. Ohne den Rückhalt in einer »literarischen Adelskultur« seien dessen Dichter und Denker zwischen 1750 und 1850 aus dem Volk gekommen, »immer als einzelne«, die zwar ihr Publikum hatten, aber kein gesellschaftlich vorgezeichnetes Prestige. In solcher Lage habe sich der moderne Roman nicht entwickeln können. Dieser bedürfe nun einmal der Gesellschaft als Mutterboden. Zugleich habe den Deutschen das »objektive Verhältnis zum anerkannten zivilisierten Wort« gefehlt. Nur dieses gestatte Ironie, die spielerische Beweglichkeit in der sozialgesicherten Hülle des Ernstes. Gilt nicht gleiches für den Witz? In seiner Schrift »Über das Komische« setzt Friedrich-Georg Jünger den Witz zur Stadt in Beziehung. Hier sei »das geistige Leben durchgearbeiteter und der Stoff zu Konflikten, die aus ihm hervorgehen, ergiebiger«. Ein Beispiel mag, zur Einstimmung gewissermaßen, genügen.

Für ihre Schlagfertigkeit sind die Berliner bekannt. In Berlin, einer Großstadt, zurechtzukommen, bedürfe es, des schnelleren Lebensrhythmus wegen, »beträchtlicher Leistungen an Wendigkeit, Zeiteinteilung und kluger Kombination« (Gordon A. Craig). Hat dies zur Schärfung dessen beigetragen, was als »Berliner Witz« über Deutschland hinaus bekannt wurde? Er ist der »Chuzpe« verwandt, einer Art jungenhaft unbekümmerter, entwaffnender Unverschämtheit, Schnoddrigkeit. Selbstsicherheit spricht aus ihm, demokratisches Freiheitsbewußtsein auch der Obrigkeit gegenüber, das der Kombinationsgabe erlaubt, sich in einer Bildhaftigkeit auszuleben, die unter Deutschen einzigartig ist. Es lebe in Berlin, sagt Goethe zu Eckermann (4. Dezember 1823), »ein so verwegener Menschenschlag beisammen, daß man mit der Delicatesse nicht weit reicht, sondern daß man Haare auf den Zähnen haben und mitunter etwas grob sein muß, um sich über Wasser zu halten«. Schlagfertigkeit als Mittel, durchzukommen. Die witzige Formulierung, die bildhafte, treffsichere Redensart neben dem typischen Berliner Ausdruck wie »knorke«, »Fatzke« oder »Mief«. Ist der Berliner Witz das Ergebnis einer Vermischung der vielschichtigen einheimischen Bevölkerung mit französischen und jüdischen Elementen? Vieles spricht für diese Erklärung, wie sich noch zeigen wird.

Der Witz der großen Städte, neben Berlin vor allem Wien, Hamburg und Köln, ist Ausnahme. Für Deutschland im allgemeinen, für seine Autoren im besonderen trifft zu, was bereits 1813, mehr als ein Jahrhundert vor Friedrich Georg Jünger, Madame de Staël in ihrem Deutschlandbuch zu bedenken gegeben hatte. Die französische Autorin vergleicht die Situation der in Paris, der Stadt des »esprit« und des »goût«, lebenden französischen Autoren mit jener ihrer deutschen Kollegen und schreibt, von den deutschen Schriftstellern hätten die meisten sich mit der Einsamkeit herumzuschlagen. Sie hätten nichts als ihren kleinen Zirkel. Ähnliche Klagen finden sich in Goethes *Gesprächen mit Eckermann*. Von der »Eifersucht der Einsamen« wird dann Nietzsche sprechen, einer Eifersucht auf den – Esprit (*Morgenröte*).

»Der Pedell Sch. grüßte mich sehr kollegialisch, denn er ist ebenfalls Schriftsteller und hat meiner in seinen halbjährigen Schriften oft erwähnt; wie er mich denn auch außerdem oft zitiert hat, und wenn er mich nicht zu Hause fand, immer so gütig war, die Zitation mit Kreide auf meine Stubentür zu schreiben.«

Aus: Heinrich Heine *Harzreise*

Vorbild und Nachahmung *

»Eine Barttracht konnte damals auf unerklärliche Weise wichtig werden. Es war die Zeit, da der deutsche Kaiser mit einem hochgebürsteten, Haar für Haar und Härchen für Härchen hervorgezogenen und unter der Brennschere eines Friseurs hochgebogenen, mit Fixativen unter einer täglich angelegten Binde hochdressierten Schnurrbart herumlief. Alle Welt, soweit sie meinte es zu sein, tat mit…

Aus einem unerklärlichen Grunde gehörte eine zur Schau getragene Blödigkeit des Ausdrucks über einem unsinnig hohen steifen Kragen des Waffenrocks zum Benehmen und Auftreten des deutschen Offiziers; sie wurde angestrebt. Denn ich weiß aus eigenster Anschauung daß diese jungen Männer gar nicht so blöde waren wie sie sich den Anschein gaben zu sein.

Auf unerklärliche Weise kam eine anmaßende, knarrende Redeweise unter ihnen auf die früher nicht bestand. Man verspottete sich selbst damit.

Auf unerklärliche Weise mischten sich in der Gesellschaft … die Kreise der Gelehrten mit denen der Beamten und beide mit denen der Offiziere. Um dieser letzteren willen entfaltete der verkehrsfähig gewordene reiche Kaufmann und Fabrikant jungen Aufstiegs – als der vierte im seltsamen Bunde – eine mühsame, nachgeahmte, traditionslose hilflose Pracht.

Aus: R. Binding, *Erlebtes Leben* (1937)

Zweiter Teil
Der deutsche Michel –
ein Mann mit Witz?

»Sicherer als durch fremde Waffen wird die Kraft der Deutschen durch sie selbst gebrochen.«

Tacitus, Germania

»...bei uns rutscht sehr leicht alles in das Unkörperliche und Unanschauliche, worauf wir anfangen, von einer Weltanschauung zu sprechen, nachdem die Welt selber sich aufgelöst hat. Selbst der Materialismus ist bei uns wenig mehr als eine Idee. Aus dem Geschlechtsgenuß werden bei uns eheliche Pflichten, der Kunstgenuß dient der Bildung, und unter dem Lernen verstehen wir nicht ein fröhliches Kennenlernen, sondern daß uns die Nase auf etwas gestoßen wird. Unser Tun hat nichts von einem fröhlichen Sich-Umtun, und um uns auszuweisen, verweisen wir nicht darauf, wieviel Spaß wir mit etwas gehabt haben, sondern wieviel Schweiß es uns gekostet hat.«

Bertolt Brecht, Kleines Organon

1. Talleyrands Traum

Denken habe große Ähnlichkeit »mit einer Buchstabenrechnung«, schreibt Arthur Schopenhauer. Die Begriffe seien Zeichen für Vorstellungen wie Wörter Zeichen für Begriffe. Deshalb könnten wir Menschen die Begriffe »hin- und herwerfen zu allerhand neuen Verbindungen«. Daß alles Denken wie ein Rechnen mit Begriffen sei, hat allerdings schon der französische Philosoph und Prinzenerzieher Condillac gelehrt. Für ihn geht Denken auf Sinneswahrnehmung zurück, die Begriffe sind Zeichen des Wirklichen. Dieser »Terminismus«, den der Begründer des neuen Sensualismus, Condillac, in seiner *Logik* und in der posthumen *Langue de Calcul* entwickelt, löste nach seinem Bekanntwerden sofort Diskussionen aus. Fast gleichzeitig, doch unabhängig voneinander entschlossen sich das Pariser Institut und die Berliner Akademie, die Theorie der Zeichen zu einer Preisaufgabe zu machen. Und unter dem Einfluß von Condillacs Gedanken erwog Talleyrand, der überlebenskundige französische Außenminister, eine Sprachreform. Sie sollte die Sprache der Franzosen in ein schlagkräftiges politisches Idiom verwandeln. Was ihn, den geistvollen Diplomaten, überraschenderweise an ihr störte, war die Mehrdeutigkeit vieler ihrer Ausdrücke. Scharfe Trennungslinien zwischen den einzelnen Wortbedeutungen sollten klare Verhältnisse schaffen. Nie ist es zu dieser Sprachreform gekommen. Gott sei Dank, ist man versucht zu sagen.

Jedenfalls hätte der Plan des Zynikers Talleyrand kaum den Beifall eines Mannes wie Friedrich II. von Preußen gefunden. Der französisch sprechende und schreibende König bewunderte an dieser Sprache gerade den Bedeutungsreichtum. Das von den Deutschen als »künstlich« getadelte »Schillernde« an ihr war für ihn ein Zeichen von besonders hohem kulturellen Niveau. Daß gerade das, was Friedrichs Lob fand und Talleyrands Kritik erregte, die französische Sprache »witzfreundlich« macht, ist nicht ohne Ironie und weist voraus auf das nächste Kapitel.

Talleyrand war nicht der erste, dem ein Sprachsystem vorschwebte, das an Eindeutigkeit und Explizitheit nichts zu wünschen übrig ließ. Schon im 17. Jahrhundert – und sogar früher noch – zerbrach man sich den Kopf darüber, wie eine rationale, philosophische Sprache zu konstruieren sei, in der eine logische Beziehung bestünde zwischen den Ideen und den Wörtern, die erforderlich sind, sie auszudrücken. Modellvorstellung war die Sprache, die Adam gesprochen haben soll. Zumindest für die Franzosen. Für nicht wenige Deutsche lag ja auf der Hand, daß die Sprache unseres Urvaters Deutsch gewesen sein mußte. Das neue philosophische Idiom sollte frei sein von Unregelmäßigkeiten, Idiosynkrasien und Ambiguitäten. Denn in diesen wohnt der Teufel, die Schlange, die mit gespaltener Zunge spricht. Die Wörter »Dilemma«: gr. »zwei« und »Bedeutung«, dt. »Zweifel«: germ. »zwei« und »falten« oder das engl. »*doubt*«: aengl. »zwei« und »sein« erinnern an diese Zusammenhänge. Mit andern Worten: Es sollte eine Sprache sein, in der es, wie die moderne Linguistik sagen würde, keine »pathologische Situation« gäbe. Ähnlich wie Talleyrand, ein Jahrhundert später, stellte man sich vor, daß mancher blutige Konflikt in Europa durch Mehrdeutigkeit der Sprache verursacht worden sei.

Unter jenen, die sich mit dem Problem beschäftigten, waren Philosophen wie Bacon, Descartes oder Leibniz. So wie man Gold aus anderen Stoffen als Gold oder Silber herstellen kann, müsse es doch möglich sein, meint Bacon, »für die Dinge andere Zeichen als Worte und Buchstaben zu erfinden«. Noch im 18. Jahrhundert verflog die Idee einer von Mehrdeutigkeiten freien künstlichen Sprache. Französisch etablierte sich als Weltsprache. Schon Ende des 17. Jahrhunderts hatte es Latein abgelöst. Nun wurde es zur europäischen Diplomatensprache und an den meisten Höfen Europas gesprochen. Die königliche Akademie in Berlin, 1700 gegründet, erhob Französisch zu ihrer offiziellen Sprache. Auch die Kaiserliche Akademie in Sankt Petersburg und die Königliche Akademie in Turin bedienten sich neben dem Lateinischen des Französischen. Wie ein Landbesitzer aus Sussex an seinen Sohn schreibt: Jemand, der Französisch verstehe, könne ohne weiteres durch die ganze Welt reisen. Überall werde man ihn verstehen und mögen, was sich von keiner anderen Sprache behaupten lasse. Mit der französischen Sprache breitete sich die Kultur Frankreichs in Mittel- und Osteuropa aus. Als Kultur der »*finisseurs*«, der »Kenner«, die Klarheit, Maß und Gesellschaftlichkeit liebt, nahm sie vor allem die Oberschicht für sich ein. Französisch als Sprache, in der Dinge sich gut sagen und zugleich verschweigen lassen. Was Rousseau zu dem Kommentar herausgefordert hat: »Die französische Sprache soll die keuscheste aller Sprachen sein. Ich für mein Teil halte sie für die allerunzüchtigste. Die Keuschheit einer Sprache besteht doch nicht in der Fähigkeit, unanständige Wendungen zu vermeiden, sondern in deren völligem Fehlen.«

Der Siegeszug des Französischen durch Europa bedeutete allerdings keineswegs das Ende des Traums von der eindeutigen Sprache. Auch wenn Ende des 18. Jahrhunderts das Interesse am Projekt einer

Universalsprache erneut erwacht war, erlangte erst das kurz nach den Napoleonischen Kriegen von einem französischen Musiklehrer auf der Grundlage der Tonleiter entwickelte Solresol Bedeutung. Preisgekrönt und von Männern wie Victor Hugo, Lamartine oder Napoleon III. gefördert, war es die erste künstliche Sprache, die ein breites Echo fand. Ihre Eintönigkeit erwies sich freilich als tödlich. Popularität gewannen erst Volapük und Esperanto. Esperanto, die bislang erfolgreichste Welthilfssprache, bestreitet ihre Grammatik mit dem bescheidenen Aufgebot von sechzehn Regeln. Ausnahmslosigkeit, Eindeutigkeit beherrschen sie. Als ein Kind des Lichts ist sie leicht überprüfbar. Sie enthält keine dunklen Ecken, verführerische Wegscheiden oder Verwirrung stiftende Kreuzwege. Der Teufel hat endgültig seinen Hut genommen. Nur: Mit der Mehrdeutigkeit, der sprachlichen Vielschichtigkeit ist auch der Witz auf der Strecke geblieben. Eine Sprache ohne Witz ist wie Suppe ohne Salz. Noch Anfang des 18. Jahrhunderts sagte man übrigens auch »Salz« für »Witz« und rühmte den Witz der Griechen als »attisches Salz«. Daß sich darin auch ein Zusammenhang zwischen Witz und Geschmack zu erkennen gibt, steht auf einem anderen Blatt.

2. Krankheitserscheinungen am Sprachleib

Wie der Teufel ein Quertreiber in Gottes Schöpfung, so ist die Ambiguität, die Zweideutigkeit, ein Störenfried im System der Sprache. Sie bringt es aus dem Gleichgewicht, beeinträchtigt seine Brauchbarkeit. Man spricht von »pathologischer Situation«, von einer »proteischen Erscheinung«. »Pathologisch« meint »krankhaft«; »proteisch« heißt »vielgestaltig« und verweist auf den Verderber, Zersetzer und gestaltreichen Engel des Abgrunds. Die Sprache des Teufels ist zweideutig, seine Gestalt fließend wie das Wasser oder das Quecksilber. Hat der Böse etwa Talleyrand zu dem Wort inspiriert, daß die Sprache dem Menschen gegeben wurde, damit er seine Gedanken verbergen könne?

Von Krankheitserscheinungen am Sprachleib berichten bereits die griechischen Grammatiker. Ihr Ideal, wie später der Wunschtraum Talleyrands, war eine Sprache, deren Gesundheit sich in ihrer Eindeutigkeit erwies. So ist es alles andere als Zufall, daß der Begriff der »Sprachpathologie« von einem Mann in die Sprachwissenschaft eingeführt wurde, der ursprünglich Mediziner war: von dem französischen Lexikographen Emile Littré. In der Folge sah man in der semantischen und phonetischen »Kollision« eine »ewige Bedrohung« und hielt nicht mit Vorschlägen zurück, wie diese pathologischen Fälle zu diagnostizieren und zu heilen seien. Zu den Sicherungsvorkehrungen und Heilverfahren gehören Bedeutungsdifferenzierung, Lautveränderung oder Eliminierung. Von der radikalsten Form der Absicherung war bereits die Rede: Erfindung einer neuen Sprache. Einige hundert davon sollen bereits zustande gekommen sein.

Was die Ambiguität, die Zweideutigkeit, zum sprachlichen Sorgenkind macht, ist die Tatsache, daß sie die Sprache »zersetzt«, ihr eine »gespaltene Zunge« verleiht. Es ist in unserem Fall unerheblich, ob die Kollision durch Homonymie oder Polysemie herbeigeführt wird, die Bedeutungen, mit denen ein Wort befrachtet ist, auf verschiedene Wurzeln zurückgehen oder nicht. Der Übergang von der Polysemie zur Homonymie ist fließend. In beiden Richtungen wird die Grenze überschritten. Doppelsinn entsteht allemal, und damit ist die Grundlage gegeben für Wortspiel und Kalauer. Witz wird zum Einfallstor von Doppeldeutigkeiten, vom Quidproquo der Komödie bis hin zu den ausgeklügelten witzigen Gebilden. Stets bestätigt Witz sich als Schöpfer, stellt sich dar als die Kraft, in der Erfindungsgabe (Phantasie) und Scharfsinn (Verstand) sich verbinden.

Es heißt, seines ausgeprägten Flexionsschemas wegen sei das Deut-

sche weniger anfällig für Homonymie-Armut und damit auch Doppelsinn. Einen Gegensatz zu solcher Homonymie-Armut bilden das Hebräische, Chinesische, Englische und Französische. In ihnen kommt
zur besonderen grammatischen Struktur die Einsilbigkeit. Ob freilich, wie behauptet wird, das Studium des Hebräischen und der Umgang mit englischen Bibeln, die Lesarten am Rand trugen, die Neigung des Englischen zur Ambiguität beeinflußt haben, ist eine andere
Frage. Hat die erwähnte Eigenart des Hebräischen, könnte jedoch
gefragt werden, dazu beigetragen, daß das diffamierende Klischee
vom »zersetzenden« jüdischen Geist entstand?

Fest scheint zu stehen, daß eine ganze Reihe englischer Dichter
Hebraisten waren, und daß das Hebräische besser taugt für Wortspiele als andere Sprachen. Weshalb zu fragen bleibt, ob es für die
Geisteskraft Witz als Fähigkeit, »in« der Sprache »gegen« die Sprache
zu denken und zu sprechen, als Begabung, »pathologische Situationen« zu schaffen, leichter war, in der englischen und französischen
Sprache Gestalt anzunehmen als in der deutschen. Jedenfalls ist das
Französische nicht weniger Tummelplatz für höchst kunstvolle Ca-
lembours als das Englische für vielzitierte Puns. Es gibt genügend Beispiele. »*Gal, amant de la reine, alla, tour magnanime, galamment de
l'Arène à la Tour Magne, à Nîmes*«. Oder: »*Depêchez-vous, Charles
attend*« – »Beeilt euch, Karl wartet«, was auch als »Beeilt Euch,
Scharlatane« gelesen werden kann. Ludwig XVIII. soll damit seine
Ärzte gestichelt haben. Ebenbürtiges aus dem Deutschen ist selten.
Nicht allein, daß die deutsche Sprache offenbar nicht einlädt zum witzigen Gebrauch, es fehlte auch an Gelegenheiten hierzu.

Unter dem Rasen oder darauf? *

Dritte Szene
EIN ZIMMER

Lena. Die Gouvernante.

GOUVERNANTE. Denken Sie nicht an den Menschen!
LENA. Er war so alt unter seinen blonden Locken. Den Frühling auf den
Wangen und den Winter im Herzen! Das ist traurig. Der müde Leib
findet sein Schlafkissen überall, doch wenn der Geist müd ist, wo soll er
ruhen? Es kommt nur ein entsetzlicher Gedanke: ich glaube, es gibt
Menschen, die unglücklich sind, unheilbar, bloß weil sie sind.
(Sie erhebt sich.)
GOUVERNANTE. Wohin, mein Kind?
LENA. Ich will hinunter in den Garten.

GOUVERNANTE. Aber...

LENA. Aber, liebe Mutter? Du weißt, man hätte mich eigentlich in eine Scherbe setzen sollen. Ich brauche Tau und Nachtluft, wie die Blumen. – Hörst du die Harmonien des Abends? Wie die Grillen den Tag einsingen und die Nachtviolen ihn mit ihrem Duft einschläfern! Ich kann nicht im Zimmer bleiben. Die Wände fallen auf mich.

Vierte Szene

DER GARTEN. NACHT UND MONDSCHEIN

Man sieht Lena, auf dem Rasen sitzend.

VALERIO (*in einiger Entfernung*). Es ist eine schöne Sache um die Natur, sie wäre aber doch noch schöner, wenn es keine Schnaken gäbe, die Wirtsbetten etwas reinlicher wären und die Totenuhren nicht so in den Wänden pickten. Dann schnarchen die Menschen, und draußen quaken die Frösche, drin pfeifen die Hausgrillen und draußen die Feldgrillen. Lieber Rasen, dies ist ein rasender Entschluß! (*Er legt sich auf den Rasen nieder.*)

LEONCE (*tritt auf*). O Nacht, balsamisch wie die erste, die auf das Paradies herabsank! (*Er bemerkt die Prinzessin und nähert sich ihr leise.*)

LENA (*spricht vor sich hin*). Die Grasmücke hat im Traum gezwitschert. – Die Nacht schläft tiefer, ihre Wange wird bleicher und ihr Atem stiller. Der Mond ist wie ein schlafendes Kind, die goldnen Locken sind ihm im Schlaf über das liebe Gesicht heruntergefallen. – O, sein Schlaf ist Tod. Wie der tote Engel auf seinem dunklen Kissen ruht und die Sterne gleich Kerzen um ihn brennen! Armes Kind! Es ist traurig, tot und so allein.

LEONCE. Steh auf in deinem weißen Kleid und wandle hinter der Leiche durch die Nacht und singe ihr das Sterbelied!

LENA. Wer spricht da?

LEONCE. Ein Traum.

LENA. Träume sind selig.

LEONCE. So träume dich selig und laß mich dein seliger Traum sein.

LENA. Der Tod ist der seligste Traum.

LEONCE. So laß mich dein Todesengel sein! Laß meine Lippen sich gleich seinen Schwingen auf deine Augen senken. (*Er küßt sie.*) Schöne Leiche, du ruhst so lieblich auf dem schwarzen Bahrtuch der Nacht, daß die Natur das Leben haßt und sich in den Tod verliebt.

LENA. Nein, laß mich! (*Sie springt auf und entfernt sich rasch.*)

LEONCE. Zu viel! zu viel! Mein ganzes Sein ist in dem einen Augenblick. Jetzt stirb! Mehr ist unmöglich. Wie frischatmend, schönheitglänzend ringt die Schöpfung sich aus dem Chaos mir entgegen! Die Erde ist eine Schale von dunklem Gold: wie schäumt das Licht in ihr und flutet über ihren Rand, und hellauf perlen daraus die Sterne. Dieser eine Tropfen Seligkeit macht mich zu einem köstlichen Gefäß. Hinab, heiliger Becher! (*Er will sich in den Fluß stürzen.*)

VALERIO (*springt auf und umfaßt ihn*). Halt, Serenissime!

LEONCE. Laß mich!

VALERIO. Ich werde Sie lassen, sobald Sie gelassen sind und das Wasser zu lassen versprechen.

LEONCE. Dummkopf!

VALERIO. Ist denn Eure Hoheit noch nicht über die Leutnantsromantik hinaus: das Glas zum Fenster hinauszuwerfen, womit man die Gesundheit seiner Geliebten getrunken?

LEONCE. Ich glaube halbwegs, du hast recht.

VALERIO. Trösten Sie sich! Wenn Sie auch nicht heut nacht unter dem Rasen schlafen, so schlafen Sie wenigstens darauf. Es wäre ein ebenso selbstmörderischer Versuch, in eins von den Betten gehn zu wollen. Man liegt auf dem Stroh wie ein Toter und wird von den Flöhen gestochen wie ein Lebendiger.

LEONCE. Meinetwegen. (*Er legt sich ins Gras.*) Mensch, du hast mich um den schönsten Selbstmord gebracht! Ich werde in meinem Leben keinen so vorzüglichen Augenblick mehr dazu finden, und das Wetter ist so vortrefflich. Jetzt bin ich schon aus der Stimmung. Der Kerl hat mir mit seiner gelben Weste und seinen himmelblauen Hosen alles verdorben. – Der Himmel beschere mir einen recht gesunden, plumpen Schlaf!

VALERIO. Amen! – Und ich habe ein Menschenleben gerettet und werde mir mit meinem guten Gewissen heut nacht den Leib warm halten.

LEONCE. Wohl bekomm's, Valerio!

Aus: Büchner, *Leonce und Lena* (1838)

3. Europäische Perspektiven

In der englischen Sprache erscheint unser deutsches Wort »Witz« als *wit*. Beide gehören zur gleichen Familie, sind gemeinsamen Ursprungs. Englisch *wit* bedeutete »Verstand«, »Klugheit«, »Erfahrung«. Als Bezeichnung für geistige Beweglichkeit, Beherrschung der Kunst des Gesprächs, wie sie für das gesellige Leben der Renaissance-Zeit unerläßlich waren, avancierte es zum Schlüsselbegriff. »A wit« war ein geistvoller Plauderer, dem man gern zuhörte. Wird unter *wit* Ende des 16. Jahrhunderts dichterische Phantasie verstanden, so geriet das Wort Mitte des 17. Jahrhunderts unter französischen Einfluß. Es geht eine Verbindung mit Scharfsinn ein. Als geistige Kraft, die Vergleiche ermöglicht, schaffe *wit* Vergnügen, schreibt der Philosoph Thomas Hobbes 1642. Wer Vergleiche anstelle, finde entweder »unerwartete Ähnlichkeit« an Dingen, die sonst sehr verschieden von einander seien, oder er erkenne plötzlich Unähnlichkeit an Dingen, die ihm sonst gleich vorgekommen seien. Das hieraus entstehende Vergnügen werde »Scharfsinn« genannt. In der Folge setzen die Engländer allerdings *wit* immer mehr mit dem Gefälligen, Angenehmen, Dekorativen gleich.

Im Laufe des 18. Jahrhunderts gerät der Witz auch in England in den Sog von Um- und Abwertung. Die zunächst so sehr bewunderte Wendigkeit des Gedankens begann den Menschen zu mißfallen. Zwar versucht man durch Unterscheidung zwischen »echtem« und »falschem« Witz die Weichen neu zu stellen. Die Abwärtsentwicklung ließ sich jedoch nicht aufhalten. Falsch sei Witz, der an der Oberfläche bleibe, keine notwendige Verbindung mit dem Wesen der Dinge eingehe. Fraglos hatte bei dieser Abwertung der Puritanismus seine Hand im Spiel. Denn im 17. Jahrhundert bestimmt er das Bild. Immer schärfer wird der Witz, einst schöpferische Quelle des geselligen Lebens, wie es sich in Shakespeares Komödien darstellt, gegen den Humor abgegrenzt. Dies führt dazu, daß er ins ästhetische und soziale Abseits gerät. Es schadet zwar nicht, witziger Unterhaltung fähig zu sein; was die englische Gesellschaft jedoch von jedem erwartet, der ihr angehören will, ist nicht *wit*, sondern *sense of humour*. Der verständnisvolle, kompromißgeneigte Humor wird im Laufe des 18. Jahrhunderts zum Zentralwort englischer Humanität. Mit andern Worten: Was für die Deutschen schließlich das Genie, wird für die Engländer der Humor. Welten liegen zwischen beiden.

Der Siegeszug des *humour* in England und Amerika ist nicht zu trennen von dem geistigen Aufbruch, der als Aufklärung das Gesicht Europas veränderte. Erst in ihrem »Licht« konnte die Haltung der Benevolenz, der Sinn für Kompromiß gedeihen. Ist die Kritik an der als »undeutsch« empfundenen Aufklärung (»Aufkläricht«) alt und bekannt, so sind die kritischen Stimmen zum Humor jüngeren Datums. Friedrich Jünger, beispielsweise, apostrophiert den Humor als eine Erscheinung des Kleinbürgerlichen und Mittelmäßigen. Schärfer noch tönt der Angriff, den der englische Romancier Charles Morgan gegen den Humor richtet. Der aus Wales stammende Autor sieht im Humor »die Verhöhnung des Genies durch das Talent«. Er ist für ihn »der Haß der Mittelmäßigkeit auf den Geist des Menschen; eine Verhüllung der Vision, ein Gebell gegen Heilige«. Demgegenüber meint Arthur Schnitzler: »Wer Humor hat, der hat beinahe schon Genie. Wer nur Witz hat, der hat meistens nicht einmal den« (*Buch der Sprüche und Bedenken*).

Sie hätten »Weitblick, aber keine Vision«, »Persönlichkeit aber keinen Individualismus, Disziplin aber keine Ordnung« – »Witz aber keinen Humor«, schreibt der Engländer Harold Nicholson über seine Landsleute. Gilt als bestimmender Wesenszug des Engländers der Humor, so als jener des Franzosen der Esprit. Das Wort »Esprit« geht zurück auf lateinisch *spiritus*: »Geist«, »Seele«, »Person«. Lateinisch *spirare* bedeutet »wehen«, »hauchen«, »atmen«. Esprit, Geist als Anhauch Gottes, die Seele, der Lebensmut. Mit dem Aufkommen der geschliffenen, »sprühenden« französischen Salonkonversation gewinnt das Wort seine gesellschaftliche Sonderbedeutung. Es steht für die Verkörperung der französischen Geistigkeit schlechthin. »Was man Esprit nennt«, schreibt Voltaire im *Philosophischen Wörterbuch*, »ist manchmal ein neuer Vergleich, manchmal eine subtile Anspielung; hier ist es der Mißbrauch eines Worts, das man in dem einen Sinn meint und in einem andern gebraucht; dort eine delikate Beziehung zwischen zwei wenig bekannten Ideen; es ist Suchen dessen, was ein Objekt zunächst nicht darstellt, oder dessen, was es tatsächlich in sich birgt; es ist die Kunst, zwei auseinanderliegende Dinge zu verbinden oder zwei scheinbar zusammenhängende zu trennen oder das eine dem anderen entgegenzusetzen; es ist die Kunst, seine Gedanken nur halb auszusprechen und den Rest erraten zu lassen...«

In seinen Gesprächen mit Goethe notiert Eckermann am 21. März 1832: »Wir redeten sodann über den Unterschied des deutschen Begriffes von Geist und des französischen Esprit. ›Das französische esprit‹, sagte Goethe, ›kommt dem nahe, was wir Deutschen Witz nennen. Unser Geist würden die Franzosen vielleicht durch esprit und âme ausdrücken.‹«

Deutscher Geist als Verbindung von Witz und Seele? Goethes Definition wird dem Sachverhalt griffig gerecht. Zumindest nach Meinung der Deutschen. Haben die Engländer Humor, die Franzosen Esprit, so die Deutschen Gemüt. Deren Selbstverständnis nach ist es so »tief«, wie der Esprit »flach« ist. »Gemüt ist mehr als Gemüt«, schreibt Rückert, »denn das Gemüt besteht als Wurzel, wenn der Geist als Blütenduft vergeht.« Der im 18. Jahrhundert in Europa tonangebenden Salonkultur halten die Deutschen ihr Gemüt, ihre tiefinnerliche Weltfrömmigkeit entgegen. »Und was kein Verstand der Verständigen sieht«, dichtet Schiller, »das übet in Einfalt ein kindlich Gemüt.« »Toter«, »künstlicher« Verstand im Gegensatz zu Einfalt, einem Begriff, der wie Gemüt auf den religiösen Bereich verweist. Wie ein Loblied auf den deutschen Michel klingt Schillers Wort, daß Wahrheit Einfalt liebe, die »gerechte Sache« »künstlich schlauer Wendung nicht vonnöten« habe und nur die »schlimme« die »Arznei des Witzes« brauche.

Alle seelischen Kräfte wurden ursprünglich in dem Wort »Gemüt«
zusammengefaßt. Erst im 18. Jahrhundert ging man dazu über, im
Gemüt vor allem den Sitz der Gefühle zu sehen. Ein Anfang des
19. Jahrhunderts erschienenes Philosophisches Handwörterbuch in-
formiert: »Wenn daher Geist und Gemüt ... oder bildlich Kopf und
Herz miteinander verbunden werden, so wird man damit das ganze ...
Vermögen der menschlichen Seele befassen« (Wilhelm Traugott
Krug). Zwei Gesichter hat die Seele also: Eines ist Verstand, das andere Gemüt. Wenn Benjamin Neukirch, Herausgeber eines spätbarocken Musenalmanachs, den idealen Dichter mit einem »feurigen
und aufgeweckten Gemüt« ausstatten will, das »im Empfinden kurz,
in der Ausarbeitung hurtig« und in allen seinen Gedanken »seltsam«
sei, so bleibt ihm nichts anderes übrig, als dem Geist einen Weg zu
weisen, der nach Frankreich führt: zum »schönen Geist« – zum
Esprit.

4. »Ob ein Deutscher Witz haben könne«

Das deutsche Wort »Witz« hat eine wechselvolle Geschichte. Mehr
vielleicht als an anderen Wörtern ist an ihm deutsches Schicksal ablesbar-
bar. Als Stammwort der germanischen Sprachen bedeutete es »Wissen durch Sehen« und faßte Erlerntes und Erfahrenes zusammen.
Von hier bis zur Verwendung im Sinne von menschlichem Verstand,
Verstandeskräfte, gesundem Menschenverstand, Klugheit, ja Weisheit, wie sie charakteristisch ist für das Mittelalter, ist es nur ein
Schritt. So gilt als Narr im Mittelhochdeutschen jemand, der »witze
bar«, an »witzen kranc« ist. Für »den Verstand verlieren« kennt das
Mittelhochdeutsche die Wendung »von [ûz] den witzen kommen«.

Immer wieder findet sich in mittelalterlichen Texten die Wendung
»*wizze und sin*«. In ihr werden »Verstand« und »Gemüt« zu einer
Zwillingsformel verbunden. So heißt es im *Liet von Troye* des Her-
bort von Fritzlar:

> hetten die steine
> witze und sinne...
> kunden sie sich verstan,
> sie mochten wol geklaget han.

Daß es hier um menschliches Denkvermögen geht, steht außer Zweifel. Das gleiche gilt für die Verwendung bei Luther: »Ich meyne, das
heysse vernunfft, synn und witze verloren.« Daneben erscheint als
Konkurrenz die Wendung »Witz und Verstand«. Sie setzt sich schließlich durch. Die Bedeutung von Gemüt geht verloren, das Verstandesmäßige, Rationale dominiert. Witz dient nun zur Bezeichnung der
Begrenztheit menschlichen Erkenntnisvermögens im Gegensatz zur
allumfassenden Weisheit Gottes. Noch Goethe spricht von der
Grenze des Witzes, »da wo euch Menschen der Sinn überschnappt«.

Mit dem wachsenden französischen Einfluß in Deutschland ergab
sich die Notwendigkeit, für *esprit* (»Geist«) und *bel esprit* (»Schöngeist«) deutsche Entsprechungen zu finden. Man tat sich schwer damit, diese Begriffe, welche die »Essenz« französischen Wesens bezeichnen, auf angemessene Weise wiederzugeben. Das in dieser
Verbindung von *intelligence* und *imagination* gefaßte Geistesideal war
den Deutschen fremd. Weshalb? »Wesentlich« sei, »daß hier die
Härte und Schärfe akzentuiert wird«; hinzu komme »eine gewisse
Leichtigkeit, Feinheit, ein Moment des Spielerischen« (Alfred Diemer). Christian Weise versucht zu umschreiben: »Die Phrasen mögen
excerpiret werden, wie sie wollen, so will sich doch die Realität und
der Geist oder wie die Franzosen sprechen, der esprit nicht finden.«
Als erster verwendet Christian Wernicke »Witz« als deutsche Entsprechung von Esprit.

Im Anschluß an nicht gerade demutsvolle Ausführungen des französischen Jesuitenpaters Dominique Bouhours kam es zu einem Streit
über die Frage, ob die *bel esprit* genannte geistige Beweglichkeit und
gesellschaftliche Kultur auch bei anderen Völkern anzutreffen sei und
ob auch ein Deutscher »Esprit«, d. h. »Witz« haben könne. Von Ende
des 17. bis in die zweite Hälfte des 18. Jahrhunderts hinein erschienen
in Deutschland Streitschriften, die sich mit dem französischen Ab-
grenzungsversuch auseinandersetzten. Unermüdlich wiesen sie auf
die Verdienste hin, die sich die Deutschen in Wissenschaften und

Künsten erworben hätten. Ob der eilfertigen deutschen Reaktion auf die Behauptungen des Abbé ein kulturelles Minderwertigkeitsgefühl oder ein militärischer Überheblichkeitskomplex zugrunde liegt, ist kaum auszumachen. Möglich ist jedoch, daß Bouhours' streitbare Äußerungen, denen noch Männer wie Helvetius oder Voltaire beipflichteten, von Einfluß auf die im 18. Jahrhundert sich abzeichnende Abwertung von Witz *qua* Esprit gewesen sind.

Aber zunächst gewinnt Witz, unter Einwirkung von französisch *esprit* und englisch *wit* die Bedeutung von Verstandeskraft, die als Kombinationsfähigkeit im Zugriff des Geistesblitzes weit auseinanderliegende Dinge zusammenbringt und aufeinander bezieht. Zum Gradmesser der Witzigkeit wird die Entfernung, die es zu bewältigen gelingt. Je überraschender, verblüffender, desto witziger. Auch Goethe sieht im Witz die Kraft, die die entferntesten Dinge »leicht« aufeinander bezieht. Die Plötzlichkeit und Leichtigkeit, mit denen sich der Witz in Szene setzt, stoßen jedoch bei den Deutschen im allgemeinen auf Vorbehalte. Wie Dingen, die (scheinbar) kostenlos zu haben sind, selten Wert bescheinigt wird, so begegnete die bei den Franzosen vielgerühmte Kombinationsgabe in Deutschland bald abschätziger Beurteilung. Sie geriet in Verruf, weil man sich nicht vorzustellen vermochte, daß eine Sache, die nicht das Ergebnis schweißtreibender, d. h. ernsthafter Bemühung, »Arbeit« ist, etwas taugen könne. Leichtigkeit klang (und klingt) deutschen Ohren nach Oberflächlichkeit, Frivolität. Ein witziger Einfall verdankt sich nun einmal nicht gründlichem, systematischen Vorgehen, der deutschen »Schwere« (Goethe), sondern er fällt einem in den Schoß. Schweiß als Träne der Arbeit verträgt sich nicht mit dem Spielerischen, das ihm eignet. So schreibt Christian Wernicke:

»Der Witz bestehet in einer gewissen Hitze und Lebhaftigkeit des Gehirns, welche der Klugheit zuwider ist, in dem dieselbe langsam und bedachtsam zu Werck gehet. Ein witziger Mann, sagt man, verlieret lieber zehn Freunde als einen guten Einfall, da hingegen ein kluger Mann lieber zehn gantze Gedichte verbrennen als einen guten Freund verlieren wollte...«

Wernicke ist nicht der erste, der davon ausgehen zu müssen glaubt, daß ein »witziger Mann« seine Einfälle um jeden Preis an den Mann bringen will. Schon Quintilian, der römische Rhetor, unterstreicht diese Partnerbezogenheit des Witzes. Ein einschränkender Tagebucheintrag Albrecht von Hallers, knapp 110 Jahre später, unterstellt dem Witzigen dann eine allzu leichte Hand im Umgang mit der Wahrheit, eine Oberflächlichkeit, die, wie es in Friedrich Nicolais Roman

Sebaldus Nothanker heißt: »Gründe mit Einfällen beantwortet«. Selbst der aufgeklärte Verfasser des *Umgangs mit Menschen*, der Freiherr von Knigge, vermag dem Witz kaum etwas abzugewinnen. Er sei gewollt, posenhaft und deshalb unecht, nutzlos.

Bevor es freilich zur völligen Abwertung von Witz als Gabe der überraschenden Kombination von Gedanken und Worten kommt, erhebt der Literaturtheoretiker Gottsched den Begriff zum Formprinzip der Dichtung überhaupt. Er gebraucht das Wort im Sinne von dichtender Phantasie und Schöpfergabe. Als »Gemüthskraft, welche die Ähnlichkeiten der Dinge leicht wahrnehmen und also eine Vergleichung zwischen ihnen anstellen« kann, ist der Witz imstande, durch Vereinigung von bislang Getrenntem Neues zu schaffen. Poesie wird zum Werk des Witzes. Worauf es ankommt: »daß einer ein glücklicher Kopf ist und einen lebhaften Witz hat«. Auch Lessing wird dem Witz als ästhetischem Grundprinzip seine Anerkennung nie versagen. Doch mit der Abwertung alles Französischen und dem Aufkommen des Sturm und Drang gerät der Begriff »Witz« in Mißkredit. Die junge Generation wählte zu ihrem Ideal das Genie. Die bis dahin häufig anzutreffende Zwillingsformel »Witz und Geist« löst sich auf. Während Geist sein Ansehen bewahrt, ja einen Heiligenschein sich zuzulegen vermag, sinkt Witz ab auf eine niederere Ebene.

Auch wenn die deutschen Romantiker noch einmal auf den Witz zurückgriffen und ihn zum höchsten Erkenntnisprinzip erhoben, war sein Niedergang nicht mehr aufzuhalten. Es wird immer selbstverständlicher, ihn zum Erheiternden, Lächerlichen in Beziehung zu setzen. Deshalb kann die alte Streitfrage so: Ob ein Deutscher Witz haben könne, dann bei den Schweizern Bodmer und Breitinger eine überraschende Antwort finden: Die Franzosen würden erkennen müssen, schreibt Bodmer, daß die Deutschen »von Witz überfließen und rechte Erzlustigmacher« seien. Bodmers Witz ist anderes als der Esprit, den Bouhours den Deutschen absprach. Er ist bescheidener, »einfältiger« geworden, bedarf nicht länger eines Gesellschaftsklimas, das von Reife, Fortgeschrittensein, hochentwickeltem Form- und Sprachempfinden gekennzeichnet ist. Zum Scherz verkümmert, ist er Handlanger des Lachens, Verbreiter guter Laune. Gemütlich, kameradschaftlich sich gebend, ist er nicht länger Sache der Kenner, »Zivilisierten«, sondern der Freunde eher derber Kost.

5. Schwierigkeiten mit der deutschen Sprache

Als eigentümliche Verbindung von »kühner Spekulation« und »politischer Unmündigkeit«, »Weltbedürftigkeit« und »Weltscheu« deutet Thomas Mann in seiner Rede »Deutschland und die Deutschen« (1945) das Deutschtum. Zur Verdeutlichung des Gemeinten bezieht er sich auf Balzacs Roman *Vetter Pons oder die beiden Musiker*, in dem der französische Autor einen deutschen Musiker auftreten läßt, einen gutmütigen Trottel, der schlecht französisch spricht und nur für seine Musik lebt. Unerreicht als Meister der Harmonie, überläßt er jedoch die Ausarbeitung der Stimmen, den »Kleinkram«, stets seinen französischen Kollegen. Musik steht für ihn hoch über dem Wort. Unter dieser Neigung, die Musik der Sprache vorzuziehen, habe, kommentiert Thomas Mann, Deutschland schwer gelitten. Ist die Musik wirklich »die allgemeine Sprache der Natur« (E. T. A. Hoffmann), »höhere Offenbarung« (Beethoven)? Jedenfalls konnte nur einem Franzosen das Bild von der »Musik des Gesprächs« in den Sinn kommen. Auch im *Zauberberg*, gut zwanzig Jahre früher, hatte Thomas Mann seinen Settembrini sagen lassen, Humanität sei nicht zu trennen vom Wort. Das Wort, selbst das widersprechendste, sei »so verbindend«.

Schon Madame de Staël beklagte, daß man es in Deutschland nicht verstehe, »sein Talent in der Unterhaltung zu verausgaben«. So wenige Menschen, »selbst unter den Ausgezeichneten«, hätten die Fertigkeit zu fragen und zu antworten. Kein Wunder, folgert die berühmte Französin, daß die Gesellschaft »dort fast für nichts gilt«. Ganz anders die Franzosen. Sie seien »bekanntlich das erste Volk der Welt in der Kunst zu plaudern«. Um den Vorwurf des Leichten, Gefälligen abzuwehren, zu dem das Wort »plaudern« einladen mag, fügt sie hinzu: Auch eine »leichte Unterhaltung«, worin alles »auf den Reiz der Worte und Wendungen« ankomme, könne »großes Vergnügen gewähren«. Ohne Anmaßung dürfe man behaupten: Allein die Franzosen seien »zu dieser Art Unterhaltung« fähig.

Die Fehler, die man den Deutschen in der Unterhaltung ankreiden könne, seien Langsamkeit und Pedanterie. Sie suchten nicht das »Wohlbefinden«, das eine belebte Unterhaltung bietet. Es bedeute ihnen einfach nichts, ihren »Verstand in allen Abstufungen durch Ton, Gebärde und Blick zu offenbaren« und, »nach Belieben«, eine Art von Funken sprühender Elektrizität hervorzubringen. Statt der witzigen, geistvollen Unterhaltung wollten sie »in allen Stücken ein ernsthaftes Ergebnis«. Schon Bacon, der englische Philosoph, habe bemerkt, daß die Unterhaltung nicht ein Weg sei, der schnurstracks nach Hause führe, »wohl aber ein Pfad, auf dem man sich auf gut Glück ergehe«. Deutschland sei eben anders. Gründe zu nennen, versagte sich die französische Deutschlandreisende genauso wie eine Anspielung auf den Ruf der Deutschen als Partner im Liebesspiel.

Während man in Frankreich selten ein Buch aus anderem Grund lese als, um darüber zu sprechen, suche man in Deutschland Zuflucht beim Buch, weil man einsam lebe. Doch was könne ein Buch der Seele anderes bieten als »geselligen Verkehr« aus zweiter Hand? Sei es nicht selber nur der Widerhall der Gesellschaft? Es mag deshalb bezeichnend sein, daß ein Mann wie Lessing bekennt, er habe einsehen müssen, Bücherlesen würde ihn »nimmermehr zu einem Menschen machen«, während Rousseau donnert, er hasse Bücher, weil sie lehrten, »über Dinge reden, die man nicht versteht«.

Gespräch erlaube den Beteiligten, aufeinander zu wirken, »sich gegenseitig und rasch Vergnügen zu machen«, da man sich selbst »mit Wohlgefallen« empfehlen, »Beifall ohne Anstrengung ernten könne«. Gewiß, es mag angenehm sein, »so schnell zu sprechen, wie man denkt« – aber wie steht es mit demjenigen, der gerade nicht spricht, weil er zuhört? Läßt sich das Deutsche so rasch und mühelos aufnehmen wie das Französische? Keineswegs, meint Madame de Staël, und es ist ihr beizupflichten. Keine Sprache deute leichter an, drücke deutlicher aus, was man sagen will als das Französische. Das Deutsche sei zwar reich an Wendungen für »die feinsten Beziehungen der Gesellschaft« – die Autorin spielt hier auf die deutsche Zeremonialsprache an, die darauf bedacht ist, jedem Millimeter Standesdifferenz Rechnung zu tragen –, aber eben weniger biegsam. Seine »schleppende Zusammensetzung«, die »vervielfachten Zusätze«, die »gelehrte Grammatik« erlaubten ihm »keine Anmut in der Kunst, sich zu schmiegen«. Weshalb es sich für die Bestimmtheit und Schnelligkeit der Unterhaltung weniger eigne als das Französische.

Eines der Hauptprobleme beim Erlernen der deutschen Sprache stellt der Satzbau dar. Seine Beschaffenheit erlaubt, wie Madame de Staël formuliert, den »Sinn einer Phrase gewöhnlich erst am Schluß derselben« zu erfassen. Was damit gemeint ist, hat der amerikanische Deutschland-Kenner Gordon A. Craig in seinem Buch über die Deutschen auf geistvolle Weise mit einer Anekdote illustriert. »In den Tagen, als Bismarck der größte Mann Europas war«, schreibt Craig, habe eine Amerikanerin, die zu Besuch in Berlin weilte, dem Kanzler unbedingt beim Reden zuhören wollen. Sie habe sich zwei Karten für die Zuschauergalerie des Reichstags besorgt, einen Dolmetscher hinzugezogen und dem Moment entgegengefiebert, da Bismarck in die Debatte eingreifen würde. Als es soweit war, sei die Amerikanerin dicht an den Dolmetscher herangerückt, um ja nichts von seiner Übersetzung zu verpassen. »Doch obwohl Bismarck mit beträchtlichem Nachdruck und eine ganze Zeitlang sprach, blieb der Dolmetscher stumm, und er reagierte auch nicht, als sie ihn anstieß. Schließlich hielt sie es nicht mehr aus: ›Was sagt er denn?‹ – ›Geduld, Madame‹, entgegnete der Dolmetscher, ›ich warte noch auf das Verb.‹«

Neueren Datums ist ein Zeugnis Stefan Heyms (*Nachruf*, 1988). Der Autor hebt darin den »Reiz« hervor, den das Englische für ihn hatte, als er sich seiner als Exilschriftsteller zu bedienen begann. In der englischen Sprache gebe »es die ewigen Verschachtelungen nicht, durch die dem Schreiber wie dem Leser der Faden dauernd verlorengeht; in ihr fordert die Syntax logisches Denken und sträubt sich gegen die Willkür, die stets danach strebt, hier noch ein Tüpfelchen aufzusetzen und dort noch ein Mätzchen einzufügen; in ihr ist eine Miss tatsächlich feminin und nicht, wie ein Fräulein, ein Neutrum, ein table ist ein geschlechtsloses it und nicht, wie ein Tisch, ein von Männlichkeit strotzender Er; sogar das Dickicht der Hilfszeitwörter und ihrer Anwendung ist weniger undurchdringlich im Englischen als im Deutschen.«

Nach Meinung derer, die sich damit herumschlagen müssen, besteht eine der Eigenheiten der deutschen Sprache in der Antizipation. Darunter versteht man die Vorwegnahme der Bestimmungen, im Gegensatz zur Progressivstellung des Französischen, die das Bestimmende der Bestimmung voranschickt: Ein deutsches »Fünf Meter lang« ergibt im Französischen ein *»long de cinq mètres«*. Daß die französische Übersetzung leichter aufzufassen ist, wird kaum jemand bestreiten. So heißt es bei Martin Walser: »Bei jedem Schritt zögernd, als müsse ich wie ein junger, noch ungeübter Seiltänzer ein bißchen

Halt ertasten, die Hände schlaff an den Seiten und nur verhalten atmend, so trat ich in den Saal...« (*Ich suchte eine Frau*) Erst wenn die letzten sechs Wörter das Ohr erreicht haben, gewinnt der Satz seinen vollen Sinn.

Madame des Staëls Formulierung, daß die deutsche Satzperiode den Gedanken umspanne »wie eine Schere, die sich bald öffnet und bald wieder schließt, um ihn zu fassen«, wird allerdings weit in den Schatten gestellt von Mark Twains berühmter Abhandlung mit dem Titel »Die schreckliche deutsche Sprache«. Ein durchschnittlicher Satz in einer deutschen Zeitung, heißt es dort, sei »eine erhabene und beeindruckende Kuriosität«. Er enthalte »alle zehn Redeteile nicht in regelmäßiger Reihenfolge, sondern durcheinander«. Vierzehn oder fünfzehn verschiedene Themen behandle er, »die alle in ihre eigene Parenthese eingeschlossen sind«, mit Extraparenthesen, Schachteln in der Schachtel etc., etc. Gordon A. Craig rückt Mark Twains Übertreibung zurecht und meint, es sei wirklich manchmal schwierig im Deutschen, »auszumachen, was eigentlich gesagt wird«. Es ist, als müßte man sich einen Weg bahnen durch »einen Dschungel von Wörtern, von denen viele keine präzise Bedeutung haben, viele nur der Weitschweifigkeit dienen und manche einfach überflüssig« zu sein schienen. Für die »Wunden« am Sprachleib seien Militärs und Bürokraten nicht weniger verantwortlich als Professoren und Philosophen.

Müßig zu fragen, ob diese schwerfällige, zum Abstrakten neigende Sprache, die Albert Schweitzer mit »einem herrlichen Wald« vergleicht, in dem man sich »herumtreiben« kann, im Gegensatz zum Französischen, das einen einlade, sich »auf den wohlgepflegten Wegen eines schönen Parks« zu ergehen, geeignet sei für den witzigen Schlagabtausch im Gespräch. Allein schon die Tatsache, daß, wer sich ihrer im Dialog bedient, das Verb abwarten muß, ehe er den Satz zu verstehen und auf das Gesagte zu reagieren vermag, schränkt die Eignung dieser Sprache für den spritzigen Dialog ein. Unsicherheit und Wartezwang sind dessen erklärte Feinde. »Das Vergnügen zu unterbrechen, welches die Erörterung in Frankreich so sehr belebt, und das, was man zu sagen hat, in möglichst kurzer Zeit vorzutragen nötigt – dieses Vergnügen kann also in Deutschland gar nicht stattfinden...« Wie recht Madame de Staël hat! Denn wirklich, wie kann ich meinen Partner unterbrechen, wenn ich noch gar nicht weiß, was er sagen will? Vieles spricht dafür, daß auch die Erziehung zur (sprachlichen) Wartehaltung dazu beigetragen hat, daß wir zu dem wurden, wofür die Welt uns bewundert und – tadelt.

6. Vom »Geist der Gesellschaftlichkeit«

Auch die »frostigste Gesellschaft« sei zuletzt »doch immer besser als keine«, schreibt Christoph Martin Wieland. Oft angefeindet in Deutschland, war Wieland ein Mann des Witzes. Ganz anders Friedrich Theodor Vischer, mit dessen Namen sich die berühmte Doktrin von der »Tücke des Objekts« verbindet. Der Philosoph ist jedesmal enttäuscht, wenn er sich in Gesellschaft begeben hat. Bei »all dem Gerede und Feintun«, seufzt er innerlich: »Wenn doch nur ein Hund da wäre!« Was hatte sich Vischer erwartet? Daß er der Gesellschaft etwas »aufdringen« könne, wie Goethe sagt, »was eine Folge hat«? Das heißt, das Wesen der Gesellschaft verkennen, es messen an dem, was die Einsamkeit und die Sehnsucht nach menschlichem Kontakt als ihr (idealisiertes) Bild beschwören.

Was ist überhaupt »Gesellschaft«? Ursprünglich diente das Wort als Zustandsbezeichnung allgemeiner Art im Sinne von »Gesellschaft haben«. Dann verstand man darunter die »Gesamtheit der Personen, die sich zu gegenseitiger Unterhaltung zusammengefunden haben«, und schließlich die Verbindung von Menschen, die aufeinander angewiesen sind, gemeinsame Interessen und gemeinsame Zwecke verfolgen. Wielands und Vischers Äußerungen zur Gesellschaft beziehen sich, direkt oder indirekt, auf die bürgerliche Gesellschaft, meinen Gesellschaft wie Gesellschaftlichkeit. Entstanden, als die alten ständischen Verfassungen sich auflösten, und angesehen als »natürliche« Ordnung, bezieht die bürgerliche Gesellschaft ihre Lebenskraft aus Wirtschaft und Handel. Zu ihrem Aufstieg kam es, als die Städte, Zentren von Handel und Handwerk, mehr und mehr auch die Rolle von kulturellen Schwerpunkten übernahmen. Das neue Berufsethos, das zum Gütesiegel der bürgerlichen Gesellschaft werden sollte, fand Ausdruck in einem durch fleißige Arbeit sich bewährenden Lebensstil. Freier Entfaltung der »Persönlichkeit« gilt ihr ganzer Stolz. Individualismus geht ihr über alles. Leitbild ist die Verbindung von individuellen und rationalen Elementen, wie sie schließlich zum Kennzeichen des Unternehmertums wurde. In Deutschland setzten die politischen Verhältnisse seinem Entfaltungsstreben nicht nur Grenzen, sie zwangen es auch in eine Sonderform.

Nimmt man die Mündigkeitserklärung der bürgerlichen Vernunft, wie die Aufklärung genannt werden könnte, beim Wort, so erscheinen Feudalismus und Absolutismus als »unvernünftig«. Denn sie waren Gesellschafts- und Staatsformen, die sich nicht mit dem neuen bürgerlichen Persönlichkeits- oder Moralanspruch vereinbaren ließen. Tatsache ist nun einmal, daß es in Deutschland nicht zu einer Versöhnung des feudalistisch-absolutistischen Duodezdespotismus mit den Tendenzen der bürgerlichen Aufklärung kam. Anders als in Frankreich oder England mußte das Bürgertum sein Selbstverständnis nicht *mit*, sondern *gegen* den Adel bilden und blieb auf sich gestellt. Wir haben diesen Punkt bereits in früheren Kapiteln berührt. Dieses Für-sich-Bleiben bedeutete, daß der bürgerliche Gedanke von keiner politischen Wirklichkeit gehalten, von keiner revolutionären Praxis bestätigt und, was wichtiger ist, relativiert und korrigiert wurde. Er lief damit Gefahr, sich in »ideellen Abstraktionen«, in weltfremdem Idealismus zu verflüchtigen.

Da der Adel in Deutschland länger als anderswo das Eindringen von Bürgern in die Staatsämter zu verhindern gewußt hatte, konnte keine vermittelnde Höflingskultur entstehen. Adel und Bürgertum fanden nicht zueinander auf dem Parkett, in Begegnung und Gespräch. Folglich unterblieb die Ausformung von Verhaltensmodellen, wie Frankreich, England oder Italien sie im *honnête homme, gentleman* oder *cortegiano* fanden. Was ist schon der ehrenwerte, tüchtige »Biedermann« neben ihnen! Mit ihm war kaum mehr Staat zu machen als mit dem »deutschen Michel«. Hinnahme der Standesschranken war gekoppelt mit Abwehrhaltung. Man prangert die »fast allgemein herrschende stolze Nachahmung oder Affectation der Personen von geringem, mittleren und ungelehrten Stande« an, den »Vornehmen oder den Gelehrten« gleich zu sein. Abgrenzung im Bewußtsein des Andersseins.

Es ist kein Zufall, daß es in Deutschland keine Kaffee-Häuser wie in England oder Salons wie im Frankreich des 17. und 18. Jahrhunderts gab. Mit ihnen fehlte eine Prägeform, deren zivilisatorische und erzieherische Bedeutung, wie die europäische Sozialgeschichte zeigt, nicht überschätzt werden kann. Witz z. B. vermag sich nur zu entfalten, »niederzuschlagen«, wenn er »goutiert« wird. Dafür sind Zuhörer erforderlich, Gesellschaft. Je feiner, d. h. entfalteter der Witz, desto gebildeter, sprich: eingeweihter, muß der Kreis der Zuhörer sein. Witz ist nichts für den Biertisch.

Der Deutschlandreisenden Madame de Staël fällt auf, daß der größte Teil der deutschen Schriftsteller in Einsamkeit arbeitet. Sie überließen sich, »jeder für sich«, allem, was »eine ungezügelte Einbildungskraft« ihnen eingebe. Wenn sich in Deutschland »eine Spur modischer Einflüsse« bemerken lasse, so bestehe sie bloß darin, daß jeder den Wunsch habe, »sich von allen anderen zu unterscheiden«. Die französische Autorin übertreibt nicht. Schopenhauer z. B. schreibt: »Ganz er selbst sein darf jeder nur, solange er allein ist: wer also nicht die Einsamkeit liebt, der liebt auch nicht die Freiheit: denn nur wenn man allein ist, ist man frei.« Schopenhauers Freiheit ist nichts als eine Idee, kompromißlos, menschenfeindlich. Blieb der deutsche Philosoph nicht Junggeselle? Nun, wie Balzac sagt: »Die Einsamkeit ist eine schöne Sache, aber man braucht einen, der einem sagt, die Einsamkeit sei eine schöne Sache.« Exzessive Einsamkeit führt zur Verkrüppelung oder, wie Schleiermacher es nennt, zum Eintrocknen der »Säfte des Gemüts«: Der »Gedankenlauf« stocke.

Wie sollte sich unter diesen Umständen der Geist der Gesellschaftlichkeit entfalten, Witzkultur gedeihen, wie sie in Frankreich »vom höchsten Range bis zum niedrigsten« verbreitet war? In Deutschland war Gesellschaft gleichbedeutend mit Hof; in Frankreich schloß die Gesellschaft alle die ein, die sich »auf gleichen Fuß« mit dem Hof stellen konnten. Da alle darauf hoffen durften, wollte »jeder« sich die Manieren dieser Gesellschaft aneignen. Sie dienten als eine Art Eintrittskarte.

In seinem Buch *Die Familie* nennt Wilhelm Heinrich Riehl den Salon »ein dem deutschen Hause aufgepfropftes, fremdes Gewächs«. Der deutsche Kulturhistoriker schildert jene baulichen Veränderungen, die nicht auf Geselligkeit, sondern auf Einsamkeit abzielten. Einsamkeit erscheint nicht nur bedingt durch die geographischen Verhältnisse und den deutschen Partikularismus, sondern auch als Folge des Ausgeschlossenseins von der Machtausübung, Ausdruck der Ohnmacht angesichts der Herrschaft des Adels, der Verzweiflung an einer Ordnung, die nicht zu durchbrechen ist. Monologischer Rückzug in den Fluchtraum von Familie und Natur statt modellierender interpersonaler Kommunikation in der Gesellschaft. Die Innerlichkeit, wie deutsche bürgerliche Literatur sie im 18. Jahrhundert propagiert, wurde, wie Wolfgang Lepenies schreibt, erst möglich durch das Ausspielen »von Einsamkeit gegen Gesellschaft, Genie gegen Weltling, Muße gegen (adelige) Langeweile, Land gegen Stadt,

> »Der wahre Witz weiß ganz von der Sache entfernte Dinge so zu seinem Vorteil zu nutzen, daß der Leser denken muß, der Schriftsteller habe sich nicht nach der Sache, sondern die Sache nach ihm gerichtet.«
>
> *Georg Christoph Lichtenberg*

Kleinstadt gegen Residenz, Natur gegen Sozietät und innerliche Freiheit gegen äußerlichen Zwang«.

Genie, Muße, Kleinstadt – sie fanden ihre Entsprechung in Dichterbund, Künstlergesellschaft, Gelehrtenverein, Konzertgemeinschaft oder Musikverein. Ihre Sprach- oder Verhaltensformen sind monologisch, Mittel bürgerlicher Selbstvergewisserung. Statt des (witzigen) Gedankenaustauschs, des Gesprächs im Kaffee-Haus, der witzigen Konversation im Salon die »Gemütlichkeit« des Vereinsabends oder, *faute de mieux*, des eigenen Hauses. Geradezu sprichwörtlich ist die deutsche »Vereinsmeierei«. In ihr gewinnt das Bürgertum gegenüber feudalstaatlicher Gewalt einen (zahnlosen) Raum privater Autonomie. Gespräch wird zum Stammtischgespräch. Laut, intolerant, nicht etwa aus der witzigen Rede lebend, sondern höchstens aus dem Witz, dem routinemäßig reproduzierbaren Schatten dessen, was das attische Salz Witz einmal war. Nur peripher berührt sich bürgerliche Vereinskultur mit jener Kultur der »wahren Humanität«, die nach Kant »noch am besten« in der »Konversation« als einem »Spiel« der Gedanken und der Phantasie erreichbar sei. Wielands Wunsch nach Gesellschaft erklärt sich aus der Erfahrung des Ausgeschlossenseins; eine Tugend aus der (deutschen) Not macht Vischer. Die dazwischenliegende (Früh-)Romantik erhob nicht nur den Witz auf den Schild, sie pflegte auch Gesellschaft und Gespräch.

7. Wer hat Geschmack?

»Seltsames Land! Hier haben die Flüsse Geschmack und die Quellen/ Bei den Bewohnern hab ich noch keinen verspürt.« Schillers Verse sind nicht nur witzig, sie bringen auch Wortgeschichte auf den einfachsten Nenner. Es gilt zu unterscheiden zwischen »Geschmack« und »gutem Geschmack«. Geschmack hat wohl jeder, der nicht gerade erkältet ist. Aber wie steht es mit jener Art Geschmack, die wir mit dem »guten Geschmack« gleichsetzen? Wenn wir jemandem »Geschmack« bescheinigen, meinen wir kaum, daß er Süßes oder Saures schmeckt, sondern daß er über ein Geschmacksurteil verfügt. Was bedeutet, daß das, woran er Gefallen findet, den geltenden Geschmacksvorstellungen entspricht. Die Tatsache, daß etwa im Schwäbischen und in der Schweiz »Gu« neben »Gusto« besteht, beweist, daß man sich der Mehrdeutigkeit bewußt war. Der Gu von Erbsensuppe ist deshalb nicht nach jedermanns Gusto.

Ursprünglich bezeichnete der Begriff »guter Geschmack« eine bloß »politische« Verhaltensweise. Der Spanier Gracián verstand darunter das instinktsichere, situationsgerechte, gewandte Verhalten des *discreto*, des vollkommenen Weltmanns. Vom *honnête homme*, dem durch Haltung und Höflichkeit sich auszeichnenden Edelmann, erwarten ihn die Franzosen. Es versteht sich, daß beide der Elite angehören, sich deutlich abheben von jenen, die keinen guten Geschmack, d. h. eben schlechten Geschmack haben: das allgemeine Volk. Dessen Vertretern fehle es an Sicherheit und Spontaneität, die zum Geschmacksurteil gehören. Wo leitet er sich nun her, der Geschmack? Ist er Sache der Vernunft oder des Gefühls? Schmeckt mir der Gulasch, weil ich weiß, daß er rezeptgerecht zubereitet wurde, oder weil er meinem Gaumen schmeichelt? In beiden Fällen könnte Geschmack als ein natürliches Vermögen des Menschen gelten. Im 18. Jahrhundert gewinnt die Diskussion über diese Frage an Entschiedenheit. Gefühl hat wohl jeder, aber wie steht es mit der Vernunft?

Die Geschichte der Ästhetik belehrt uns, daß jene, die vom Gefühl ausgehen und den »Grad der Rührung« über den Rang eines Kunstwerks entscheiden lassen wollten, immer mehr an Boden gewannen. Voltaire versuchte Geschmack an die »klassische« Norm des Jahrhunderts Ludwigs XIV. zu binden. Für ihn war »Geschmack« etwas »Zeitloses«, »Normatives«. Solche Festlegung wurde zum Todesurteil. Der Geschmacksbegriff versteinerte und wurde unbrauchbar. Allerdings vermochte er sich noch bis in die Zeit der französischen Romantik Anerkennung zu sichern, ehe er ganz allgemein das Gefällige, Angenehme bezeichnete. In Frankreich, wie gesagt.

Auch für die Deutschen war der »gute Geschmack« zunächst »die vom Zeitalter Ludwigs XIV. ausgehende und den Franzosen nachgeahmte Geistes- und Geschmacksrichtung in Kunst und Poesie«. Christian Thomasius machte das deutsche Publikum in seiner Schrift *Von Nachahmung der Franzosen* (1687) mit der neuen Größe bekannt: »Le bon gout, gleichwie es eigentlich einen guten und subtilen Geschmack bedeutet, und dannenhero von solchen Leuten gebraucht wird, die nicht alleine das, was gut schmeckt von andern gemeinen Speisen wol zu unterscheiden wissen, sondern auch geschwinde durch ihren scharfsinnigen Geschmack urtheilen können, woran es einem

Essen mangele; Also haben die Frantzosen nicht uneben dies Wort hernach figürlicher Weise von allen denen zu brauchen angefangen, die wol und vernünfftig das Gute von dem Bösen oder das artige von dem Unartigen unterscheiden, daß also den Nahmen d'un homme de bon goust derjenige verdienet, der so viel die Sinnen betrifft, zum Exempel eine artige und geschickte Lieberey auszusuchen weiß, oder der sich lieber an einer anmuthigen Laute oder wohlgestrichenen Violine als an dem besten Brumeisen oder der zierlichsten Sackpfeiffe delectiret.«

Romanische Finesse als Heilmittel gegen die sprichwörtliche Plumpheit des »deutschen Michel«: Laute, nicht Brumeisen. Für Thomasius sind die Deutschen auf das französische Vorbild angewiesen, wenn sie es zu kulturellem Rang bringen wollen. Weshalb seine Landsleute wirklich nichts Besseres tun könnten, als französische »honnetete, Gelehrsamkeit, beauté d'esprit, un bon gout und galanterie« nachzuahmen. »Denn wenn man die Stücke alle zusammen setzt, wird endlich un parfait homme Sâge oder ein vollkommener weiser Mann daraus entstehen, den man in der Welt zu klugen und wichtigen Dingen brauchen kann.« Dieses Erziehungsprogramm der deutschen Frühaufklärung galt dem »politen« Menschen. Wert und Wirkung des Geschmacks sollen sich auf umfassende Weise bewähren: im praktischen, gesellschaftlichen wie politischen Leben. Im Sinne der Wiedererweckung der antiken Kulturidee suchte man *das Ganze* des Daseins zu umgreifen, wie es für Frankreichs Kultur charakteristisch ist. Der »polite« Mensch als der »zivilisierte«, über »verfeinerte Sitten« verfügende Mensch. »*Qui n'est pas assez poli, n'est pas assez homme*«: »höflich sein, heißt menschlich sein«, schreibt Joseph Joubert, einer der feinsten Moralisten Frankreichs, und definiert »Höflichkeit« als die »Blüte der Humanität« (E. R. Curtius). In Deutschland war diese Blüte permanentem Nachtfrost ausgesetzt. Dennoch kann Voltaire, der einmal sagte, Höflichkeit sei für den Geist, was die Anmut für den Körper, mit Recht behaupten, der französische Einfluß, »dieser glückliche Einfluß«, habe den »Geschmack nach Deutschland gebracht«. Wer ihn dort hatte, war zunächst der »Belesprit«: »Schöngeist«. Er verfügt über beides: Geschmack und Witz. Beider Schicksale sind deshalb aufs engste miteinander verbunden.

Zu den Zielen der europäischen Aufklärungsbewegung gehörte die Festlegung verläßlicher und verbindlicher Gesetze. Witz und Geschmack sind aber gerade Kräfte, die sich der Bestimmung widersetzen. Sie sind Sprengkräfte, unwägbar, aufrührerisch. Wenn der gute

Geschmack in der Frontstellung gegen die Barockdichtung, das »Schwülstige«, »Aufgeblasene«, »Weithergesuchte« und »Zweideutige«, sich zugleich als »vernünftiger« Geschmack zu konkretisieren schien, mußte mit größerer zeitlicher Distanz, mit Verblassen dieser Gegnerschaft, das Unwägbare, »Unvernünftige« sich doppelt bemerkbar machen. Es wurde der »Ordnung« gefährlich. So gingen im deutschen dichterischen Rokoko die Aufrührer Witz und Geschmack ein enges Bündnis ein. Das »Scherzhafte«, »Gefällige« sollte es sein. Auch wenn die neue Devise lautete: »Schön ist, was gefällt« (Friedrich Justus Riedel), war immer noch der Belesprit, der Schöngeist derjenige, der »Witz, Kenntnis und Geschmack« in sich vereinigte. Mit dessen Schicksal entscheidet sich auch jenes von Geschmack und Witz.

Als »Hofgeschmack, Modegeschmack, tote Gelehrsamkeit, Buchstabenkram« (Herder) verdrängt den guten Geschmack der »wahre Geschmack« des Genies. Nach seiner für ihn so entscheidenden Begegnung mit Herder fordert der junge Goethe dazu auf, »alle edlen Seelen« aus dem »Elysium des sogenannten guten Geschmacks« herauszutrompeten und sie in die Erziehung der Natur zu geben. In wachsendem Maße verliert der Geschmack sein Eigengewicht; er wird abgetan als »Idol« und »Götze«, wie Friedrich Schlegel in einer Kritik an der Nachahmung französischer »Schönweltsversemacher« ihn nennt. Das Genie mache das »Irrlicht« Geschmack zu einem »Stern im Dunkeln«. Der Absolutheitsphilosoph Hegel wird schließlich dekretieren, die »Tiefe der Sache« bleibe dem Geschmack verschlossen, nur die »äußerliche Oberfläche« berühre er, »um welche die Empfindungen herspielen«. Was allein zählt, ist das Genie. Nach »eigenem Geschmack« erhebt es sich über den »goût« und seine Lehre. Alle Ströme vereinigen sich letztlich in ihm.

8. »Langeweile ist ein böses Kraut«

Der Witz sei die »Krätze des Geistes«, schreibt Johann Gottfried Seume. »Er jucke sich heraus.« Diesen Faden aufgreifend, meint, fast hundert Jahre später, Peter Hille, es gebe vom Witz »auch eine rohe Form«. Die sei, physiologisch, »ein Jucken des Geistes«. Die Verbindung von Witz, Krätze und Jucken ist so abwegig nicht, wie es auf den ersten Blick erscheint. »Jucken« ist ein Synonym zu »kitzeln«, »prikkeln«, »stechen« und letzteres wiederum Grundlage für den Begriff »Pointe«. Nach Abwertung von Witz als Esprit sollte die Pointe, Spitze, zum Nukleus der Textform Witz werden.

*Frankreich als »Muster« ***

»...nach dem Münsterschen und Pyrenäischen Frieden hat so wohl die Frantzösische Macht als Sprache bey uns überhand genommen. Man hat Franckreich gleichsam zum Muster aller Zierlichkeit auffgeworffen, und unsere junge Leute, auch wohl junge Herren selbst, so ihre eigene Heimath nicht gekennet, und deßwegen alles bey den Frantzosen bewundert; haben ihr Vaterland nicht nur bey den Fremden in Verachtung gesetzet, sondern auch selbst verachten helffen, und einen Eckel der Teutschen Sprach und Sitten aus Ohnerfahrenheit angenommen, der auch an ihnen bey zuwachsenden Jahren und Verstand behencken blieben; Und weil die meisten dieser jungen Leute hernach, wo nicht durch gute Gaben, so bey einigen nicht gefehlet, doch wegen ihrer Herkunfft und Reichthums, oder durch andere Gelegenheiten zu Ansehen und fürnehmen Aemtern gelanget, haben solche Frantz-Gesinnete viele Jahre über Teutschland regieret und solches fast, wo nicht der Frantzösischen Herrschafft (daran es zwar auch nicht viel gefehlet) doch der Frantzösischen Mode und Sprache unterwürffig gemacht: ob sie gleich sonst dem Staat nach gute Patrioten geblieben, und zuletzt Teutschland vom Frantzösischen Joch, wiewohl kümmerlich, annoch erretten helffen.«

Aus: G. W. Leibniz, *Unvorgreifliche Gedanken*

Das Wort »kitzeln« wird auf Tätigkeiten übertragen, die eine dem Kitzel verwandte Empfindung erzeugen. Was ist Kitzel? Ein (Lust-)Reiz. Er kann bloß vorgestellt oder wirklich empfunden sein. So mag der Gaumen gekitzelt werden, das Ohr oder auch das Zwerchfell. Die Empfindung ist jeweils eine »angenehme«. Das Wort »Kitzel« gehört in den Umkreis von »berühren«, das eine zentrale Rolle zunächst in der Mystik, dann in der Ästhetik des 18. Jahrhunderts und schließlich in der Kitsch-Diskussion spielt.

Wie berühren haben jucken, kitzeln, prickeln die Wirkungsqualität des »Leibnahen«, was auf die philosophisch-psychologische Richtung des Sensualismus hindeutet. Dessen Hauptvertreter waren im Altertum Epikur und in der Neuzeit der Engländer John Locke, der den Witz als Spender von »*pleasure and delight*«, als »Lust und Freude« hochschätzt. Gegnerschaft zum Sensualismus, der alle Erkenntnis allein auf Sinneswahrnehmung zurückführt, Herabsetzung dieser Lehre als zum System erhobene Leichtfertigkeit, wie sie sich gerade in Deutschland fand, ist nicht zu trennen von der Einschätzung der den Nahsinnen wie Schmecken, Tasten usw. entsprechenden leibnahen Verben. Ihrer geringen Distanz zum Wahrnehmungsobjekt wegen gelten sie im Vergleich zu den für die deutsche klassische Literatur charakteristischen leibfernen Sinnen wie Auge und Ohr als weniger frei und als Ausdrucksträger von Körperlichkeit und Sinnlichkeit. Die Berührungsangst, die hieraus spricht, gilt einer als feindlich, »schmutzig« empfundenen Realität und führt zur Flucht in eine Welt der Pseudoleibnähe: der Welt des Kitsches.

Auch im Wahrnehmungsprozeß, können wir ergänzen, erweist der Witz sich als Unruhestifter. Er ist darauf gerichtet, die Dinge sozusagen mit »neuen« Augen anzusehen, an ihnen durch Kombination etwas sichtbar zu machen, was zuvor unbemerkt geblieben sein mag. Damit ist er ständig auf Revision aus, Veränderung verbürgter Bilder. Witz mache nicht selber Bilder, er sei nicht phantastisch, schreibt George Eliot, englische Romanautorin und Bewunderin von Heinrich Heines »Esprit«, »aber er entdeckt eine unerwartete Analogie oder legt einen überraschenden oder verblüffenden Schluß nahe«. Gewiß, Witz betastet die (Wort-)Haut der Wirklichkeit, deren Oberfläche. Aber ist er deshalb oberflächlich, wie ihm immer wieder vorgeworfen wird?

Nun, wie das Kitzelnde, Pikante – zu frz. *piquer*: »jucken«, »kitzeln« – einen Gegensatz zum Faden bildet, so ist Gegenpol der geistvollen (unterhaltsamen) Unterhaltung die Langeweile. Fade, geschmacklos, langweilig und witzlos gehören zusammen. Wenn Witz die Würze der Unterhaltung ist, herrscht da, wo er fehlt, »*dullness*«, die Unlust der Langeweile. *Dullness*, schreibt Hobbes, sei »*slowness of imagination*«, »Langsamkeit der Einbildungskraft«. Der englische Philosoph definiert Witz als »geistige Beweglichkeit«, »Raschheit der Einbildungskraft«. Dementsprechend ergibt sich die Antithese von Langsamkeit und Raschheit, Unbeweglichkeit und Beweglichkeit. Phantasielos und langweilig erscheinen genauso als gleichbedeutend wie phantasievoll und witzig. Wenn »des Lebens größter Feind« die Langeweile ist, wie Voltaire an seine Nichte schreibt – ein anderer Franzose, Alfred de Vigny, nennt Langeweile »des Lebens große Krankheit« –, heißt es, Ausschau halten nach einem Antidot. Bekannte Gegenmittel sind neben Reisen und Gespräch – Arbeit. »Wer nicht arbeitet«, belehrt uns Kant, »verschmachtet vor Langeweile und ist allenfalls vor Ergötzlichkeit betäubt und erschöpft und niemals aber erquickt und befriedigt.« Arbeit soll es sein; für »Ergötzlichkeit«, Lust, hat der deutsche Philosoph nur wenig übrig.

Nach John Locke, dem Entdecker der Unlust in der Seele, ist stärkster Trieb des Menschen jener, sich in Bewegung zu halten. Als wirksamstes Mittel zur Durchbrechung des Bannkreises von Langeweile und Tatenlosigkeit gilt das Gespräch. Nur da kann es sich entfalten, wo Menschen miteinander in Berührung kommen. Es bedarf der Gesellschaft. Wirkliches Gedeihen sichert ihm das Klima der Freiheit. Ein Zusammenhang, den vor allem Jean Paul bewußt gemacht hat. Einsamkeit und Unfreiheit sind Feinde von Gespräch und Witz. Sie stehen der Entwicklung einer Dialogkultur im Wege. Vor allem in Deutschland.

Deutsche Äußerungen zur Sprache im Sinne von Sprechen sind deshalb selten. Fast ausschließlich von Franzosen stammen die Überlegungen zur Rolle von Dialog, Gespräch oder Unterhaltung. Statt dessen haben die Deutschen mehr über das Abstraktum Sprache nachgedacht. Was sie darüber zu sagen haben, füllt unzählige Bände. Ihrer Neigung zum Theoretisieren – mit der zweifellos auch die an Deutschen allzu oft kritisierte Rücksichtslosigkeit und Pedanterie zusammenhängt – entspricht ihre Obsession mit dem Ideal. Beides sind Drogen des Geistes, die den Menschen der Tatsachenwelt entrücken.

Langeweile, Einsamkeit und, nicht zu vergessen, Melancholie als Grunderfahrung des (deutschen) bürgerlichen Menschen. Über Gegenmittel verfügt die Adelswelt: »Visitenwesen«, »Konversation«. Warum dieser nicht nacheifern? Gründe wurden bereits genannt. So schreibt 1773 Johann Georg Zimmermann, der berühmte Schweizer Arzt, Deutschland sei »vielleicht nie so gesellig« gewesen wie jetzt: »Alle Zerstreuungen der großen Welt« würden »nachgeäfft«. Allgemein werde »die Zeit verschwendet«. »Mancher, der durch sich selbst nichts ist, hängt sich an andere, um durch sich selbst nichts thun zu müssen. Alleinstehen ist, wie alleine leben, in Deutschland jetzt Schande.« Und warum dies alles? »Alles, was wir treiben und thun ... hat doch oft am Ende keine andere Triebfeder, als die Furcht vor der Langeweile!« Zunehmende Autonomie, sich festigendes Selbstbewußtsein auf der einen Seite, Rückzugsverhalten, Abgrenzung auf der anderen. Schopenhauer faßt den Widerspruch, der sich hierin spiegelt, zusammen: »Ob einer mehr Ursache hat, die Menschen zu suchen oder zu meiden, hängt davon ab, ob er mehr die Langeweile oder den Verdruß fürchtet.« Die Langeweile der Einsamkeit oder der Verdruß der Gesellschaft – die Alternative eines Mannes, der kein Spiel versteht. Im Kapitel »Suchendes Versuchen« wird davon die Rede sein. Als gedankliches und sprachliches »Hin und Her« gibt witziges Sprechen sich zugleich als Spiel zu erkennen.

> »Ein witziger und dabei flüchtiger Kopf lernt wenig gründlich, macht aber von dem wenigen gewiß den bestmöglichen Gebrauch, den ein minder witziger aber gründlicherer Gelehrter von dem seinigen nicht zu machen im Stande ist.«
>
> *Georg Christoph Lichtenberg*

9. Rousseau oder Voltaire?

Das Kräftefeld, in dem sich die Auf- und Um- bzw. Abwertung des Witzprinzips vollzieht, ist kaum irgendwo sonst so faßbar wie im gegensätzlichen Denken der beiden großen Franzosen Voltaire und Rousseau. Beide haben, in unterschiedlichem Maße und jeder auf seine Weise, Einfluß gewonnen auf die geistige Entwicklung in Deutschland. Bereits seit der Mitte des 18. Jahrhunderts war die französische Aufklärungsbewegung in zwei Flügel zerfallen, die einander bekämpften: einen »großbürgerlich-philosophischen« und einen radikalisierten »kleinbürgerlich-plebejischen«. Das Gesellschaftsgenie Voltaire und der Einsamkeitsapostel Rousseau waren ihre Hauptvertreter. Gerade in Deutschland fiel die Saat von Rousseaus Gedanken auf fruchtbaren Boden. Madame de Staël steht nicht an, Rousseau als Vertreter des deutschen Geistes in der französischen Literatur zu bezeichnen. Solche Zuordnung blieb nicht unwidersprochen in Frankreich und anderswo. Vielleicht komme dieser Unterschied in der Beurteilung daher, meint Wilhelm von Humboldt, daß wir uns selber in Rousseau hineinläsen, »ihm mehr Seele und Empfindung geben, als er hat«, die Franzosen hingegen »ihn dafür nicht ganz heraus-lesen«. Mit seiner Gegnerschaft zum »Unnatürlichen«, d. h. Abgeleiteten, »Gekünstelten«, »Gesuchten« und damit auch zur Witzigkeit offerierte Rousseau den Deutschen Vorbild und Bestätigung.

Es liege ihm nichts daran, »den Schöngeistern zu gefallen«, schreibt der Verfasser des *Emile* in seinem Traktat *Discours sur les Sciences et les Arts* (1750). Er tadelt »Höflichkeit« und »Feinheit« als verlogen und macht darauf aufmerksam, daß bereits die alten Ägypter in der Entstehung von Wissenschaft und Künsten ein Werk des Teufels gesehen hätten. In seinen Augen ist der Prozeß der Vergesellschaftung ein Prozeß der Denaturalisierung. Rousseaus Kritik gibt sich so konsequent wie radikal. Kein Kulturbereich bleibt von ihr verschont. Denn Kultur sei nun einmal ein ganzes. Jedes Element von ihr wirke auf einen ganzen Mechanismus, wirke auf alle anderen ein und verursache somit nicht die Umwandlung dieser oder jener Seite der Persönlichkeit, sondern eine Veränderung des ganzen Menschen.

Als Folge der Vergesellschaftung hat sich nach Rousseau die Natur des Menschen verwandelt. »Selbstliebe« schlägt um in »Eigenliebe« und »Ehrgeiz«, eine Welt des Scheins entsteht, wo der Mensch »in den Augen anderer« existiert. Doch, wäre zu ergänzen, zu der dem Menschen von der Gesellschaft aufgezwungenen Existenz »in den Augen anderer« tritt zwangsläufig jene »in den Ohren anderer«. An die Stelle des »natürlichen« Menschen tritt der »gekünstelte«. Motiv fast jeder künstlerischen und wissenschaftlichen Tätigkeit ist für Rousseau individualistische oder egoistische Gesinnung. Allzu oft beherrsche das Bedürfnis, sich »auszuzeichnen«, »*se distinguer*«, den Künstler und Wissenschaftler. In einer an Nietzsche erinnernden Bescheidenheit schreibt der Philosoph denn auch über sich, er habe den Menschen den Weg »zum wahren Glück« gewiesen, indem er sie Wirklichkeit von Schein zu unterscheiden lehrte, den natürlichen Menschen vom gekünstelten.

Der gekünstelte Mensch – wo vor allem er anzutreffen sein soll, liegt auf der Hand. In erster Linie für die Deutschen, denen jene »reizvolle Übung, worin jeder kleine Gegenstand, sozusagen, zum Federkissen wird, das man einander zuwirft und das rechtzeitig aus einer Hand in eine andere fliegen muß«, das witzige Gespräch also, Inbegriff eitler, die Zeit vergeudender Künstlichkeit ist. In ihrer Mehrheit stimmen sie ein in Rousseaus Ruf: »Allmächtiger Gott, befreie uns von der Erleuchtung unserer Väter; führe uns zurück zur Einfalt, Unschuld und Armut, den einzigen Gütern, welche unser Glück befördern...« Michelinische Existenz als Ideal.

Obwohl Voltaire Zeitgenosse von Rousseau war und sich mit ihm in den Ruhm teilt, einflußreicher Wegbereiter der Revolution gewesen zu sein, steht er im entgegengesetzten Lager. Rousseaus »Zurück zur Natur« artikuliert zugleich die Aufforderung, der »Vernünftigkeit« zu entsagen und den Gesellschaftsprozeß, den »Prozeß der Zivilisation«, rückgängig zu machen. Als Voltaire Rousseaus Abhandlung über die Ungleichheit gelesen hatte, sprach er von ihr in einem Brief an den jungen Autor als: »Ihr neues Buch gegen die menschliche Gattung«. Rousseaus Irrationalismus und sein Nein zur historischen Tradition stellen in den Augen Voltaires eine Gefahr dar. Wie berechtigt seine Befürchtungen waren, bezeugt nicht zuletzt das traurige Schicksal der Aufklärung in Deutschland. Im Gegensatz zu Rousseau empfindet Voltaire Stolz auf den Fortschritt des Wissens und der Kunst. Sein Esprit, seine Eleganz der Konversation und der Manieren wurde zum Inbegriff der Geistigkeit und »Kultiviertheit«, sprich: »Zivilisiertheit«, französischer Gesellschaft. Worte der Bewunderung für diese »geniale Form des Vernünftigen« fand sogar Hegel. Nietzsche, der klassische Philologe, schrieb: »Voltaire war der letzte der großen Dramatiker, welcher seine vielgestaltige, auch den großen tragischen Gewitterstürmen gewachsene Seele durch griechisches Maß bändigte –, er vermochte das, was noch kein Deutscher vermochte, weil die Natur des Franzosen der griechischen viel verwandter ist als die Natur des Deutschen ...« Andere, unter ihnen Kant und Schiller, verwiesen Voltaires Esprit auf die Seite der nicht recht ernstzunehmenden Geisteshaltung des »leichten Witzes«. Für die Kunst der geselligen Unterhaltung haben diese Kritiker nichts übrig. Wieland, aus dessen Werken einige Ähnlichkeit mit Voltaire spricht, nämlich Witz, Grazie und Leichtigkeit, wird dies zu spüren bekommen. Wie dekretierte doch Kant? »Französischer Witz ist oberflächlich ...«

10. Winckelmanns witziges Griechenland

Wie andere Völker Europas sind wir Deutsche geworden, was wir sind, in Auseinandersetzung mit dem Erbe der Antike. Ablehnung oder Nachahmung, sie hinterlassen Spuren. Antike heißt griechisch-römische Tradition. Aber auf wessen Schultern stehen wir nun? Auf denen Griechenlands oder Roms? Und welche Rolle spielt Frankreich, das sich gleichfalls auf diese Ahnenschaft beruft? Erhebt nicht Frankreich seit Jahrhunderten den Anspruch, der legitime Erbe der Antike zu sein? Nun, hätten wir Deutsche diesen Anspruch akzeptiert, vielleicht würde Nachahmung der Franzosen uns auf deren kulturelle Höhe geführt haben. Vielleicht. Es würde sich jedenfalls eine Traditionslinie ergeben haben, deren Glieder sich zur Kette Griechenland-Rom-Frankreich-Deutschland gefügt hätten. Im Geiste dieser Traditionsfolge, doch lediglich die Kulturüberlegenheit Frankreichs vor Augen und somit noch nicht um Traditionsstiftung bemüht wie andere nach ihm, empfiehlt Christian Thomasius, der »Vater der deutschen Aufklärung«, in seiner Schrift *Von Nachahmung der Franzosen* (1687), dem ersten nicht lateinisch, sondern in der Muttersprache verfaßten Vorlesungsprogramm eines deutschen Universitätslehrers, sich die Nachbarn von jenseits des Rheins zum Vorbild zu nehmen. Für ihn kann das deutsche Bildungsprogramm nur heißen: »Nachahmung der Franzosen«. Thomasius kommt ohne Umschweife zur Sache:

»Derowegen sey es so, man ahme denen Frantzosen nach, denn sie sind doch heutzutage die geschicktesten Leute und wissen allen Sachen ein recht Leben zugeben. Sie verfertigen die Kleider wohl und bequem, und ersinnen solche artige Moden, die nicht nur das Auge belustigen, sondern mit der Jahrzeit wohl übereinkommen. Sie wissen die Speisen so gut zu praepariren, daß so wwohl der Geschmack als der Magen vergnüget wird. Ihr Hausrath ist reinlich und propre, ihre Sprache anmuthig und liebreitzend, und ihre ohnerzwungene ehrerbietige Freyheit ist geschickter sich in die Gemüther der Menschen einzuschleichen als eine affectierte bauerstolze gravität.«

Ein gutes halbes Jahrhundert später (1741) zieht Johann Christoph Gottsched in einer Anmerkung zu seiner deutschen Ausgabe des Bayleschen Wörterbuchs sozusagen bewußt die Konsequenz aus solcher Bereitschaft, den kulturellen Führungsanspruch Frankreichs anzuerkennen: Er setzt das kulturelle Folgeverhältnis von Griechen und Römern in Analogie zu dem von Franzosen und Deutschen. Es sei, schreibt er, »eine besondere Ähnlichkeit zwischen den Griechen und Franzosen; so wie zwischen den Deutschen und den Römern. Die Griechen waren ein witziges, artiges, geschwätziges, leichtsinniges, und doch eitles und stolzes Volk. Sie hatten alle Künste und Wissenschaften erfunden, oder doch sehr verbessert; und die Römer hatten viel von ihnen gelernt. Da haben wir ein Bild der Franzosen. Die Römer waren ein tapferes, ernsthaftes, strenges und tugendhaftes Volk, welches sich zum Herrn der Welt gemacht, aber Künste und Wissenschaft etwas zu spät zu treiben angefangen hatte; ob es gleich Geschick genug hatte, die Griechen in allem zu übertreffen. Das ist ein Abriß unserer Deutschen.«

In Gottscheds Kulturparallele findet nicht nur die deutsche Kulturunterlegenheit eine überzeugende Erklärung und Rechtfertigung, sie öffnet auch eine Zukunftsperspektive. Lernen ist alles! Doch so vernünftig und wirklichkeitsnah Gottscheds Vorstellung von einer deutsch-römischen Kulturtradition gewesen sein mochte, sie wurde zu einem Zankapfel: Nicht mit Rom verbinde uns nationale Wahlverwandtschaft, sondern mit Griechenland. Höchst folgenreich sollte sich der Einspruch Johann Joachim Winckelmanns auswirken. In seiner vieldiskutierten Schrift *Gedanken über die Nachahmung der griechischen Werke in der Malerei und Bildhauerkunst* (1755) verwarf Winckelmann den Gedanken einer Rom-Nachfolge der Deutschen und erkannte Vorbildcharakter nur der griechischen Tradition zu. »Der einzige Weg für uns«, schreibt der Archäologe, »groß, ja, wenn möglich ist, unnachahmlich zu werden, ist die Nachahmung der Alten..., sonderlich der Griechen.« Zurück zum Urbild der Antike! Statt der »Künstlichkeit« der französischen Hofkultur und ihren Geistes- und Lebensformen »aus zweiter Hand«, das Ursprüngliche der Urmacht des Daseins.

Durch diese Radikallösung, durch die Forderung, hinter ein von Abgeleitetem Abgeleitetes zurückzugehen, erreichte Winckelmann zweierlei: Zum einen manövrierte er die nationale Konkurrenz, das französische »Kultur-Über-Ich« (Conrad Wiedemann), ins Abseits, andererseits öffnete er den Deutschen »einen kulturellen Fluchtweg aus der politischen Nation in die idealisierte Natur« und bot ihnen eine »Anweisung zur individuellen Freiheit«.

Ohne uns in weitreichende Spekulationen einzulassen, können wir festhalten, daß der Kunstgelehrte Winckelmann das war, was man einen »Franzosenfresser« nannte. Daß die französische Konkurrenz auch in seinem persönlichen Leben eine nicht unwichtige Rolle spielte und ihm Anlaß zu erheblichem Mißvergnügen gab, wird nur wenig beachtet. Winckelmanns Briefe bezeugen eine Abneigung gegen die Franzosen, schreibt Manfred Fuhrmann, »die vor allem durch sozialökonomische Gegebenheiten bedingt war: Die französische Mode seines Jahrhunderts verringerte für ihn und seinesgleichen die Aussicht, im eigenen Lande Rang und Ansehen zu erlangen. Sie bezeugen schließlich das Korrelat des Franzosen-Hasses: die Kritik an der franzosenfreundlichen Kulturpolitik der deutschen Fürstenhöfe.« Natürlich finden sich in seinen Briefen auch die üblichen Klischees, wonach »alles«, was die Franzosen machten, »gekünstelt« sei. Dies Volk –

Der esprit ungriechisch

»Die Griechen sind in allem ihrem Denken unbeschreiblich logisch und schlicht; sie sind dessen, wenigstens für ihre lange gute Zeit, nicht überdrüssig geworden, wie die Franzosen es so häufig werden: welche gar zu gern einen kleinen Sprung ins Gegenteil machen und den Geist der Logik eigentlich nur vertragen, wenn er durch eine Menge solcher kleiner Sprünge ins Gegenteil seine *gesellige* Artigkeit, seine gesellige Selbstverleugnung verrät. Logik erscheint ihnen als notwendig wie Brot und Wasser, aber auch gleich diesen als eine Art Gefangenenkost, sobald sie rein und allein genossen werden sollen. In der guten Gesellschaft muß man niemals vollständig und allein Recht haben wollen, wie es alle reine Logik will: daher die kleine Dosis Unvernunft in allem französischen *esprit*. – Der gesellige Sinn der Griechen war bei weitem weniger entwickelt, als der der Franzosen es ist und war: daher so wenig *esprit* bei ihren geistreichsten Männern, daher so wenig Witz selbst bei ihren Witzbolden, daher – ach! man wird mir schon diese meine Sätze nicht glauben, und wie viele der Art habe ich noch auf der Seele! – *Est res magna tacere* – sagt Martial mit allen Geschwätzigen.«

Friedrich Nietzsche

»Esel«, »Tröpfe«, »Ignoranten« – sei gar nicht gemacht, Ernstliches zu treiben. Er preise Gott, daß er »ein Deutscher und kein Franzose« sei. Selbst die erwähnte kunsttheoretische Programmschrift Winckelmanns, die der deutschen Klassik den Weg bereiten sollte, enthält Seitenhiebe auf die Franzosen. Der Autor setzt den Unterschied, der zwischen »den Atheniensern und ihren nächsten Nachbarn jenseits des Gebirges« bestehe, zu den »Franken aus Deutschland« und den »alten Galliern« in Beziehung. Noch heute wiesen die Franzosen Eigenschaften auf, von denen bereits Kaiser Julian berichte. Beispielsweise seien schon zu dessen Zeit »mehr Tänzer« in Paris gewesen als Bürger. Das Hin und Her des Tänzers gegen die Ordnung des Bürgers.

Es fällt auf, daß Gottsched so gut wie Winckelmann den Griechen außer »gutem Geschmack« auch »Witz« zuerkannte. Sie hätten »mehr Witz«, »attisches Salz« gehabt, schreibt Winckelmann, ohne den Vergleich voll auszuführen. Noch heute bemerke man an den Griechen »einen sehr feinen Witz«. Diese Betonung des Witzigen, das zwangsläufig auch die Franzosen und ihren Esprit ins Bild bringen muß – Nietzsche merkt an: »den französischen Witz des Ausdrucks, so etwas liebten sie sehr«, die Griechen –, wirkt widersprüchlich. Denn die Zeit der Abwertung des Witzprinzips hat bereits begonnen.

War es Winckelmann noch immer so wichtig, daß er es aus der Ablehnung Frankreichs mit einbrachte in die Empfehlung, seine Aufwertung der Griechen? Nur, vertrüge sich das mit dem oft, allzu oft, zitierten Wort von dem »allgemeinen vorzüglichen Kennzeichen« des nachzuahmenden Griechischen, der »edlen Einfalt und stillen Größe«? Witzige Einfalt? Ein Paradox. Aber trösten wir uns. Empfahl Winckelmann, dessen Erdenspuren zum Mythos verklärt wurden, den Deutschen nicht auch, »unnachahmlich« zu werden – durch »Nachahmung«?

Dritter Teil
Die poetische Landkarte
des Spiels des Witzes

»*Der schweren deutschen Natur fehlt eine gefährliche
Gabe der Franzosen, die Anmut der Sünde. Wenn der
Deutsche auf solche Wege gerät, dann wird er plump
und ungeschickt.*«

Heinrich von Treitschke, *Politik*

1. Kann ein Schöngeist »gründlich« sein?

Im Einleitungskapitel seines Buches über die Meistersinger (1697) erinnert der weitgereiste und breitinteressierte deutsche Gelehrte Johann Christoph Wagenseil sich eines Gesprächs mit der französischen Schriftstellerin Madame Scudéry. Die berühmte Romanautorin hatte höflich, aber bestimmt Zweifel geäußert, ob die deutsche Sprache zum Dichten geeignet sei. Mit Stolz verweist Wagenseil auf die auch von Leibniz gepriesene Übersetzung eines ihrer Romane. Wer das Deutsche für hart und ausdrucksarm halte, schreibt er, setze »die Mundart des gemeinen Pöbels«, der als schweizerischer Söldner in Frankreich Dienst tue, und die deutsche Dichtersprache in eins. Ja, das Deutsche sei dem Französischen sogar überlegen. Als Beweis für seine Behauptung hebt Wagenseil mahnend den Zeigefinger: Wie gefährlich sei es doch, »die Construction zu verwerffen«. Alles, was »verwirret das Gemüth«, sei unbedingt zu vermeiden. Ordnung heißt das Zauberwort, das er der Französin zuflüstert.

Nicht nur seine besten Pferde schickt Wagenseil ins Rennen, er sucht sich auch selber von seiner angenehmsten Seite zu zeigen. Seine Verteidigung der deutschen Sprache und Dichtung erfolgt in einem galant sich gebenden Unterhaltungston, der ihn als deutschen Belesprit, als Schöngeist, ausweisen soll. Denn bei den Franzosen war es gang und gäbe, den Deutschen die Befähigung dazu abzusprechen. *Bon esprit*, heißt es jenseits des Rheins, mögen sie haben, aber an *bel esprit* gebricht es ihnen. Niemand wird bestreiten, daß auch der *bon esprit* seine Qualitäten hat: Fleiß, »arbeitsame Gründlichkeit«. Aber zwischen »witzigem Kopf« und »gründlichem Kopf« ist nun einmal ein Unterschied. So sehr, daß auch in Frankreich, bei jenen, die bewundernd nach Deutschland blickten, schon Ende des 17. Jahrhunderts der Ruf nach dem *bon esprit* laut wurde.

Fast zur gleichen Zeit veröffentlichte Benjamin Neukirch den spätbarocken Musenalmanach *Herrn von Hofmannswaldau und anderer Deutschen auserlesene und bißher ungedruckte Gedichte* (1685 ff.). Als guter, erziehungsbewußter Deutscher entwirft er darin ein Idealbild des »hohen Dichters«. Nicht nur durch »Schöngeistigkeit« zeichnet sich dieser aus, sondern auch durch Arbeitseifer und Gründlichkeit. Er ist der wirklich Begnadete, wie er, den »Paradiesvögeln« gleich, »alle Tausend Jahre« kaum einmal in Erscheinung tritt. Es versteht sich, daß Neukirch diesem Idealdichter den obersten Rang vorbehält, während er den bloßen »Schöngeist«, den Belesprit, in der zweiten Reihe plaziert: Schöngeister seien »feurige und aufgeweckte

Gemüther, welche in der Galanterie sehr wohl erfahren, im Erfinden kurz, in der Ausarbeitung hurtig und in allen ihren Gedanken seltsam«. Denn wie, ein gutes Jahrzehnt früher, bereits die Praschin gemahnt hatte: »Die Lebhaftigkeit des Geistes und die Glätte (*politesse*) des Stils« sind nicht alles. In den Augen von Neukirch kann jedenfalls kein Zweifel bestehen, daß es auch bei den Deutschen »ranghöchste« Dichter gibt, selbst wenn die Franzosen solches »dieser tapferen und politen Nation« nicht zugestehen wollten.

In seiner Vorrede »Von der deutschen Poesie« geht Neukirch mit den französischen Kritikern deutscher Geistigkeit ins Gericht. Von der Position deutscher Gründlichkeit aus wirft er den Franzosen vor, sie seien sprunghaft – wie der Witz, könnten wir hinzufügen –, es fehle ihnen an erschöpfender Geduld. Der einstige deutsche Modedichter Neukirch erkennt zwar die Überlegenheit der französischen Nachbarn an, ihren Vorsprung, meint jedoch etwa zur Herabsetzung des deutschen »Esprits« durch Bodin, Bouhours und Baillet, jedes Volk habe eben sein eigenes »Naturel«. Diejenigen, die sich im Bildungsgut »ein Monopolium zueignen« möchten, sollten nicht vergessen, daß »auch hierinnen die letzten die ersten werden können«. Mit andern Worten, unter Deutschen könne »so wohl ein *bel esprit* als bei einem anderen Volke« gefunden werden.

Warum sollten die Deutschen eigentlich keinen Esprit, keinen Witz haben? Unsere Nachbarn sind um Antwort nicht verlegen. Steht, wie gesagt, nach Meinung des Staatsrechtslehrers Bodin der Geistigkeit bei den Deutschen die Körpergröße entgegen, so sind für den Abbé Bouhours ganz einfach die entsprechenden kulturellen Voraussetzungen nicht gegeben. Bouhours vergleicht die Deutschen mit »Moscowitern und Barbaren«. Wohlwollender und verständnisbemühter ist die Ansicht Adrien Baillets. Die klimatischen Verhältnisse der nördlichen Länder macht dieser dafür verantwortlich, daß den Deutschen ein »hurtiger und rechter Esprit« abgehe. Angesichts solcher versteinerten Vorurteile stellt Johann Gottlieb Meister in seinen »Unvorgreiflichen Gedanken von teutschen Epigrammatibus« (1698) Belege für den deutschen Belesprit zusammen. Er hat einen schweren Stand. Denn schon den Vertretern der italienischen Renaissance galten die Deutschen eher für die niederen Künste geeignet als für die höheren, feineren, und damit menschenwürdigeren. Wenn es von ihnen hieß, sie hätten »den Verstand in den Händen«, so spielte man dabei auf die Geschicklichkeit des Handwerkers an. Bei den Franzosen war die deutsche Rückständigkeit, Langsamkeit, Pedanterie geradezu sprichwörtlich. Ein deutscher Belesprit war für sie die Quadratur des Kreises.

So leuchtet es ein, wenn Christian Thomasius in seinem bereits erwähnten *Discours, welcher Gestalt man denen Frantzosen im gemeinen Leben und Wandel nachahmen sollte*? die Deutschen unverblümt dazu auffordert, den Franzosen nachzueifern. Nachdrücklich empfiehlt der deutsche Aufklärungsphilosoph, »genauer zu überlegen«, was die Franzosen »unter sich in hohem Wert« halten. Nicht zu *blinder* Nachahmung fordert Thomasius also auf; er ist sich klar darüber, daß »die Arten des französischen und deutschen Wesens« verschieden seien. Für ihn bleibt es fraglich, ob deutsche Gründlichkeit wirklich häufiger der Belehrung fähig ist als französische Lebhaftigkeit der gründlichen »Geduld«. Wie sehr die Auseinandersetzung die Gemüter noch heute bewegt, beweist das folgende Zitat aus dem *Grundriß der germanischen Philologie*. Es entstammt dem Band *Geschichte der deutschen Poetik*, der die Jahreszahl 1964 trägt. Noch ist die Rede vom »Ringen um die Gesundheit deutscher Geistigkeit«, von »der ›teutschen‹ Haltung des vom Höfischen unangekränkten Lebensernstes«. Wörtlich heißt es: »Daß jedoch der Ernst deutscher Verantwortungsfreudigkeit, um den diese Übergangsepoche mühsamer zu ringen hatte als manche kulturpolitisch glücklichere Zeit, eine Gesundheit in der Grundhaltung bewahrt hat, daß die Überschätzung des bloßen ›bel esprits‹, des geistreichelnden Schöngeists bewußt abgelehnt wird, daß die Gefahrenzone eines Mißbrauches der schöngeistigen und scharfgeistigen Begabung durch Zersetzung sittlicher Werte (!) nicht übersehen wird, erhellt... aus der kritischen Mahnung« Johann Gottlieb Meisters. Das ist deutlich genug.

2. Einen Zaun um den Witz?

Witz ist Gegenspieler der Ordnung. Seine Fähigkeit zu überraschendem Umordnen schafft Unruhe, Spannung. Je starrer, verkrampfter die Ordnung, desto geringer die Sympathie für den Witz. Seine Explosionskraft läßt ihn gefährlich erscheinen, flößt Furcht ein. Noch in der zweiten Hälfte des 20. Jahrhunderts hebt die bereits erwähnte umfangreiche *Geschichte der deutschen Poetik* anerkennend hervor, die »deutsche Ausprägung der Aufklärung« habe sich keineswegs »vorbehaltlos und bedingungslos dem rationalistisch Bestechenden des westlichen ›Witzes‹ preisgegeben«. Sie hätte sich vielmehr »trotz bereitwilliger Überflutung mit der westeuropäischen Aufklärung ein Stück Eigenart wie eine haltbietende Insel gewahrt, auf der sich gerade die Besten neue Kraft der Besinnung holten und den Mut selbst zum aktiven Widerstande«. Das Bild, das der Verfasser seinem Leser suggeriert, läßt an Unmißverständlichkeit nichts zu wünschen übrig: Unbestechliche deutsche Männer, die besten der Nation, werfen sich kühn der Sturzflut des westlichen Witzes entgegen und retten ihr Land vor dem Fremden, Undeutschen. Nicht um die Frage »Ob ein Deutscher Witz haben könne«, scheint es noch zu gehen, sondern darum: »Wie des Witzes sich zu erwehren?«

Gottsched hatte sich nichts Geringeres vorgenommen, als die Poetik philosophisch zu unterbauen. Leitgedanke war ihm dabei das Wort seines Lehrers Christian Wolff, wonach der Mensch von seinem Schöpfer »nichts Vortefflicheres« erhalten habe »als seinen Verstand«. Verstand als geistiges Vermögen, das der Vernunft das Material liefert. Der Franzosenfreund und Hanswurst-Gegner Gottsched macht Verstand und Vernunft zur Grundlage seines Systems. In der »Ordnung« sieht er die »Quelle aller Schönheit«. Vom Witz fordert er, daß er sich der Ordnung füge, sich Zügel anlegen lasse. Nicht auf den »ersten« Einfall kommt es dem deutschen »Literaturpapst« Gottsched an, sondern den »besten«. Die »hitzige Einbildungskraft« hat am Leitseil der Vernunft zu gehen, oder, anders gesagt, die Phantasiefreiheit des Witzes ist gehalten, sich der Zensur des Fleißes, der Gelehrsamkeit und damit auch der Gründlichkeit zu unterwerfen. Die Vernunft ordnet nicht nur, sie ordnet auch *an*. Im Bewußtsein seiner Leistung, den welschen Esprit eingezäunt zu haben, weist Gottsched den französischen Zweifel an der deutschen Fähigkeit zum »*homme d'esprit*« siegesstolz als »Windmacherei« zurück.

Gottsched wurde zum Begründer einer »witzigen Formkultur« (Paul Böckmann) in Deutschland. Sie folgte dem Vorbild Frank-

reichs. Das rationale Kombinationsverfahren Witz steht für dichterische Produktivität. Es dient als Zentral- und Sammelbegriff. Als sein
erklärter Gegner hat Lessing sich mit Gottsched auseinanderzuset-
zen. Seine Haltung war widerspruchsvoll. Das ist verständlich: In der
anakreontischen Dichtung seiner Anfänge, einem Flirt mit dem Rokoko, hatte Lessing sich als witziger Dichter gezeigt. Die heftige Kritik an Gottsched verwies ihn jedoch ins Lager von dessen Gegnern.
Unbestreitbar ist, daß Lessing Frankreichs Dichtkunst das Ende pro-
phezeite und dem Witz die Schuld daran gab.

Erinnern wir uns: Der Franzose Bouhours hatte neben anderen be-
zweifelt, daß ein Deutscher Witz haben könne. Für ihn war das Wort
»deutsch« gleichbedeutend mit »dumm«, »tölpelhaft«, »grob«. In
Deutschland sah er ein Land, wo noch barbarische Zustände herrschten. Bouhours gilt als Vertreter einer neuen Art von Gebildeten, die
den Abstand zwischen bürgerlichen Gelehrten und den mondänen
Kreisen des Hofes verringerte. Sie waren sehr viel früher und weit
umfassender in die Welt des Hofes eingegliedert als die vergleichbare
deutsche Intelligenz. Anders J. G. Meister. In der Vorrede zu seiner
Schrift »Vom Esprit der Deutschen« hat Meister, wie er sagt, »keine
Bedenken« vorzubringen, »daß unter Deutschen sowohl ein *bel esprit*
als bey irgend einem andern Volk könne gefunden werden«. Er hält es
jedoch für angebracht, seine Ausführungen mit der Mahnung zu verbinden, daß man über der Frage nach der Möglichkeit des deutschen
Belesprit nicht die Kehrseite der Münze aus dem Blick verlieren dürfe.
Gedeihe der Witz nicht am ehesten in der Welt der höfischen Aristokratie?

Lessing zögert nicht, die Verbindung zwischen Zivilisiertheit und
Witz aufzugreifen und die Hof- oder, besser, Höflichkeitskritik auf
den Witz auszudehnen. Witz und Oberflächlichkeit erscheinen jetzt in
einer Perspektive. Ein Werk des Witzes sei »mehr ein Gedankenspiel«
als ein Gedanke. Da die Franzosen »leichtere Nahrung« brauchten,
müßten sie diese »mit Esprit verdünnen« oder sich »im Notfall auch mit
Esprit allein zufrieden geben«. Als Beispiel für solche Oberflächlichkeit dienen ihm Wort und Gedanke Voltaires, des »witzigsten« von
»Frankreichs Witzigen«, der »überall« witzig sein wolle. Was liegt näher, als der »oberflächlichen Witzigkeit« der Franzosen wieder einmal
die »Gründlichkeit« der Deutschen entgegenzuhalten. Die Franzosen
fänden sich plötzlich in einer »recht unvorteilhaften Rolle« wieder,
kommentiert die kluge Frankreich-Kennerin und -Apologetin Made-
leine Claus: Nicht nur »der Mangel wissenschaftlicher Gründlichkeit«
werde ihnen aufgrund ihres »alles überspielenden Interesses für ober-

flächlichen Witz« vorgeworfen, sie würden auch zu »geistigen Dieben, Ausbeutern von Geistesgut gemacht«.

Der Schöpfer des *Nathan* geht noch weiter: Sind Witz und Zivilisiertheit verschwistert, so müssen Witz und Tugend einander ausschließen. Wo französischer Witz glänzt, lockt auch das französische Laster. »Welcher Damm«, fragt er pathetisch, werde die Laster aufhalten, »die bei ihm zu Artigkeit werden?« Und überhaupt: Was sei denn mit den »Musterstücken«, die uns ihr »berüchtigter Witz« liefere? Sie seien zu zählen. Die Schriften aber, »welche die Religion untergraben, und unter lockenden Bildern die schimpflichste Wollust in das Herz flössen«, seien bei ihnen »unzählbar«. Französischer Esprit als Beförderer von Frivolität, Verführer zu Zügellosigkeit. Der langen Rede kurzer Sinn: Französischer Witz und deutsches Gemüt verhalten sich zueinander wie Unzucht und Züchtigkeit.

Dennoch läßt Lessing sich nicht davon abhalten, auch diesmal wieder eine seiner berühmten »Rettungen« zu versuchen. Er tut dies, indem er eine Trennungslinie zieht zwischen »wahrem« und »falschem« Witz und den »wahren« Witz hineinnimmt in seinen Geniebegriff. Der wahre Witz ist, was wir am genialen Menschen bewundern: Genie. Genie und »bloßer witziger Kopf« bilden jetzt Gegensätze. Läßt das Genie, das »alles bloß der Natur zu danken hat« (17. Literaturbrief), die »mühsamen Vollkommenheiten der Kunst« hinter sich, so bringt der »witzige Kopf« bloß »Gekünsteltes« hervor, »Spielwerk der Mode«. In *Minna von Barnhelm*, Lessings »vollendetster«, bis heute »unmittelbar« lebendiger Schöpfung, die »natürlich-sittliche Lebensprozesse und Schicksale zu Gesicht« bringt, wie es in einer renommierten Darstellung heißt (Heinz Otto Burger), zeigt sich diese weit über den ästhetischen Bereich hinausreichende Spaltung von einer, gelinde gesagt, häßlichen Seite. Zwei Arten von Witz führt Lessing in diesem Lustspiel vor, um sie polemisch zu kontrastieren: Der »natürliche« Witz Minnas – eine Mischung aus Verstandesklugheit, scherzhafter Laune und Herzenswärme – wird gegenübergestellt dem »künstlichen« des Riccaut de la Marlinière, einer Gestalt, die »bloß witzig« ist. In dieser Karikatur des »witzigen« Franzosen verschärft Abgrenzungstendenz sich zum Angriff. Denn wenn Riccaut meint: »*Tous les gens d'esprit aiment le jeu à la fureur*«, so äußert er sich zwar auf Französisch, sagt jedoch keineswegs etwas, das dem französischen Verständnis von »esprit« schlechthin entspricht. Denn »*corriger la fortune*« hat auch im Französischen die Bedeutung von »Betrügen« beim Kartenspiel. Riccauts Verteidigung: »...betrügen? Betrügen? O, was ist die deutsch Sprak für ein arm Sprak! für ein plump Sprak«, kommt deshalb keinerlei Relevanz zu. Sie ist nichts als billigster Effekt, der individueller Schwäche eine ethnische Dimension aufzwingt.

Die Franzosen, wird Goethe in einem Gespräch mit Eckermann über »die neueste französische Literatur und der Franzosen zunehmendes Interesse an deutschen Werken« sagen, »haben Verstand und Geist, aber kein Fundament und keine Pietät! Was ihnen im Augenblick dient, was ihrer Partei zu gute kommen kann, ist ihnen das Rechte.« Als »Nation der Extreme« kennen sie in nichts »Maß«: Sie haben keine Prinzipien. Goethe zeiht den westlichen Nachbarn, wenn auch indirekt, der Wetterwendischkeit und Flachheit. 21 Jahre später griff Schopenhauer den Vorwurf in einem Brief auf und verschärfte ihn: »Man muß aber nicht vergessen, daß die Franzosen stets Franzosen bleiben, d. h. faul, leichtsinnig, windbeutlich.« Riccaut de la Marlinière hat nun ein ganzes Volk zu repräsentieren.

3. Poésie légère – schwer gemacht

Obwohl er aus Frankreich stammt, ist der Schöngeist eben doch die *deutsche* Erscheinungsform des Belesprit. Etwas von deutscher Gründlichkeit wurde auch ihm abverlangt. So stammt die Kulturströmung des Rokoko zwar aus Frankreich, das deutsche Bürgertum wußte sie jedoch eigenen Vorstellungen anzupassen. »Witz« erscheint als »Scherz«. Was ist Scherz? »Muntere, hüpfende Bewegung« bedeutete das Wort einst. Heute trifft der Sprachgebrauch keine konsequente Unterscheidung zwischen Scherz und Witz. Jener kenne kein anderes Ziel als sein eigenes Dasein, schreibt Jean Paul. Die »poetische Blüte seiner Nesseln« steche nicht, und von seiner »blühenden

Rute voll Blätter« fühle man »kaum den Schlag«. Man könnte sagen, daß Scherz »harmloser« sei als Witz, weniger originell wohl auch. Es müsse sich »eben nur so sagen lassen, wenngleich es ungebräuchlich, überflüssig, nutzlos ist, es zu sagen«, meint Freud von der scherzhaften Rede. Da beim Scherz die Weite des Sprungs geringer, die Kombination weniger gewagt ist, fällt auch das »Aha« des »Aha-Erlebnisses« schwächer aus. Wenn Freud den Scherz wie das Spiel mit Wort und Gedanke »Vorstufe« des Witzes nennt, so denkt er dabei an die Textsorte Witz.

Das Scherzhafte und Gefällige kann geradezu als Kennzeichen des deutschen dichterischen Rokoko gelten. Denn dessen witzig-tändelnde, lässig-leichtfertige, ja frivole Dichtung will vor allem »gefallen«. Sie ist betont gesellig, gefällt sich im Kleinen, Zierlichen. Lieblingswort Friedrichs von Hagedorn, eines der Hauptvertreter der Rokododichtung, war »das Gefällige«. Als seine »Gespielin« feierte er die Dichtkunst. Das Gefällige als das »einnehmende«, Schmiegsame, Höfliche. Auch wenn es eine Eindeutschung des »Graziösen« mit allen seinen Spielformen ist, läßt es sich, wie angedeutet, nicht ohne weiteres mit dem »Graziösen« französischer Prägung gleichsetzen.

In seinem Enzyklopädieartikel »*Grâce*«, »Anmut« (1757), war Voltaire davon ausgegangen, daß Ernsthaftes und Graziöses streng voneinander zu scheiden seien: »*Le sérieux n'est jamais gracieux.*« Die Deutschen dachten anders. Das »Frostige« des Witzig-Geistreichen soll erwärmt werden. Mehr Gemüt! lautet die Forderung. Die *poésie enjouée, poésie fugitive, poésie légère* erhält eine Spritze deutschen bürgerlichen Lebensernstes. Wie es in der bereits zitierten vielbändigen Poetik unserer Zeit heißt, vertieft sich »durch den erwärmenden Kraftzustrom deutschen Gemüts« »das Glitzernde und Blendende der Grazie« zum »Holdseligen und Anmutigen«. Was dem »kühl Tändelnden« solcherart zuteil wird, ist »Würde«, Ehrfurcht. Offenbar ist man überzeugt davon, die Dichtung bedürfe ihrer, wenn sie dem Anspruch des »Made in Germany« gerecht werden soll. Daß jeder, dem »anvertraut ward heiliger Genius«, das Verpflichtende dieser Gabe erkennend, sein Soll an Ehrfurcht erfüllt, darüber wachen nicht zuletzt die Vertreter des »Göttinger Hain«.

Man wollte eben *nicht* werden wie die Franzosen: brillant, virtuos, raffiniert und damit entartet, künstlich. Für »*jeux d'esprit*«, »witzige Spiele«, schreibt der junge Goethe in einem Brief an den einstigen Straßburger Tischgenossen Johann David Salzmann (6. März 1773), »haben wir keinen Sinn; unsere Sozietät und Charakter bieten auch keine Modelle dazu.« Nur: Gerade weil die Modelle fehlen, blickte man nach Frankreich. Rückschauend bedauert der Schweizer Bodmer den Hang Gleims, »ein Lied voll griechischer Einfalt mit einem französisch-witzigen Einfall« zu schließen. Die beiden Elemente wollen ihm nicht zusammenpassen. Nur durch Emporheben zum Seelenvollen der Anmut lasse sich das Reizvolle des Scherzes rechtfertigen, die Leichtigkeit und Leichtlebigkeit, die dem Rokoko als aus Frankreich kommend anhaftet. Salomon Gessner, der Idyllendichter, in dem Wieland einen »Esprit im besten Sinne« sah, verleiht dem Scherz »Sanftheit« und lockert, wie die Fachliteratur belehrt, die »Umklammerung« durch den Witz. Die Stürmer und Dränger vollenden den Befreiungsakt: Empfindung statt Witz: Genie. Von dem »Schöngeist« Wieland, einem der Großen des deutschen literarischen Rokoko und einem der witzigsten deutschen Dichter überhaupt, wird es dann heißen, er habe »nicht völlig die schöpferische Reinheit eines tiefergreifenden Dichtertums« erreicht.

»Herz« anstelle von Wielands »zersetzendem« Witz hatte Johann Fürchtegott Gellert seinem Leser zu bieten. Der Wegbereiter von Empfindsamkeit und Sturm und Drang als einer »nach innen gewendeten Aufklärung« (Gerhard Sauder) war der populärste Autor seiner Zeit. Goethe nannte das Werk Gellerts, das einen ungeheuren Einfluß vor allem auf die nichtgelehrten Schichten ausübte, »das Fundament der deutschen sittlichen Kultur«. Was ihn diesem nahebrachte, war Gellerts Begabung, »dem, der nicht viel Verstand besitzt, die Wahrheit durch ein Bild zu sagen«. Lesefreuden des deutschen Michel? Es sei »nicht das geringste gewesen, das Gellert auch späteren Generationen weiterzugeben vermochte«, daß er nicht nur im Theoretisieren vom »Herzen« sprach, sondern auch in seinen Dichtungen dem Volk »wirklich zum Herzen zu sprechen verstand«. Gellert war Kleinbürger wie seine Leser. Den Witz möchte er ersetzt haben durch das Herz, das Verstandesmäßige durch das Gemütvolle. Er ist überzeugt davon, daß die Philosophie die Würde der Poesie gefährde, das Gemüthafte, Gemütliche ihr indessen aufhelfe. Seine Lieblingsausdrücke waren denn auch »Herz« und »Genie«. »Ungekünstelter Anmut« und »natürlicher Einfalt« gilt seine Empfehlung.

Ein »stilles Lächeln« will der Volkserzieher Gellert seinem Leser entlocken, ihm zum Frohsinn des Herzens, zur moralischen Zufriedenheit verhelfen. Am Ende winkt die Sentimentalität. Daß man »Reichtum an Gemüt« am ehesten Menschen nachsagt, deren Gefühlskräfte sich auf Kosten ihrer Verstandeskräfte entwickelt haben, ist in nicht geringem Maße Gellerts Verdienst. »An Gellert, die Tugend und die Religion glauben«, sei beinahe eins, fanden 1772 die

Frankfurter Gelehrten Anzeigen. Andere nannten Gellert einen »seichten Schriftsteller«, der »seichten Köpfen« gefalle, belächelten seine Weichheit und Servilität. Auf Madame de Staël wirkten seine Schriften wie »schwerfällig gemachtes Französisch«. Zu einer Audienz bat Friedrich II. von Preußen den Dichter. Der mit dieser königlichen Gnade Bedachte hat den Dialog mit Friedrich später in einem Brief an den Freund Gottlieb Wilhelm Rabener beschrieben. Was daran auffällt, ist nicht zuletzt die völlige Abwesenheit von Witz.

4. Die gezähmte Melancholie

»Huart lesenswürdig, obgleich voll Cruditäten, und kühner unerweislicher Hypothesen«, notiert sich der Physiognomiker Johann Kaspar Lavater. Gemeint ist der spanische Renaissance-Arzt Juan Huarte, dessen Werk *Examen de Ingenios para las Ciencias* (1575) im 18. Jahrhundert wiederentdeckt wurde und so sehr von sich reden machte, daß Lessing es 1752 übersetzte. In dieser *Prüfung der Köpfe zu den Wissenschaften* klassifiziert der Humoralpathologe Huarte die verschiedenen menschlichen Begabungen und die ihnen entsprechenden Wissenschaften. Denn es komme darauf an, daß jeder in dem Beruf wirkt, der seiner Begabung angemessen ist. Ausgehend von den natürlichen Primärqualitäten Wärme, Feuchtigkeit und Trockenheit des Gehirns, gelangt der »Kopfprüfer« Huarte zu dem Ergebnis, daß von der Wärme die Einbildungskraft, von der Feuchtigkeit das Gedächtnis und von der Trockenheit der Verstand abhänge. Huarte stützt sich auf die traditionelle Melancholie-Lehre, insbesondere auf das pseudo-aristotelische Melancholie-Konzept, wonach die *melancholia adusta*, die »verbrannte schwarze Galle«, Genies hervorbringt. In der Hitze wie Kälte spendenden, stets trockenen *melancholia adusta*, »jener erlesenen Mischung aus schwarzer Galle, Blut und Galle« (Hans-Jürgen Schings) sieht er die Ursache für »Ingeniosität«. Glänzend wie ein Achat bringt sie Licht in das Gehirn dessen, der über sie verfügt. Eine bahnbrechende Idee. Die Melancholie war nämlich überwiegend negativ beurteilt worden, als »Krankheit«, und der Melancholie-Verdacht diente als Waffe gegen die »Schwärmer« und »Enthusiasten«. Daß Huartes Hypothese zurückgeht auf den italienischen Arzt und Philosoph Ficino, dürfte hier unerheblich sein. Was uns interessiert, ist ihre Anwendung auf die Charakterlehre.

In seiner Dialogsammlung *Unterhaltungen zwischen Aristide und Eugène* (1671) stellt der im Zusammenhang mit der Frage »Ob ein

Der glückliche Dichter

Ein Dichter, der bei Hofe war –
»Bei Hofe? was? bei Hofe gar?
Wie kam er denn zu dieser Ehre?
Ich wüßte nicht, was ein Poet,
Ein Mensch, der nichts vom Recht und Staat versteht,
Was der bei Hofe nötig wäre?« –
»Was ein Poet bei Hofe nötig ist?
Ja, Freund, du hast wohl recht zu fragen.
Mich ärgert's, daß August zween Dichter gern vertragen,
Die man doch jetzt kaum in den Schulen liest.
Was ist's denn nun mit zehn Racinen
Und Molièren? Nichts, gar nichts! Der eine macht,
Daß man bei Hofe weint, der andre, daß man lacht.
Das heißt dem Staate trefflich dienen;
Dadurch wird ja kein Groschen eingebracht.«
Doch, auf die Sache selbst zu kommen:
Ein Dichter, den der Hof in seine Gunst genommen,
Schlief einst bei Tag im Louvre ein. –
Wieso? War er berauscht? Das kann wohl möglich sein;
Man hat in Frankreich guten Wein,
Und Dichter sollen insgemein
Von Wahrheit, Liebe, Witz und Wein
Sehr gute Freund' und Gönner sein.
Ich mag die Welt nicht Lügen strafen,
Drum sag' ich weder ja noch nein.

Gnug, der Poet war eingeschlafen,
Und war nicht schön, das man wohl merken muß:
Doch gab die Königin, den Schlaf ihm zu versüßen,
Ihm im Vorbeigehn einen Kuß.
»Was,« rief ein Prinz, »den blassen Mund zu küssen?« –
»Blaß,« sprach die Königin, »blaß ist er, das ist wahr;
Doch sagt der Mann mit seinem blassen Munde
Mehr Schönes oft in einer Stunde
Als Sie, mein Prinz, durchs ganze Jahr.«

Johann Fürchtegott Gellert

Deutscher Witz haben könne« erwähnte französische Abbé Bouhours
nicht nur die These auf, die *bel esprit*, Schöngeist, genannte Erscheinungsform des geistreichen Menschen, *le bon sens qui brille* – der ge-
sunde Menschenverstand mit Glanz, sei letztlich nur in Frankreich
anzutreffen; er geht auch der Frage nach, welche Bedingungen erfüllt

sein müssen, damit »Schöngeist« entsteht. Aristide entwirft eine Physiologie des Schöngeists. Er komme zustande durch einen »wohlgeformten und gut proportionierten Kopf; ein wohltemperiertes und mit einer feinen Substanz gefülltes Gehirn; eine glühende und leuchtende Galle, befestigt von der Melancholie und besänftigt vom Blut. Die Galle gibt das Glänzende und das Durchdringende; die Melancholie gibt den gesunden Menschenverstand und die Zuverlässigkeit; das Blut gibt das Angenehme und Feine.«

Auf Eugènes Einwände hin beschreibt Aristide noch einmal im einzelnen, wie sich im Gehirn die »*spiritus*« von Blut und Galle entzünden und jenen trockenen Glanz erzeugen, der die Seele »weise und ingeniös« mache. Die »*spiritus*«, die »Lebensgeister«, sind die allerfeinsten, lebhaftesten Teilchen der Materie. Die Flamme, die sie entfachen, »ist die feinste, die lebhafteste, die feurigste, die es in der Natur gibt: Denn sie erhellt die Vernunft und sie wärmt zugleich die Einbildungskraft«.

Noch immer hat Eugène Bedenken. Aristide sucht deshalb Zuflucht bei dem scholastischen Theologen Abälard. Als ihn Heloïse, seine Geliebte, nach der »Prüfung der Köpfe« fragte, habe er im Anschluß an Paulus 1. Kor. 13 geantwortet, auch wenn das »Wort« Einblick in Gottes Wesen und Denken gebe, so eben doch nur wie ein Spiegel: Nicht die leibhaftige Person biete er dar, sondern ein oberflächliches Bild. Von der Qualität der Lebensgeister hänge es ab, wie klar der Spiegel sei. Auf den Belesprit angewandt heißt das: »die mit Blut gemischte Galle« bildet »im Gehirn eine Art glänzender und leuchtender Spiegelfläche..., die der Melancholie als Untergrund diene«. Der Spiegel ist in seinem Fall besonders klar, das Bild scharf.

Weil die Melancholie, von der Bouhours spricht, ihres düsteren, enthusiastischen und gefährlichen Charakters ledig ist, sind ihre verhängnisvollen, den Enthusiasmus befeuernden Auswirkungen gebannt. Sie gibt sich als eine »gezähmte« Melancholie, fortschrittlich und keineswegs mehr Charakteristikum der Außenseiter und Schwärmer. Spaltung der Melancholie in eine »helle« und eine »dunkle«, in eine trocken-warme und eine trocken-kalte Richtung schafft zugleich zwei Arten von Genialität: den (warmen) genialen Kopf und den (kalten, sprich: kaltsinnigen). In Bouhours' Dialog wird der Dualismus auf das Verhältnis Deutschland-Frankreich übertragen. Die Frage »Ob ein Deutscher Witz haben könne« schließt ein die Frage: Ob ein Deutscher der »gezähmten« Melancholie fähig sei.

Man tut gut daran, sich an dieser Stelle zu erinnern, daß Genie als Übersetzung von lat. *ingenium* ursprünglich ein Synonym für Witz,

Geist, »Mann von vielem Kopf« bzw. »Kopf« ist. Witz wiederum umschließt Einbildungskraft wie Scharfsinn, Phantasie wie Verstand, Bild wie Begriff. In diesem Sinn ist er Sache des »hitzigen« wie des »kalten« Kopfes. Weshalb Kant den Franzosen Enthusiasmus *und* Vernunft bestätigt. Doch während im Begriff *esprit* »*imagination*« und »*intelligence*« zur Harmonie fanden, bevorzugten die Deutschen das Extrem. Sie seien, wie Voltaire im *Philosophischen Wörterbuch* schreibt, unfähig, so gegensätzliche Momente zu vereinen wie Leichtigkeit und Genauigkeit, Wohlklang und Sinnträchtigkeit, Kürze und Klarheit, Einfachheit und Anspruch, Reinheit, Naivität und »*je ne sais quoi de fin et de piquant*«.

Die Originalität der Einbildungskraft, definiert Kant, heiße »Genie«, »wenn sie zu Begriffen zusammenstimmt«. Stimme sie nicht zusammen, so sei sie »Schwärmerei«. Kants Genie liegt ganz nahe beim Witz, während das, was er »Schwärmerei« nennt, sich mit dem Genie berührt. Mit andern Worten: kaltes (sprich: kaltsinniges) Genie gegen feuriges, »*semblable à la divinité*«, wie Diderot es nennt. So heißt es in der Genie-Rede von Schillers Lehrer Jakob Friedrich Abel: »Der Schwärmer, der Narr nennt seine Sprünge, seine Ausschweifungen Genie, der kaltblütige Gesetzte seine räsonierende Vernunft.« Das Feuer des Genies wird zum Signal der Rebellion, die Kühle des Belesprits zum Signum der Konvention. Die »neue Generation« von Genies gewann in Deutschland die Oberhand. Sie verstanden sich als »Dolmetscher der Natur« wie als »Sterbliche mit Götterkraft«. Die schöpferische Gabe dieser Originalgeister und Außenseiter – in Wirklichkeit sind sie nicht die Außenseiter, sondern die deutschen Insider – ist ihr Dämon, das, was Eichendorff »Ahnungsvermögen, Divination, Instinkt« nennt. Deshalb warnt Diderot, nach Deutschland orientiert, im »Salon« von 1765 vor jenen, »die ihre Taschen voll von Witz (*esprit*) haben und ihn bei jeder Gelegenheit aussäen. Sie haben keinen Dämon; sie sind nicht traurig, düster, melancholisch und stumm; sie sind weder linkisch, noch sind sie Narren«. Sie sind witzige Köpfe, keine Genies, verwandt jenen Deutschen, die, wie Wieland, als »undeutsch« gelten. In der Vorrede zu *Musarion* bezeichnet Wieland »das Gleichgewicht zwischen Enthusiasmus und Kaltsinnigkeit«, den »leichten Scherz«, wodurch »das Überspannte, Chimärische (die Schlacken, womit Vorurteil, Leidenschaft, Schwärmerei und Betrug beinahe alle sittlichen Begriffe der Erdenbewohner zu allen Zeiten mehr oder minder verfälscht haben) vom Wahn abgeschieden werden« als »Lineamente« seines »eigenen Geistes und Herzens«.

Susanna

Susannens Keuschheit wird von allen hochgepriesen;
Das junge Weib, das jeder artig fand,
That beyden Greisen Widerstand,
Und hat sich keinem hold erwiesen.
Ich lobe, was wir von ihr lesen;
Doch räumen alle Kenner ein,
Das Wunder würde größer seyn,
Wenn beyde Buhler jung gewesen.

Friedrich von Hagedorn

5. Witz als Zivilisationskrankheit

Witz, heißt es, leuchte auf wie ein Blitz. In seinem Licht gehen Dinge
Verbindungen ein, die zuvor als getrennt galten. Neben dem Genie
schrumpfe der Witz zum Talent. Es habe eben nur Einfälle, nicht
Ideen wie das Genie, meint Kant. Einen Vergleich mit einem Schützen läßt Schopenhauer sich einfallen: Treffe das Talent ein Ziel, das
die übrigen nicht erreichen können, so das Genie eines, das »sie nicht
einmal zu sehen vermögen«. Es ist der gleiche Schopenhauer, der ironisch anmerkt, für das praktische Leben sei das Genie so brauchbar
wie ein »Stern-Teleskop im Theater«. Wie Witz und Gesellschaft zu-
sammengehören, so Genie und Einsamkeit. Das Genie »reife« in der
Einsamkeit. Auch in dieser Zuordnung begegnen uns die Vorstellungen von »natürlich« und »künstlich«, die in der Abgrenzung von »Kultur« und »Zivilisation« eine so fatale Rolle gespielt haben.

Wie eine Pflanze sei das Genie seiner Vollendung entgegengewach-
sen. Denn es ist, wie der Engländer Edward Young sagt, von »pflanz-
licher Natur«. Deswegen tragen seine Werke »das Gepräge der Natur
selbst«. Man bewundert an ihm, daß es, erfüllt »von der heiligen Glut
des Enthusiasmus«, die »gewöhnliche Laufbahn des Verstandes« zu
»neuen, unbetretenen Wegen« verlassen habe. Im Verhältnis zum
»großen Haufen« sind die Genies die »eigentlichen Führer der Menschen«. Zum Bild der Pflanze tritt das des Sterns. Beide ergänzen
einander: Tiefe und Höhe. Es geht ums Ganze.

Zum Leitbild und Muster wird Shakespeare erhoben. Lessing stellt
ihn den Franzosen gegenüber. Die französischen »Stümper« und
»bloß witzigen Köpfe« versuchten nur aufzufallen und zu überreden,
sie häuften die »unerwartetsten und seltsamsten Ereignisse« an, wäh-

rend das Genie diese jeweils übergehe, »Zufall« und »Ungefähr« im Namen der »Notwendigkeit« ausschließe. Verglichen mit der Galanterie und Politik, die uns Deutsche kalt ließen, mit dem Artigen, Zärtlichen und Verliebten, der »kalten Einförmigkeit«, durch die »der gute Ton, die ferne Welt, die Hofmanier und wie dergleichen Armseligkeiten mehr heißen, unfehlbar einschläfern«, verkörpert Shakespeare »das Große, Schreckliche, das Melancholische«.

Lessings Wertschätzung der Melancholie, die ursprünglich den Lastern zugeordnet wurde, verurteilt als Ausdruck von Mißvergnügen, entspricht seinem Überwechseln ins Lager der Witz-Gegner. Denn Kritik an der Melancholie, ihren enthusiastischen und fanatischen Konsequenzen, die im Belesprit, wie wir im vorhergehenden Kapitel gesehen haben, »unschädlich« gemacht sind, gehört geradezu zur Definition von Aufklärung. So gibt es nicht weniger eine »bürgerliche« Melancholie wie eine »bürgerliche« Kampfansage gegen sie: Das »Feuer des Genies« gegen die »Kaltsinnigkeit des Schöngeists«. Wir stehen an der Schwelle zu einer neuen Entwicklungsstufe des deutschen Dramas: jener des bürgerlichen Theaters. Ein Bruch vollzieht sich. Das Genie, hervorgehend aus dem Grund der Natur, »gleich einem reißenden Strome sich selbst seinen Weg durch die größten Hindernisse« arbeitend, wird zum schaffenden Organ von Dichtung und Kunst. Ob ein Deutscher Witz haben könne, hatte die umstrittene Frage gelautet. Die Antwort heute: Nicht Witz hat er und soll er haben, sondern Genie. Was sei schon ein Corneille, Racine oder gar Voltaire gegen Sophokles, Euripides, gegen einen Shakespeare?

Die vielzitierte Begegnung mit dem Straßburger Münster habe Goethe von seinem Vorurteil befreit, das Gotische sei »mißgeformt«. Begeistert nennt der junge Dichter das Genie einen »Gesalbten Gottes«. Zu dessen Wesensmerkmalen gehöre »Fülle des Herzens«. Für seinen »Lehrer« Herder stemmt sich das Genie der Schwäche, Knechtschaft, Üppigkeit und Lüsternheit der Zeit entgegen. Als Folge des »gesunkenen Geschmacks« sei die Kunst jetzt »ohne Natur«, »abenteuerlich« und »eckel«. Die wahren großen Triebfedern der menschlichen Natur, die Leidenschaften, »das Weltmeer aller großen Tugenden und Handlungen und Laster«, seien aus einer »lebendigen Quelle« zum »elenden Springwerk der Kunst« geworden. Der antizivilisatorische, auf Abgrenzung gerichtete kulturpatriotische Affekt in Herders Ausführungen wirkt aufdringlich und peinlich.

Andere nehmen noch weniger ein Blatt vor den Mund. Nur wenige Jahre vor Herder und Goethe hatte der Arzt Johann Ulrich Bilguer *Nachrichten an das Publikum in Absicht der Hypochondrie* (1767) ver-

Der kalte Adam lag in Evens warmer Schoss'
Ohn allen Reitz, so lang' als beyde waren bloss;
Allein so bald ein Blatt deckt Evens enge Spuhr,
Da regt' in Adam sich die schuldige Natur,
Was, als es offen lag, verachtet oder nicht
Erkant war, ward verdeckt mit Eyfer aufgesucht,
Und Adam schmeckt', als wär's auch wieder seine Pflicht,
Wie die verbotne Erst, so die verdeckte Frucht.

Christian Wernicke

öffentlicht. An Rousseaus Kulturdiagnose anknüpfend, führt er darin Klage über die »fast allgemein herrschende stolze Nachahmung oder Affectation der Personen von geringem, mittlerem und ungelerntem Stande, um entweder den Vornehmen oder den Gelehrten, wie in vielen anderen Stücken, also auch in Ansehung der Zärtlichkeit, der Weichlichkeit und der kränklichen Lebensumstände gleich zu seyn«. Bilguers Philippika warnt vor Wohlstandsstreben, Verfeinerung und Verweichlichung (»Erschlaffung«), kurz, vor »künstlichem Zwang« und »Üppigkeit«, wie sie in der Welt des Adels und bei den Franzosen herrschten, und appelliert an den »gesunden Verstand« des Bürgers. Hecke der »feine Verstand« der Zivilisation nicht Witzlinge und Vernünftler aus? Für den Arzt Bilguer steht fest, der Zeitgenosse ist der »Einfalt und Genügsamkeit der Natur« untreu geworden. Sein Verstand, gesund, »in so ferne er zu den Notwendigkeiten und den einfältigen Vergnügungen des Lebens« zureicht (Kant), gebrauche er »zu der gekünstelten Üppigkeit« »im Genusse oder in den Wissenschaften«. Statt »gesunden Verstandes« – »feiner Verstand«. Und, was dieser auch ist – Witz.

Wenn Kant den Charakter der Deutschen als »mit Verstand verbundenes Phlegma« definiert – wobei unter Phlegma »das Talent richtigen Verstandes und tief nachdenkender Vernunft« zu verstehen sei –, und dem Menschen mit gesundem Verstand bescheinigt, seine »Trägheit« verleihe ihm Mäßigung und bewahre ihn davor, »eitel« oder »aufgeblasen« zu sein, so ist dies durchaus ernstgemeint. Weil in seinen Kopf »niemals einiger Witz Eingang findet«, so sei er auch »gegen Aberwitz gut verwahret«. Wer denkt in diesem Zusammenhang nicht an den deutschen Michel und das Motto: »Lieber dumm als verdorben!«

6. »Mit dem Hohen nichts gemein...«

Schlag zwölf soll er aus seinem Zimmer getreten sein, sich an den Tisch gesetzt, gegessen und stillschweigend getrunken haben. Stumm wie er gekommen sei, habe er nach dem Essen den Raum verlassen. Die Rede ist nicht von irgendeinem Kauz, sondern von dem deutschen Dichter Heinrich Wilhelm von Gerstenberg, der in seiner Jugend zu den Wegbereitern der Epoche des Sturm und Drang gehört hatte. Ihm und Lenz ist die endgültige und lautstarke Ablösung des Witzprinzips zuzuschreiben. Er glaube, schreibt der von Goethe als »schönes, aber bizarres Talent« Bezeichnete, daß man den »Scheideweg«, wo sich das »dichterische Genie« von dem »schönen Geist oder bel esprit« trennt, noch nicht »aufmerksam genug« untersucht habe. Lange genug habe man Genie und Schöngeist verwechselt. Das Genie, als der wahre Dichter, meint Lenz, brauche »die Sinne« nicht »mit Witz und Flittern zu fesseln«, wie die französischen Schauspieler es täten. Diese suchten »wie eine geschickte Kokette durch äußeren Putz« zu unterhalten. Sie wirkten auf den Beobachter wie eine »Champagnerbouteille«, »nachdem der Zapfen heraus ist«. Gleichsetzung von Schöngeist mit »Pillenversilberer, Bettwärmer, Brustzuckerbäcker« läßt kaum noch ein gutes Haar am Witz.

Zu der Zeit, als Gerstenberg in seinen *Briefen über Merkürdigkeiten der Literatur* (1766 f.) zwischen »wahrem« und »falschem« Genie zu unterscheiden fordert, war der junge Goethe Student der Rechte in Leipzig. Er liebte und schätzte das Spielerische und Leichte, das so oft, weil es »leicht« ist, für wesenlos gehalten wird. Das gesellige witzige Sprechen, wie es in Leipzig, dem »Klein Paris« der damaligen Zeit, gepflegt wurde, lag ihm. Im tändelnden Spiel verbanden sich Leuchtkraft des Gedankens und Treffsicherheit des Ausdrucks, gipfelten in überlegener Pointe. So heißt es in dem frühen Gedicht »Die schöne Nacht«, das den »Neuen Liedern« (1770), Goethes ältester gedruckter Gedichtsammlung, zugehört:

> Wie ergetz ich mich im Kühlen
> Dieser schönen Sommernacht!
> O wie still ist hier zu fühlen
> Was die Seele glücklich macht!
> Läßt sich kaum die Wonne fassen;
> Und doch wollt ich, Himmel, diese
> Tausend Nächte lassen,
> Gäb mein Mädchen *eine* mir.

Im Schatten des Straßburger Münsters wendet Goethe sich dann, von Herder beeinflußt, vom Gedanken- und Formenspiel des Witzigen ab. Der witzige Einfall verliert für ihn an Anziehungskraft, wird zum bloßen »Schein des Augenblicks«, zur »Schmeichelei«, die sich »künstlich« ans Ohr schmiege. In den *Noten und Abhandlungen zum westöstlichen Divan* (1797) stellt der Dichter Geist gegen Esprit. Der Esprit, schreibt Goethe, sei »selbstsüchtig, selbstgefällig, wovon der Geist ganz frei bleibt«. Der Belesprit wird abgetan als »brauchbarer Kopf«. Er folge der Konvention, der Mode. Es gebricht ihm an Charakter, Persönlichkeit – wie den Franzosen.

Sobald eine Nation »poliert« sei, schreibt Goethe in seiner Besprechung einer aus dem Englischen übersetzten *Charakteristik der vornehmsten Europäischen Nationen*, habe sie »konventionelle Wege, zu denken, zu handeln, zu empfinden«, höre sie auf, »Charakter zu haben«. Der Druck gesellschaftlicher Verbindungen und »tausend andere Dinge« ließen den polierten Menschen und die polierte Nation nie »ein eigenes Geschöpf« sein. Sie betäubten »den Wink der Natur und verwischten jeden Zug«, aus dem ein »charakterliches Bild« gemacht werden könnte. Absage an den glättenden Prozeß der Zivilisierung ist zugleich Widerstand gegen Europäisierung der deutschen Kultur. Der Thomas Mann der *Betrachtungen eines Unpolitischen* (1918) wird einen scharfen Trennungsstrich ziehen zwischen (deutscher) Kultur und (westlicher) Zivilisation, die er als »undeutsch« beschreibt.

Und Schiller? Schriftsteller, die »mehr Witz als Verstand« besäßen, urteilt der Verfasser der »Glocke«, machten sich nur allzu oft der »Betrügerei« schuldig. Sie opferten das »innere Wesen« dem »äußeren Eindruck« auf. Ihr leichtes Spiel atme den Geist der Oberflächlichkeit und Frivolität, der bei solchen Ständen und in solchen Zirkeln gedeihe, die sich der »höchsten Verfeinerung« rühmten. Es ist die Welt jener, die nach Frankreich blicken. Deshalb könne ein Mann wie Voltaire uns zwar »als witziger Kopf belustigen, aber gewiß nicht als Dichter bewegen«. In dem philosophischen Gedicht »Das Mädchen von Orleans« (1802) kennt ein keineswegs mehr jugendlicher Schiller – er ist jetzt 43 Jahre alt – kein Halten mehr. Während Goethe zu den Bewunderern von Voltaires umstrittenem heroisch-komischen Epos *Die Jungfrau von Orleans* (1762) gehört, lehnt Schiller es radikal ab. Die »heilige Johanna« als Gegenstand einer witzig-ironischen Parodie? Zornbebend weist der Schöpfer der »romantischen Tragödie« *Die Jungfrau von Orleans* den respektlosen Voltaire in die Schranken:

Das edle Bild der Menschheit zu verhöhnen,
Im tiefsten Staube wälzte dich der Spott,
Krieg führt der Witz auf ewig mit dem Schönen,
Er glaubt nicht an den Engel und den Gott,
Dem Herzen will er seine Schätze rauben,
Den Wahn bekriegt er und verletzt den Glauben.

Daß Schiller die Abgrenzung des Witzes gegen das »Hohe« nicht nur auf ästhetisch motivierte Notwendigkeit, sondern auch als nationales Bedürfnis verstanden wissen will, geht aus dem Entwurf gebliebenen Gedicht »Deutsche Größe« (1797) hervor. Es gilt als Zeugnis für Schillers »Ansicht von der humanitären Aufgabe der Deutschen«.

»Nicht aus dem Schoß der Verderbnis, nicht am feilen Hof der Könige schöpfte sich der Deutsche eine trostlose Philosophie des Eigennutzes, einen traurigen Materialismus, nicht da, wo die Meinung Tugend präget, wo der Witz die Wahrheit wägte ... Denn der Witz hat mit dem Schönen, mit dem Hohen nichts gemein!«

Welcher »Damm« werde die französischen Laster aufhalten, hatte Lessing gefragt. Schiller weiß die Antwort: Die Deutschen bauen ihn. Vom Weltgeist »erwählt«, »während des Zeitkampfes an dem ewigen Bau der Menschenbildung zu arbeiten«, ist ihnen das »Höchste« bestimmt.

Zu fragmentarisch ist Welt und Leben –
Ich will mich zum deutschen Professor begeben.
Der weiß das Leben zusammenzusetzen,
Und er macht ein verständlich System daraus;
Mit seinen Nachtmützen und Schlafrockfetzen
Stopft er die Lücken des Weltenbaus.

Heinrich Heine

7. Kein Witz »von Frankfurt an bis Wien«

Mit Scharfsinn und Laune lege er seine Beobachtungen des menschlichen Herzens dar, doch kenne er es eigentlich nur, wie es sich »aus dem Standpunkt der kleinen Städte Deutschlands« beurteilen lasse. Seine »Sittengemälde« hätten oft »zuviel Unschuld« für unsere Zeit. Der »moderne und berühmte Schriftsteller«, von dem Madame de

Staël hier spricht, ist Jean Paul. Mit seinem Roman *Hesperus* (1795) war der Dichter zum Publikumsliebling geworden. Goethe und Schiller interessierten sich für ihn, Herder und Wieland wurden seine Freunde. »Ich habe ihn ziemlich gefunden, wie ich ihn erwartete«, schrieb Schiller über ihn an den Freund Goethe am 28. Juni 1796: »fremd wie einer, der aus dem Mond gefallen ist, voll guten Willens und herzlich geneigt, die Dinge außer sich zu sehen, nur nicht mit dem Organ, womit man sieht.«

Schade, meint die französische Autorin, daß »nichts von dem, was er geliefert«, die »Grenzen der deutschen Zunge« zu überschreiten vermöge. Jean Paul sei einfach zu deutsch, und man müsse sich »in unsern neueren Zeiten auf einen europäischen Standpunkt erheben«. Man möchte Jean Paul bitten, schreibt Madame de Staël, »seltsam« nur da zu sein, wo er einfach nicht anders könne. Sie fühle sich an die Töne der Harmonika erinnert, die anfangs entzücken, aber nach kurzer Zeit peinlich würden, »weil ihrem erschütternden Reiz kein bestimmter Gegenstand entspringt«. Seine »Scherze« seien typisch deutsch, nämlich »philosophisch«, sie hätten mehr mit den Dingen und mit den Büchern zu tun als mit den Mitmenschen.

Der Zugang zu Jean Pauls Werk ist schwierig. Der Verzicht des Autors auf eine streng komponierte und logisch motivierte Handlungsführung erweckt den Eindruck von Formlosigkeit und bewirkt Widerspruch zwischen kaum überblickbarer Erzählstruktur und der Bereitschaft, wie Georg Lukács es nennt, sich »kleinbürgerlich« mit der »elenden deutschen Wirklichkeit« zu versöhnen. Friedrich Schlegel hat so unrecht nicht, wenn er Jean Pauls Romane als »Selbstgespräche« bezeichnet, als Monologe. Humoristische Subjektivität kennzeichnet sie.

Jean Paul wird nicht müde, darauf hinzuweisen, daß der Humorist den Blick auf sich selbst richtet, um das Ungereimte der Welt und der Menschen am eigenen Ich aufzudecken. Sein Lächeln gilt der Menschheit und sich selbst. In dem schmerzlichen Gefühl irdischer Unzulänglichkeit, das er empfindet, wechselt Lächeln der Rührung mit Lachen der Heiterkeit. Scherz und Ernst durchdringen einander – zum Lächeln unter Tränen. Wenn Witz eine Gabe des Verstandes ist, so Humor eine des Herzens. Wie kommt es, könnte im Vorübergehen gefragt werden, daß auch Mangel an Humor als Eigenheit der Deutschen gilt? Führt man sich das in den ersten beiden Teilen dieses Buches Dargelegte vor Augen, so dürfte sich auch auf diese Frage eine Antwort zumindest abzeichnen.

Witz tritt bei dem einst eifrig gelesenen Rousseau-Verehrer in den

Dienst humoristischer Subjektivität. In der *Vorschule der Ästhetik* (1804) hat Jean Paul das seit der Periode des Sturm und Drang zunehmend diskreditierte Verstandesvermögen Witz gegen die von England herüberwirkende, neu sich etablierende Haltung des Humors abgegrenzt. Auch wenn in seinem Humor empfindsames Gefühl und satirischer Witz verschmelzen, sind Witz und Humor Gegenpole für ihn. Während der Witz nur Kontraste *innerhalb* der Welt entdecke, lebe Humor aus dem Kontrast der endlichen Welt mit der Idee. Als, vereinfachend gesagt, die Fähigkeit zu relativieren, ist er »überwundenes Leiden an der Welt«. Im Humor werde das Endliche der unendlichen Idee kontrastiert und so aufgehoben. »Wenn der Mensch, wie die alte Theologie tut, aus der überirdischen Welt auf die irdische herabschauet: so zieht diese klein und eitel dahin; wenn er mit der kleinen, wie der Humor tut, die unendliche ausmisset und verknüpft: so entsteht jenes Lachen, worin noch ein Schmerz und eine Größe ist.«

Jean Paul sieht im Witz einen »verkleideten Priester, der jedes Paar kopuliert«. Diese berühmt gewordene Formulierung hat Friedrich Theodor Vischer mit dem geistvollen Zusatz versehen: »Er traut die Paare am liebsten, deren Verbindung die Verwandten nicht dulden wollen.« Das witzige Kombinieren des scheinbar Unvereinbaren, seine Verklammerung an einem Vergleichspunkt läßt blitzartig einen völlig neuen Zusammenhang aufscheinen. Als Beispiel für gelungenes witziges Kombinieren führte Lessing die Anekdote vom gedemütigten Eduard II. an. Als ihm selbst das warme Wasser zum Rasieren vorenthalten wurde, fielen die heißen Tränen, die er darüber weinte, in die kalte schmutzige Brühe und wärmten sie auf.

Auch wenn Jean Paul den Deutschen den »Geschmack« für den Witz abspricht, sieht er bei ihnen wenigstens die »Anlage« dazu gegeben. Doch was nütze diese, wenn ihr »die Freiheit« zur Entfaltung fehle. Denn »Freiheit gibt Witz (also Gleichheit) und Witz gibt Freiheit«. Noch niemand hatte diese gegenseitige Abhängigkeit so deutlich ausgesprochen. Jean Pauls Eintreten für den Witz entspricht seiner Kritik an fürstlicher Willkür und am Despotismus. Es ist nicht zu trennen von seinem Bekenntnis zu den Zielen der Französischen Revolution.

In der *Kleinen Nachschule zur ästhetischen Vorschule* macht der Dichter Jean Paul zur Rechtfertigung der »deutschen Sprach*un*kunst« darauf aufmerksam, daß es bei den Deutschen »Gesetz« sei, mit Witz zu sparen. Witz sei aber nun einmal »zu allen Dingen« nütze: als Abkürzung des Verstandes, besonders da, wo dieser eben allein zu reden habe. Lieber häuften die Deutschen »Phantasie am unrechten Ort, als Witz am rechten, lieber Bilder, als Salz«. Und dies, obgleich Bilder

1649–1793–???

Die Briten zeigten sich sehr rüde
Und ungeschliffen als Regicide.
Schlaflos hat König Karl verbracht
In Whitehall seine letzte Nacht.
Vor seinem Fenster sang der Spott
Und ward gehämmert an seinem Schafott.

Viel höflicher nicht die Franzosen waren.
In einem Fiaker haben diese
Den Ludwig Capet zum Richtplatz gefahren;
Sie gaben ihm keine Calèche de Remise,
Wie nach der alten Etikette
Der Majestät gebühret hätte.

Noch schlimmer erging's der Marie Antoinette,
Denn sie bekam nur eine Charrette;
Statt Chambellan und Dame d'Atour
Ein Sansculotte mit ihr fuhr.
Die Witwe Capet hob höhnisch und schnippe
Die dicke habsburgische Unterlippe.

Franzosen und Briten sind von Natur
Ganz ohne Gemüt; Gemüt hat nur
Der Deutsche, er wird gemütlich bleiben
Sogar im terroristischen Treiben.

Der Deutsche wird die Majestät
Behandeln stets mit Pietät.
In einer sechsspännigen Hofkarosse,
Schwarz panaschiert und beflort die Rosse,
Hoch auf dem Bock mit der Trauerpeitsche
Der weinende Kutscher – so wird der deutsche
Monarch einst nach dem Richtplatz kutschiert
Und untertänigst guillotiniert.

Heinrich Heine

»durch ihren leichtern und häufigern Fund« weniger reizten als
»Salz«. Als Folge solcher Enthaltsamkeit wohne in den öffentlichen
Reden und Verhandlungen der Engländer und Franzosen mehr Witz
als in denen der Deutschen, »wo gar keiner vorkommt, von Frankfurt
bis nach Wien ...« Was die Deutschen brauchten, sei eine »witzige
Kultur«. Welche Spiele könnten wir gewinnen, wenn wir unsere »ein-
siedlerischen Ideen« los wären!

8. Auf zum Göttlichen...

Eine Jugend- und Protestbewegung war die deutsche Romantik. In ihrer Frühphase, der Jenaer Romantik, verstand sie sich als Fortbildung der Weimarer Klassik; das nationale Bildungsprogramm ihrer Hochphase, der Heidelberger Romantik, richtet sich vor allem gegen Frankreich und die Aufklärung. »Fremde Eroberer« nennt Eichendorff, Vater des »Taugenichts« und selber Erzromantiker, in seiner *Geschichte der poetischen Literatur Deutschlands* (1857) die großen Aufklärer Rousseau und Voltaire. Sie hätten die »Geistesverwirrung« in Deutschland zur »Invasion« benutzt. »Der immer redliche Rousseau übertölpelte uns durch stürmische Beredsamkeit mit seinem wilden Naturstaat ohne positiven Glauben, während der stets heimtückische Voltaire... uns mit einem reinen Vernunftstaate überbaute, wo verfeinerte Kultur, eine wohlgeordnete Polizei und etwas Konfuziussche Sittenlehre alle Religion vertreten und überflüssig machen sollte.« Beides sei »eitel Materialismus«: »die Prosa des Denkens«, mit der sich der »überall poetisch gestimmte Deutsche« niemals für die Dauer vertrage.

Mit dieser Frankreich-Schelte will nur schwer zusammenstimmen, daß ein anderer führender Kopf der Romantik, Friedrich Schlegel, Sympathisant der Französischen Revolution war. Aber er wurde eben sechzehn Jahre *vor* Eichendorff geboren. Der bedeutende Theoretiker, als Radikaler verschrieener Verfasser des Skandalromans *Lucinde* (1799), dem jedes starre Denken ein Greuel war, erhebt den Witz zum »hohen Formprinzip« der Kunst: Er sei »die Erscheinung, der äußere Blitz der Phantasie«, der Erzeuger der Poesie. Als »kombinierenden Geist« feiert Schlegel ihn in seinem Essay über Lessing, zu dem er sich schon früh hingezogen gefühlt habe. Was ihn noch immer an dem Dichter des *Nathan* fessele, sei die »Mischung von Literatur, Polemik, Witz und Philosophie«. Der Witz sei der Faden, der Lessings fragmentarische Schriften zusammenhalte. Als »Kraft des Denkens« sei er die Einheit von Verstand und Phantasie, Rationalem und Irrationalem, Künstlichem und Natürlichem. Schlegel sieht in ihm eine »Universalchemie«, die über die Kraft zur »Vereinigung« verfügte. Damit kann Witz zu einem Schlüsselbegriff der Romantik werden. Er ist der große »Bindestrich«, der Vermittler – ja, er ist die romantische Poesie schlechthin. Aller Witz, heißt es im Athenäum-Fragment 220, sei Prinzip und Organ der Universalpoesie und als Philosophie nichts anderes als der Geist der Universalität, die Wissenschaft aller sich ewig mischenden und wieder trennenden Wissenschaften, eine logische Chemie. Sein Wert und seine Würde seien »unendlich«. Die wichtigsten wissenschaftlichen Entdeckungen seien »Bonmots der Gattung«. Und zwar »durch die überraschende Zufälligkeit ihrer Entstehung, durch das Kombinatorische des Gedankens und das Barocke des hingeworfenen Ausdrucks«. Schlegel nennt sie »*schappées de vue* ins Unendliche«. Der Witz als flüchtiger (Ein-) Blick, »Ausblick«, unerwartet und plötzlich auftretend, ein Blitz, das Aufleuchten einer Wahrheit.

Wie revolutionär Schlegels Wiederaufwertung des Witzprinzips ist, wird deutlich, wenn man sich vor Augen führt, daß beispielsweise Gerstenbergs Ausfälle gegen den Witz als »Pillenversilberer, Bettwärmer oder Brustzuckerbäcker« erst ungefähr 30 Jahre zurückliegen. Der als »göttlich« angesehenen Denkkraft Witz war allerdings von Fichte der Weg zum Come-back bereitet worden. Der Philosoph, erster gewählter Rektor der neuerrichteten Universität Berlin, hatte den Witz aufgewertet und zugleich sein Fehlen beklagt. Die Zeitgenossen hätten keinen Witz, könnten keinen haben, da der Witz »ein göttlicher Funke« sei und nie zur Torheit herabsteige.

Friedrich Schlegel, der die Französische Revolution, Fichtes »Wissenschaftslehre« und Goethes *Meister* »die größten Tendenzen des Zeitalters« nannte, war sich im klaren darüber, daß Witz zu seiner »Entladung« der Partnerschaft im Gespräch bedarf: Er sei »unbedingt geselliger Geist«, »logische Geselligkeit«. Seine Forderung, die Dichtung solle »die Gesellschaft poetisch machen«, findet ihre praktische Entsprechung in seinem Bemühen, die äußere Form des platonischen Symposions zu neuem Leben zu erwecken. Denn es bot dem bei den Jenaern so beliebten »Symphilosophein«, dem miteinander Philosophieren, den größten Spielraum zur Entfaltung. Wo die Phantasie nicht mit »Leben« gesättigt sei, könnten auch nicht die »blitzenden Funken« des Witzes fliegen. Weil Witz Einheit stifte, seien manche witzigen Einfälle wie das überraschende Wiedersehen befreundeter Gedanken nach einer langen Trennung. Mehr noch: Als Geist des Spiels, »Gedankenspiel«, verbinde der Witz nicht nur, er trenne auch. In der *Lucinde* legt Schlegel dem personifizierten Witz die Worte in den Mund: »Bilde, erfinde, verwandle und erhalte die Welt und ihre ewigen Gestalten in stetem Wechsel neuer Trennungen und Vermählungen. Verhülle und binde den Geist der Buchstaben.« Damit wird der Witz zu einem Universalprinzip erhoben, alles miteinander verbindend, voneinander trennend, für steten Wechsel sorgend wie – der Teufel. Denn indem der Witz nicht nur bindet, sondern auch löst, setzt er sich dem Verdacht der »Zersetzung« aus. Zur »kalten zerset-

> »Witz ist eine Explosion von gebundenem Geist.«
> *Friedrich Schlegel*

zenden« Vernunft tritt der »frostige zersetzende« Witz. In der Gegnerschaft zu ihm reichen die Feinde von Aufklärung und Romantik
einander die Hand.

Wenn Novalis, der andere große Vertreter der Frühromantik, in
einem Brief meint, »die Verzweiflung oder das geistige Sterben« seien
»am fürchterlichsten witzig«, so wird eine solche Äußerung nur verständlich, wenn man die erwähnte Doppelgesichtigkeit des Witzes bedenkt. In einen Saal der Musen, der »zum heitern Tempel ausge-
schmückt« ist, wie Schiller ihn für die Kunst fordert, paßt der Witz wie
die Faust aufs Auge. Heiterkeit, im Sinne der klassisch-idealistischen
Theorie, und Witz schließen einander aus. Denn Heiterkeit ist ein
Zustand des In-sich-Ruhens, der Versöhnung. In ihm erfreut sich der
Mensch, belehrt uns Schiller, der »Freiheit des Gemüts«. Was nichts
anderes heißt, als daß dieser Idealzustand, der eigentlich den Göttern
zukommt, die »über allem frei schweben«, sich um »nichts Menschliches« kümmern, das schöpferische Vermögen des Witzes stillegt.
Novalis schreibt daher im 77. Blütenstaubfragment, daß die »experi-
mentelle Operation« der witzigen Vermischung, als deren berühmte-
stes Produkt die »blaue Blume« gelten kann, am Philister scheitere.
Dessen Stumpfheit, »armselige Beschränktheit« und die »par force«-
Dressiertheit seines Verstandes untergrabe sie. Der Philister ist für
ihn der genügsame, anspruchslose Bürger, der seinen Frieden gemacht hat mit dem *status quo*. Er ist zugleich der »Mensch ohne
Witz«. Ewige Ängstlichkeit, Mangel an Zivilcourage kennzeichnet
ihn. Weshalb Nietzsche später die Forderung, daß Schluß sein solle
mit dem Experimentieren, Suchen, Hoffen, Zerstören, als Losung
des Philisters bezeichnen wird. Überraschenderweise, muß zum Abschluß angemerkt werden, hat die ganze Bibliotheken füllende Ro-
mantik-Forschung den Witz bislang, gelinde gesagt, als Stiefkind behandelt. Er bestätigt offenbar selbst hier seinen Ruf als Störenfried
und Kanonbrecher, als, wie sich zeigen wird, »zersetzender« Geist.
Und kann, wer die »blaue Blume« zum »Witz« macht, ein guter Deutscher sein?

9. Spitzfindiges Spiel

Witzig und geistreich sind Synonyme. Der an Geist reiche Mensch, der witzige Kopf, zeigt sich schlagfertig. Dank seiner Schlagfertigkeit ist er selten um ein Witzwort, um eine schlagende, treffende Antwort verlegen. Er kann seinen Witz spielen lassen. Im »Hin und her«, Verbinden und Trennen, erweist das witzige Sprechen sich als Spiel. Die Begriffe »Spiel« und »Spielen« fassen verschiedene Erscheinungen. Ehe wir darauf eingehen, noch ein Wort zum »Wie?«.

Witzig sprechen heißt pointierend sprechen. Ohne gesteigerte Rationalität geht es dabei nicht. In Satzbau und Wortwahl wird der Stilzug des Witzes am ehesten faßbar. Worüber nicht vergessen werden darf, daß es, Witziges zu würdigen, des Witzigen bedarf. Dabei stellt sich im witzigen Sprechen keineswegs absolut Neues dar. Geboten wird Ähnliches, leicht verkleidet, das wiedererkannt werden kann. Auf den kleinen Unterschied, die überraschende Verschiebung kommt es an. Die Lust am Witz gründet also in der uralten menschlichen Freude des Wiedererkennens. Hinter der kunstvollen Variation, der verwirrenden Doppelsinnigkeit, dem Schweben über Untiefen zeichnet sich der feste Boden der Einsinnigkeit ab. Sein Betreten läßt Wohlgefühl aufsteigen. Spiel mit dem Teufel endet als Sieg.

Nachdenken über die literarische Form des Epigramms, von der später die Rede sein wird, gilt zwangsläufig auch dem Spiel des Witzes. Die (Kunst-)Mittel sind die gleichen. Spiel mit Gegensatz und Widerspruch, Vergleich, Wortspiel, um nur einiges zu nennen. Als bewußte Abweichung vom bloß kommunikativen Sprachgebrauch nutzt das Spiel des Witzes Mittel der Rhetorik, wie sie seit dem 5. Jahrhundert immer wieder inventarisiert wurden.

In der deutschen Sprache sagt man »ein Spiel spielen«, im Englischen *to play a game*, der Franzose spricht von *se divertir à un jeu*. Spiel bedeutete ursprünglich Tanz und bezeichnete im Deutschen dann eine Beschäftigung, die der Unterhaltung dient. Schon früh überwiegt der Sinn von »Bewegung«, »Tätigkeit« im Gegensatz zur Ruhe. Es ist bekannt, daß das englische Wort *game* auch »Jagd« bedeutet und auf Spannung und Abenteuer verweist. Nicht weniger ist französisch *divertir* auf Spiel oder Jagd bezogen. Das von dem Wort vermittelte Bild sei »ganz wörtlich« zu nehmen als »Auseinandertreten«, als ein extravertiertes oder expansives Sich-von-sich-selbst-Abwenden (H. Plügge). Deutlicher noch kommt dies in deutsch »zerstreuen« zum Ausdruck. Das Wort stammt aus der Sprache der Mystik und wurde zunächst in geistlichem Sinn gebraucht: »wann ir herz hin und her mit der zīt zerströwet ist«, heißt es bei dem Mystiker Seuse. Dieser mystische Gebrauch wurde dann erweitert: Zerstreuung, Spiel als Mittel gegen Langeweile. Es trägt seinen Zweck in sich, ist »zwecklos« und teilt mit »Zersetzung« die Vorsilbe »zer-«.

Den Zusammenhang zwischen Spiel und Langeweile hat Pascal herausgestellt. »Nichts ist für den Menschen so unerträglich«, schreibt er in den *Pensées* (Fragment 131), »als in voller Ruhe zu sein, ohne Leidenschaften, ohne Geschäft, ohne Ablenkung, ohne Aufgabe. Dann spürt er sein Nichts, seine Verlassenheit, seine Unzulänglichkeit, seine Ohnmacht, seine Leere –.« Das Spiel als stets offener Ausweg, als Form der Zerstreuung. Die Gesellschaft institutionalisiert sie, kultiviert sie. Sie formt sie, wertet sie, den Machtverhältnissen entsprechend. Im Kontrast zum Ruhen des Ernstes.

Zum Wesen des Spiels gehört die Bereitschaft zur »Selbstverpflichtung«. Diese Selbstverpflichtung verhindert das Aus-der-Rolle-Fallen. Sie setzt den Rahmen, bindet an die Regeln. Denn wo gespielt wird, herrscht immer ein Imperativ. Die Freiheit des Spiels bedarf als Grundlage der (freiwillig gesetzten) Ordnung. Die Freude, das Glück, die das Spiel bringt, hängen ab vom Maß dieser Freiheit: Sie erlaubt, anders zu sein im Sosein, die Gelegenheit dazu spontan zu ergreifen, sich dem einen Zwang zu entziehen, um sich dem andern unterwerfen zu können. In Selbstverpflichtung, wie gesagt. Das heißt, auch Spielen muß gelernt sein.

Menschliches Zusammenleben schafft nun einmal Zwänge. Weil Menschen voneinander abhängen in gesellschaftlicher oder wirtschaftlicher Hinsicht, kommen sie einander in die Quere. Diese Fremdzwänge, die wie Zwangsjacken wirken können, finden Ergänzung in Selbstzwängen. Wir könnten diese Selbstkontrolle auch »Gewissen« nennen. Dessen Weisungen zielen auf einen »Anspruch«, der im Zivilisationsprozeß festgelegt und eingeübt wird. Zum Ausdruck kommt solche zivilisatorische Durchformung des Individuums vor allem in Kunst und Spiel, mit denen Menschen einander erfreuen. Mitglieder einer Staatsgesellschaft, die sehr lange absolutistisch, also »von oben«, regiert worden sind, entwickeln Persönlichkeitsstrukturen, die auf Fremdzwang bzw. -kontrolle angewiesen sind. Ihre Selbstkontrolle funktioniert nur als Fremdkontrolle: An die Stelle individuellen Selbstzwangs tritt die Einwirkung von außen, die Strafandrohung. Sie sind schlechte Spieler.

Jede Art von Spiel bedarf zu ihrem Gelingen der Steuerung durch Selbstkontrolle. Nur sie vermag, so das Spiel auch wirklich Spiel sein soll, den Regeln Geltung zu verschaffen. Werden die Stützpfeiler der

Selbstzucht, die alle beteiligten Personen daran hindert, die Regeln zu verletzen, unterhöhlt, bricht das Spiel zusammen. Deswegen ist es kaum übertrieben zu behaupten, daß Spielen ein Maß des Ansichhaltens verlangt, das die vergleichbaren Anforderungen einer absoluten Monarchie oder Diktatur übersteigt. Nietzsches Wort, wonach »Esprit« Eigentum »später Rassen« sei, zielt auf die Festigung solcher Selbstkontrolle, Affektmodellierung (Norbert Elias), wie sie das Ergebnis des Zivilisationsprozesses darstellt. Kompromißlosigkeit kennt keinen »Spielraum«.

Als Gegenteil von Spiel gilt der Ernst. Das Wort bedeutete ursprünglich »Kampf«. Schiller dichtet: »Nur dem Ernst, den keine Mühe bleichet,/ Rauscht der Wahrheit tief versteckter Born« (»Das Ideal und das Leben«). Vom »Ernst des erfüllten Lebens« spricht Hegel. Selbstverwirklichung durch Arbeit. Des »Blutes Balsam«, »der Tugend Quell« nennt Herder die Arbeit; des »Bürgers Zierde« ist sie für Schiller. Der deutsche Parnaß hallt wider vom Lob dieser »Segensquelle«. Die frühe Verbindung von »ernst« und »gut« macht den ernsten Menschen zum tüchtigen. Er ist zugleich der ruhige: der Temperamentlose als der seriöse. Wir alle kennen das. Ohne Fleiß kein Preis. Preis ohne Fleiß ist das, was einem in den Schoß fällt, was man »spielerisch« erringt. Das Wort »Grazie« hat hier seinen semantischen Ort: Es hängt zusammen mit Gabe, Geschenk. In Kategorien von Leistung und Lohn denkend, haben wir Deutschen Mühe, den Wert des »Zugefallenen« von der (nicht erbrachten) (Arbeits-)Leistung zu trennen. »Was teuer ist, achten wir wert und hoch«, schreibt Georg Philipp Harsdörffer in seinem *Poetischen Trichter* (1647 ff.), »was wir mit Mühe erlernen oder durch große Arbeit erwerben, beliebet uns mehr, als was wir leichtlich gewinnen.« Die Äußerung des Barockdichters bezieht sich auf den Schmuck, die klangliche und bildliche Qualität des Gedichts, die er, wie wir heute sagen würden, »erarbeitet« haben will. Dies führt uns zurück zu Sprache und Spiel.

Wir vergessen immer wieder, daß Sprache ihrem Wesen nach vieldeutig ist. Damit sie zum Verständigungsmittel taugt, muß sie »festgestellt«, »eingefriedet« werden. Im nie endenden Umgang mit Dingen, Geschehnissen, Moden gewinnen wir den Zugang zu den Wortbedeutungen. Erst in dieser Weise, schreibt der Psychologe und Spieltheoretiker F. J. J. Buytendijk, leben wir »zufrieden«, d. h. im Frieden zwischen Schein und Sein als dem festen Grund für unser Dasein, das sich zumeist unproblematisch als ein »In-der-Welt-Sein« vollzieht: Stört schon unser fragendes Wieso? diesen Frieden manchmal im alltäglichen Lebensvollzug, um wieviel mehr erst ein Fragen, hinter dem die Kombinationskraft des Witzes steht. Es rüttelt am Gerüst der Sprache, bringt die Farben der Bedeutungsskalen durcheinander, stört, um Verborgenes, nicht Wahrgenommenes sichtbar zu machen, ins Offene zu bringen: das Wirkliche und die Wahrheit.

Als das Wesentliche am menschlichen Spiel gilt das Hin und Her. Gebundenes wird gelöst, Getrenntes zusammengeführt. Wirklichkeit und Schein, Bewußtes und Unbewußtes treten in dialektische Beziehung zueinander. Das Bild, das die Gegenstände bieten, gerät in Bewegung, wird proteisch. Aus dem Bild werden Bilder, Möglichkeiten tun sich auf. Im »Sprung« werden sie erhascht. Da die Welt der Wörter die Welt der Bilder erzeugt, verändern sich mit den Wörtern die Bilder. Die (verborgene) Vieldeutigkeit wird zum Maß. Denken heiße Versuchen, schreibt Maurice Merleau-Ponty. Das bedeutet aber auch, die bekannte, sichere Welt zu verlassen, ihr scheinbar Festes und sich selbst auf die Probe zu stellen. Wer das tut, geht ein Risiko ein. Im Gelingen oder Mißlingen liegt der Reiz des Spiels, des Abenteuers, der »Chance«, was soviel wie das »Zufallen« (ursprünglich des Würfels) bedeutet. Wenn Plato den Ursprung des Spiels im Bedürfnis zu »springen« sieht, so ist Witz gerade die Fähigkeit, diesen Sprung ins Werk zu setzen. Die Pointe, in der die Textsorte Witz als Produkt der Witzigkeit, d. h. des Spiels des Witzes gipfelt, ist ein »springender Punkt«.

Entscheidend beim Spiel ist der Sprung ins Ungewisse, das Wahrnehmen der Chance. Auch das Spiel mit der Sprache bietet diese Chance. Überall dort ist sie gegeben, wo das Regelsystem Sprache »tote Winkel« aufweist, Spielräume. Wird es glücken? lautet die zentrale Frage, wenn der Witz die Sprache in Versuchung und aufs Glatteis führt. Die Wendung »hinter jemandes Sprünge«, d. h. Schliche, Ränke »kommen«, erinnert an diesen Zusammenhang. Spielen heißt, sich in die Hand des Glückes, Fortunas Nachfolger, geben. Spiel *mit* und *in* der Sprache läßt den Witz »fündig« werden. »Spitzfindigkeit« ist das, was den Witzigen auszeichnet. Sein Witz findet »Spitzen«, d. h. Pointen. Denn »spitzfindig« ist eine Zusammensetzung aus »spitz«, das »scharf«, »(übermäßig) fein ausgeklügelt« bedeutet, und »findig« oder »fündig« (18. Jahrhundert), das zu »Fund«: »Ausgesonnenes« gehört. Noch der junge Goethe spricht von »tiefdenkender spitzfindiger Weisheit« und meint dies keineswegs in tadelndem Sinn. In der Folge wird »Spitzfindigkeit« immer mehr mit Künstlichkeit, Gesuchtheit gleichgesetzt.

> *Auf einen Witzling*
> *Dein Witz*
>
> Schärft Pfeile nadelspitz;
> Selbst keine Zauberrüstung schützte,
> Wenn er den Stahl der Wahrheit spitzte.
> Doch witzelnde Sophisterei
> Prallt ab, wie spitzes Blei.
>
> *Johann Heinrich Voss*

10. Eitler Witzling – interessanter Witz

Wenn wir dem Berliner Aufklärer Friedrich Nicolai glauben wollen, so haben die Franzosen nur eines im Sinn: »allenthalben witzig« zu sein. Der einflußreiche Buchhändler findet dies tadelhaft. Witziges Schreiben sei nur dann gerechtfertigt, wenn es einem höheren Zweck dient, den Gedanken »lebhafter und rührender« macht. Witzigkeit um ihrer selbst willen oder lediglich als Verschönerung sei abzulehnen. Letzten Endes fördere es doch nur den eigenen Glanz. Schon Lichtenberg hatte gesagt, die Menschen hätten »immer Witz genug, wenn sie nur keinen haben wollen«. Dem witzigen Aufklärer Lichtenberg pflichtet, einige Jahrzehnte später, der Romantiker Friedrich Schlegel bei. »Das Wollen beim Witze« dürfe nur darin bestehen, schreibt er, »daß man die konventionellen Schranken aufhebt und den Geist frei läßt«. Man solle Witz haben, aber nicht haben *wollen*. Sonst entstehe »Witzelei«. Witzelei als gekünstelter, spitzfindiger Witz, der sein Feuer aus dem (scheinbar) allzu weit Hergeholten schlägt. Steht der Witz im Dienst der Eitelkeit, als Mittel, sich in Szene zu setzen, so gilt er als »falscher« Witz. Der Witzige wird zum Witzling. Wie der »eitle« Geschmack ins »Geschmäcklerische« läuft. Zumindest nach Meinung deutscher Beurteiler. Goethe, der Weltmann, blickte tiefer. »Was ist der Mensch für eine elende Kreatur, wenn er alle Eitelkeit abgelegt hat«, schreibt er in einem Brief aus der Schweiz. Und sein Sekretär gibt zu bedenken: »Ein Mensch, der eitel ist, kann nie ganz roh sein, denn er wünscht zu gefallen, und so akkomodiert er sich anderen.« Man spreche wenig, meint La Rochefoucauld, wenn einen nicht die Eitelkeit reden heiße.

Wenn Menschen zusammen sind, befindet sich die Eitelkeit mitten unter ihnen. An der Einsamkeit geht die Eitelkeit zugrunde. Und mit ihr der Witz samt »Witzehascherei« oder »Witzesucherei«. Die Aufforderung des Einsamen, der Eitelkeit zu entsagen, gleicht der Mahnung des Impotenten, nur ein Leben in Entsagung sei lebenswert. Wo witzige Eitelkeit oder eitle Witzigkeit ihre Heimat haben, ist bekannt. Sie ist da zu suchen, wo Esprit und *esprit de conversation* gleichgesetzt werden.

Wäre Goethe Franzose, schreibt Madame de Staël, »so ließe man ihn von morgens bis Abend nur sprechen«. Denn er sei in der Unterhaltung »ein Mann von verwunderungswürdigem Geiste, und mag man sagen, was man will, wer Geist hat, muß plaudern können«. Fülle der Ideen und Wärme des Gemüts müßten das Bedürfnis erzeugen, sich andern mitzuteilen. Das französische Wort für »plaudern« ist *causer*. Abgeleitet von lateinisch *causari*: »einen Grund angeben«, »diskutieren«, »streiten«, gehört es zu lateinisch *causa*: »Grund«. Ganz anders das deutsche Wort »plaudern«. Es bedeutet »schwätzen« und ist ein Schallwort wie dieses. Beide haben den Sinn »rauschen«. Sie suggerieren »Wortschwall«. Zwei Welten! Hier Klang, monologisches Geräusch, dort Argument, dialogisches Hin und Her. Den Namen »Gespräch« verdient im Grunde nur letzteres. Ähnlich verhält es sich mit Gespräch: Wörter, »Lauterzeugnisse« auf einen herabprasseln lassen, und Konversation.

»Konversation« bedeutete ursprünglich nichts anderes, als »jemandem Gesellschaft leisten«, »mit ihm leben«: also »gesellschaftlichen Verkehr pflegen«. Auch hier Gegensätzlichkeit. Neben dem eher neutralen Gespräch steht Konversation für spielerischen Umgang mit Sprache, Hin und Her des Redeaustauschs. Weil sie »vom bunten Wechsel mehr oder minder geistreicher Bemerkungen« geprägt sei, glaubt Rudolf Hirzel, die Konversation aus der Gattung Dialog ausklammern zu sollen. Was ihn vor allem stört, ist das »Springen der Unterhaltung von einem Gegenstand auf den andern«, wie es der gute Ton der gebildeten Gesellschaft erfordere. Man habe nur den Wunsch, auf möglichst angenehme Weise die Zeit auszufüllen. Das »Volk der Konversation« sind nach Hirzel, wie könnte es anders sein, die Franzosen. Der (oberflächlicher) Konversation entgegengesetzte (tiefe) Dialog habe die »durch die ursprüngliche Bedeutung des Namens ihm vorgeschriebene Bahn« nicht beachtet, klagt der Deutsche Hirzel. Daher begegneten wir schon in der ersten und besten Zeit Dialogen, »die von Rechts wegen vielmehr Conversation heißen sollten«. Andererseits wendet der Gesprächstheoretiker sich entrüstet gegen den Publizisten Wilhelm Traugott Krug, der in seinem enzyklopädisch-philosophischen Lexikon Sokrates einen »Conversationsphilosophen« genannt habe. Streit um bloße Worte? Es geht um mehr.

Die Bindung des Witzes an die Gesellschaft liefert ihn dem Einfluß jener Kräfte aus, die im gesellschaftlichen Miteinander der Menschen verhaltensprägend wirken: Eitelkeit, Selbstgefälligkeit, Taktieren, wie es das Leben am Hofe nahelegt. Ein monologischer, an »Ideen« orientierter Witz, der sich eher am Schreibtisch entlädt, tritt somit in Opposition zu einem dialogischen, gesellschaftsbezogenen und relativierteren. In Deutschland klammert man sich an die Fiktion eines »natürlichen« Witzes: Er zuckt sozusagen nach innen, erhellt die Tiefe und vertraut seinen Widerschein, wenn überhaupt, Büchern an. Während jener andere, am Hof und in Frankreich anzutreffende, nach außen aufleuchtet, Oberflächen erhellt. Er erweist sich als wirkungsvoll, weil er »berechnet« ist, und gilt folglich als »gesucht«, »erkünstelt«. An den Haaren herbeigezogen, um Eindruck zu schinden. Bei den andern.

Schon Ende des 17. Jahrhunderts findet sich die kritische Mahnung, über der Frage, ob ein Deutscher Witz haben könne, nicht aus den Augen zu verlieren, daß Schöngeistigkeit, Witzigkeit auch eine Kehrseite habe. Wer Witz hat, wandle deshalb auf einem schmalen Grat. Er läuft ständig Gefahr, auszurutschen und, statt sich aufzuschwingen zu den Höhen des wahren, edlen Witzes, hinabzustürzen in die Niederungen bloßer Gaukeleien, Spielwerke. Diese Art von Witz bleibe »folgenlos«. Der Witzige erniedrigt sich zum Witzling, der »Witzeleien« feilbietet. Bald wird es nur mehr heißen »französischer Witzling«. Dabei hatten auch die Franzosen erkannt, daß nicht alles Gold ist, was glänzt, und jene nicht als witzig gelten lassen, die sich selbst so nennen. Schon Bouhours meint, Glanz beim Witz sei gut, aber es dürfe nicht zuviel sein.

Nicht nur im Roman wie bei Friedrich Schlegel (*Lucinde*) erscheint der personifizierte Witz, auch auf der Bühne. In dem witzigen Einakter *Der Witzling. Ein deutsches Nachspiel in einem Aufzug* (1745) läßt Louise Adelgunde, die kluge Frau Gottscheds, den falschen Witz auftreten, um die Gegner ihres Mannes lächerlich zu machen. Von »Vielwitz«, charakterisiert durch »Mangel an Vernunft«, »Hochmut des Herzens« und »Selbstliebe«, unterscheide sich der echte Witz durch wohltuende Vernünftigkeit. Zur Hofkritik nutzen Lichtenberg und Lessing den Witz. Der falsche Witz wird zum Witz in seiner, wie Lichtenberg es nennt, »Hofbedeutung«. Sie gilt, wie könnte es anders sein, als »undeutsch«, wie dann der Witz überhaupt. »Wenn ihr nun eine Versprechung nennen wollt, die ihr nicht zu halten gedenkt, in der Hofbedeutung? Wie? Ihr könnt euch blind suchen und werdet kein Wort im Deutschen dafür finden... die Franzosen, die uns solche Versprechungen thun lehrten, haben uns auch das Wort dazu gegeben… Es heißt ›promesse‹.« Genauso ist nach Lichtenberg zu differenzieren zwischen »esprit im französischen Verstand« und Esprit im deutschen. In dem Maße, wie die »gründliche Philosophie« ab- und der Witz zunehme, reduziere sich die Wahrheit.

Der Witzling als der Lügner, Blender, der keinen Witz hat und deswegen nach Witz hascht und jagt. Grimm zufolge bezeichnet das Wort den »dünkelhaften, unfertigen Schöngeist und Literat«. Nur das »Leichtere« trage »auf leichten Schultern« der Schöngeist, während der »schöne Geist« »das Gewichtige leicht« trage, dekretieren Goethe/Schiller in den »Votivtafeln«. Interessant an dieser Diskreditierung des Belesprit ist die Bemühung um Unterscheidung zwischen »Schöngeist« und »schönem Geist«. Denn Schöngeist bezeichnet die konkrete, in Fleisch und Blut vorhandene »Verkörperung« des Witzes, während der »schöne Geist« eher abstraktes Prinzip bleibt wie der »gelehrte Geist« neben dem »Gelehrten«.

Das Ende des dritten Teils unserer Betrachtungen ist damit erreicht. Ehe wir übergehen zum vierten, sollten wir noch einmal innehalten, um einen Blick auf eine uns nur allzu vertraute Erscheinung zu werfen, die aufs engste verbunden ist mit dem Schicksal von Witz. Im Witz als Kombinationsgabe wirken zusammen Einbildungskraft und Scharfsinn. Der Einfall, die irrationale Komponente, hat sich der »Probe« des Verstandes zu unterwerfen. Mißlingen dieser Probe konnte als Kriterium für die Unterscheidung von Witz und Genie genutzt werden. So setzt Schopenhauer Genie zum Befestigten, Dauernden, zu Sicherheit und Ordnung in Beziehung und »Geist, *esprit*, Talent« zum »Hin und Herwerfen abstrakter Begriffe«. Ist dem Genie das Schöne zuzuordnen, so dem Esprit das »Interessante«. Mit dem Interessanten kommt ein Begriff ins Spiel, der, sozusagen um die Ecke herum, als Schlüsselbegriff in der Kunstbetrachtung dient.

Der aus dem finanzökonomischen Bereich stammende Begriff »Interesse« erfuhr zu Beginn des 18. Jahrhunderts eine Bedeutungserweiterung: Man verstand darunter jetzt »allgemeine, bes. ästhetische Anteilnahme«. Gleichzeitig gerät Interesse in das Spannungsfeld von idealistischem und sensualistischem Kunstverständnis. Schreibt Jean-François Marmontel, Enzyklopädie-Mitarbeiter und Librettist Grétrys, »poetische Schönheit« sei »nichts anderes als Interesse«, so fordert der Deutsche Kant gerade »Desinteresse«, »Interesselosigkeit« von der Kunstbetrachtung. Kant definiert Interesse als »Wohlgefallen, das wir mit der Vorstellung der Existenz eines Gegenstands verbinden«. Interesse an etwas nehmen, heißt für ihn, *es wollen*. Vom »Gebot des Beifalls« abhängig, sei es egoistisch und als Geschmacksurteil verderblich.

Durch Trennung von Schönheit und Interesse wird das gesellschaftliche Verständnis der Kunst geleugnet. Gefordert wird »reines« Wohlgefallen; es soll sich auf »reinen« Geschmack gründen. Als rein von sinnlichem wie gesellschaftlichem Interesse steht es zur verfeinerten Lust der Hofleute nicht weniger in Gegensatz als zur rohen, grobschlächtigen Lust des Volkes. Im Unterschied zu dem »äußerlichen« sinnlichen Wohlgefallen ist es »kultiviertes« Wohlgefallen und setzt »innere Bildung der Denkungsart« (Kant) voraus. Es ist Sache der Bildungselite, die sich durch Tiefe des Gefühls, Ernsthaftigkeit, Bildung der Persönlichkeit auszeichnet. Daß sie ihr Selbstverständnis nicht zuletzt aus der Abgrenzung gegen Oberflächlichkeit, Leichtigkeit, Konversation u. ä. bezieht, braucht kaum noch erwähnt zu werden.

Um 1700 entstand das Adjektiv »interessant«. Seine Ausgangsbedeutung war »mitleiderregend«. Zur Charakterisierung der modernen Dichtung nutzte es Friedrich Schlegel: Sie sei künstlich, subjektiv, »interessant«. Der »isolierende Verstand«, die intellektuelle Bildung hätten bewirkt, daß »Ziel der modernen Poesie originale und interessante Individualität« geworden sei. Damit kann der Begriff zum Abgrenzungskriterium werden gegenüber dem (auf »Enthusiasmus und Religion« beruhenden) Klassischen, »Objektiven«. »Interessant« ist das, was durch die Vermischungskraft des Witzes zustande kommt. Der niederen, auf »Zeitvertreib« zielenden Unterhaltung ordnet Schopenhauer dann dieses Interessante zu. Für »den großen Haufen« sei es »das Rechte«. Diese Einschätzung erwies sich als äußerst zählebig. Selbst in einem zeitgenössischen Standardwerk über Thomas Mann heißt es noch, der Romancier habe immer wieder »das Schöne aufgeopfert«, um das »Interessante und Interessierende zu gewinnen«. Abgesunken in den Treibsand der Umgangssprache und auf materielle Interessen angewendet, hat das Interessante, Interesse Erweckende, endgültig Hausverbot im Tempel der Kunst. Wie der Witz und das Angenehme, zu denen es in Beziehung steht.

Im Gegensatz zu den »Trommlern der Aufklärung«, den deutschen Popularphilosophen, die in ihm etwas Wirksames, Kräftigendes sahen, wendet Schiller, von Kant her kommend, sich gegen das Angenehme. Der Geschmack an ihm schließe ein Interesse ein; er sei abhängig von der Privatbeschaffenheit des Subjekts und »pathologisch« bedingt. Zwar gewähre das Angenehme Vergnügen, führe jedoch zu »Auflösung« und »Erschlaffung«, trage nicht dazu bei, den empiri-

Wunderbare Neuheit

»Wenn ein witziger Gedanke frappieren soll, so muß die Ähnlichkeit nicht bloß einleuchtend sein, das ist noch das Geringste, ob es gleich unumgänglich nötig ist; sondern sie muß auch von andern noch nicht gefunden worden sein, und doch muß alles, was dazu gehört, jedem so nahe liegen, daß es ihn Wunder nimmt, daß er sie noch nicht ausgefunden hat. Das ist die Hauptsache. Hat man die Bemerkung schon dunkel gemacht, so wohl die eigentliche, als die, womit die Vergleichung angestellt wird, aber noch nie deutlich gedacht, so steigt das Vergnügen aufs höchste. Die Menschen sehen täglich eine Menge von Dingen, die sie zur Regel erheben könnten, es geschieht aber nicht; sie bringen sie nicht zu Buch, und das ist die rechte Fundgrube des Witzes.«

Georg Christoph Lichtenberg

schen Menschen »zur sittlichen Gesinnung« zu erheben. Äußerungen dieser Art lassen sich heute, im Bewußtsein des Noch-einmal-davongekommen-Seins, nur mit Beklommenheit lesen. Eckermanns Aufforderung mag einem in den Sinn kommen, es gelte zu hoffen und abzuwarten, »wie es in einem Jahrhundert mit uns Deutschen aussieht und ob wir es dann dahingebracht haben, nicht mehr abstrakte Gelehrte und Philosophen, sondern Menschen zu sein«. Mehr als anderthalb Jahrhunderte sind inzwischen vergangen: Wissen wir es jetzt?

Vierter Teil
Von den Löchern in der Ordnung
der Dinge

»Esprit: Eigentum später Rassen:
Juden, Franzosen, Chinesen.«
Friedrich Nietzsche

1. Suchendes Versuchen: Liebesspiel der Sprache

Wir Deutschen stehen nicht in dem Ruf, Meister der Liebeskunst zu sein. Nach allgemeiner Auffassung gebührt die Palme den Franzosen. Wie der Esprit ist die Liebeskunst Eigentum von Spätkulturen. Gar zu gern wird mit ihr der Sündenkatalog der Dekadenz eröffnet. Besonders dann, wenn die Verbindung von Liebe und Spiel einen geradezu sportlichen Glanz gewinnt. Zu Äußerungen wie der folgenden dürfte sich in unserer Literatur wohl kaum Vergleichbares finden. »Selbst jene, denen das Alter die körperlichen Kräfte geraubt hat«, schreibt Montaigne in einem seiner Essays, »zittern, wiehern und spreizen sich vor Liebe. Bevor sie sich paaren, sehen wir sie voller Hoffnung auf Wärme, und hat der Körper sein Spiel geendigt, noch aus Erinnerung des Genusses schmeichelnd und liebkosend. Einige unter ihnen blähen sich stolz auf, und, obgleich erschöpft, krähen sie hellen Triumph.«

Kunst und Handwerk sind nach französischer Auffassung verschwistert. Kennertum als Resultat von Erfindergeist und Geschmack. In diesem Sinn lassen sich auch das Spiel des Witzes und das Liebesspiel einander annähern. Die Faszination des Liebesspiels beruht auf dem dialektischen Kreisprozeß von Lockung und Gegenlockung, Bewegen und Bewegtwerden. In einem Hin und Her werden Möglichkeiten erprobt, man könnte sagen: »Iche eingeübt«. Das Erleben ist ein doppeltes: Wir erleben uns selbst und zugleich den anderen. Im Grunde spielen wir also mit *zwei* Unbekannten. Das Gespanntsein auf das noch Unbekannte schließt uns selber ein. Entscheidendes Moment ist die wache Bereitschaft zum Umdenken, zur Revision, Relativieren des »taktischen« Verhaltens, d. h. »tastenden« Vorgehens. Denn wie im Schachspiel kann jeder Zug eine völlig neue Konstellation schaffen, auf deren Folgen es zu reagieren gilt. Die Doppelbedeutung der Präposition »mit«: Sie drückt Instrumentalität wie Gemeinschaft aus, macht bewußt, daß das intime Zweierspiel der Subjekte jederzeit in eine Subjekt-Objekt-Beziehung abgleiten kann.

Gerade im Intimspiel gewinnen Regelbezug und Selbstverpflichtung grundlegende Bedeutung. Das Hin und Her von Aktion und Reaktion, Frage und Antwort verlangt ständiges Verwandeln. Die Bewegung, in die Welt und eigenes Dasein geraten, öffnet den Zugang zu einem »zunächst unbekannten und verwirrten Daseinsraum« (F. J. J. Buytendijk). Die Spannung von Verlegenheit und Angst schlägt um in Freude; das Risiko des Sich-Entbindens beruhigt sich in neuem freien Gebundensein. Daß die von Ernst Robert Curtius an den Franzosen beobachtete »vorausschauende Bewußtheit« wie im witzigen Sprechen auch hier eine Rolle spielen dürfte, versteht sich. »Vorsichtige Berechnung«, »schrittweises Vorgehen« waren die Stichworte, die Curtius im Anschluß an Paul Valérys Lob der Geistesgegenwart gebrauchte. Es ist geradezu aufregend zu sehen, daß die Vorstellung des (körperlichen) Spiels bis in die Theorie hineinreicht. Die witzige Form des Epigramms läuft Wernicke zufolge aus in eine »Kitzelung«. Nach Auffassung des an der Schwelle zur Aufklärung stehenden Dichters besteht das Epigramm »nur in einem Vorsatz und Nachsatz«. Der Leser werde in dem ersten »mit Fleiß so lange aufgehalten, damit die Kitzelung hernach in dem letztern desto empfindlicher sey«. Die Pointe als Klimax.

Daß Grundlage des Spiels im Triebhaften zu suchen sei, wurde übrigens vielfach nachgewiesen. Auch die Sprache selbst bestätigt es. Die germanische Wurzel *leik*, *leiken*: »spielen« erscheint im Englischen *lechery*: »Wollust«, »Unzucht«. Auch »lecken« gehört in diesen Umkreis. Im Sanskrit bedeutet *kridati* »spielen« und zugleich »geschlechtlich verkehren«. Den »triebhaften« Charakter gerade des Lautspiels bestätigen Experimente.

Natürlich läßt sich das Schema des »Wenn-Dann« nur mit Einschränkung auf das witzige Sprechen übertragen. Gewisse Grundmuster sind ihnen dennoch gemeinsam. Das Witzige stellte sich dar als »probierendes Urteil in Worten«. Die Sätze, die wir sprechen, sind nur verständlich, wenn das Schwebende, Offene der Wörter durch Auswahl unter Möglichkeiten, und damit Verzicht, »eindeutig« gemacht wird. Denn indem wir die Bedeutungsebenen »homogen« setzen, werden unsere Sätze kohärent: Sie geben ihren Sinn preis. Es ist aber auch möglich, in einem wiederholt gebrauchten »Semem«, d. h. in einem im Textzusammenhang bedeutungsmäßig festgelegten, »monosemischen« Wort, unterschiedliche »Seme«, kleinste Bedeutungsmerkmale, dominant zu setzen, d. h. zu aktualisieren. Dadurch entsteht Zweigleisigkeit, »Gegensinnigkeit«. Witzigkeit, schreibt Helmuth Plessner, sei eine Art und Weise des Redens, der es durch das Mittel der »Sinnüberschneidung« gelinge, überraschende »Auflockerung« hervorzubringen.

Wie kommt es zu dieser Sinnüberschneidung, die zur Einheit des Gegensinnigen führt? Im witzigen Sprechen werden Bedeutungsmerkmale von einer Bedeutungseinheit auf die andere übertragen. Widersprüchlichkeiten entstehen, die sich jedoch im Einklang mit dem Ganzen befinden. Ein einfaches Beispiel mag den Sachverhalt veranschaulichen:

»Wie geht's?« fragte der Blinde den Lahmen. »Wie Sie sehen!«
antwortete der Lahme dem Blinden.

Entscheidend für die »Sinngebung« in diesem elliptischen Dialog
ist das Semem bzw. das Verb »gehen«. Es schließt die minimalen Be-
deutungseinheiten, d. h. Seme »laufen« und »sich befinden« zusammen. Aktiviert der erste Satz das Sem »sich befinden«, so der zweite
das Sem »laufen«. Die Folge solcher Uneinheitlichkeit ist eine Kollision von Bedeutungen. In der Verbindung von Entgegengesetztem
zum Widerspruch enthüllt sich eine Wahrheit. Sinn erscheint im Unsinn. Blitzartig, schlagend.

Jeder weiß, was ein »Gesandter« ist. Aber muß ein Gesandter auch
ein »geschickter« sein? Ja und nein. In der Äußerung: Er ist ein Gesandter, aber kein geschickter, gibt sich im Spiel mit der Doppelbedeutung von »geschickt« eine Wahrheit zu erkennen.

Ein anderes, vielleicht extremeres Beispiel für die Arbeit der Witzigkeit führt in unmittelbare Nähe der Textsorte Witz, die letztlich
nichts anderes ist als die in eine kurze Geschichte eingebrachte »Spitzfündigkeit«. Die Geschichte, um die es hier geht, liegt in verschiedenen Fassungen vor.

Seiner Erschießung gewärtig, fleht das Opfer um sein Leben. »Sieh
mich an«, sagt sein Henker. »Ich trage ein Glasauge. Wenn du auf
Anhieb erkennst, ob rechts oder links, laß ich dich laufen.« –
»Rechts«, sagt ohne Zögern der Todeskandidat. – »Richtig«, wundert
sich der andere. »Woran hast du das gemerkt?« – »Es blickt so
menschlich«, lautet die Antwort.

Was geht hier vor? Als Einfall ist die Verbindung von »Glas« und
»Auge« das Scharnier, an dem der Witz sich ausfaltet. Das Auge als
»Fenster der Seele« wird in eins gesetzt mit der Kälte und Seelenlosig-
keit des Glases. Ein Widerspruch entsteht. Während nun die Tatsache des Erschießens die Bedeutung »glasige Kälte« aktiviert, hebt die
Charakterisierung durch den Gefangenen gerade das Seelenhaft-Hu-
mane hervor, was den Widerspruch vollends zum Paradoxen verschärft: Das Glasauge blickt »menschlich«. Zugleich schlägt das Urteil dialektisch um und enthüllt die Wahrheit der unmenschlichen
Situation.

In dieser Fähigkeit, »spitzfündig« zu sein, Pointen zustande zu brin-
gen, springende Punkte, ist die Witzigkeit Grundlage und »Seele« der
Textsorte Witz. Einbildungskraft und Verstand, selber schon Spra-
che, wirken spielend zusammen. Sie machen witziges Spielen *in* der
Sprache und *mit* der Sprache zu einem »Gespieltwerden«. Denn im
Suchend-Versuchen des witzigen Spielens ist die Sprache selbst am

Werk, zeigt sie ihr Nachtgesicht, das zugleich eines ihrer unendlich
vielen Tagesgesichter ist. Und gerade dies verbindet das Spiel des
Witzes mit dem Liebesspiel.

2. Die schillernde Dialektik

Wie kommt der Witz zu seinem schlechten Ruf? Seine verwandt-
schaftliche Nähe zum französischen Esprit genügt nicht als Erklärung.
Es muß Gründe geben, die tiefer reichen. Wo der Witz in Erscheinung tritt, werden Urängste wach. Denn er verbreitet Unsicherheit,
erinnert an Vorläufigkeit, Relativität – Lockerung. Um zu verstehen,
was damit gemeint ist, müssen wir einen Blick auf das Verhältnis von
Denken und Sprechen werfen. Ist es vorzustellen als Nacheinander,
Nebeneinander oder Ineinander?

Das Wechselspiel von Sein und Schein bestimmt unser Leben. Unsere Sehnsucht gilt der Eindeutigkeit. Religiöses Dogma und mathe-
matisch-naturwissenschaftliches Denken bieten sie. Deren Aussagen
sind eindeutig. Als »Wahrheit« lassen sie sich nach Hause tragen.
Wahrheit ist seit Aristoteles eindeutige Aussage. Wo Zweideutigkeit
in Erscheinung tritt, müssen mithin Täuschung und Lüge herrschen.
Das Bild der Zwei in Einem, wie es den Begriffen »Zweifel«, *doubt*
oder Dilemma zugrunde liegt – wir sprachen bereits davon –, faßt
diesen Tatbestand. Der Eindeutigkeit wegen lehnte sich die Philosophie für lange Zeit an das naturwissenschaftliche Denken an. Aber
das Denken bedarf der Sprache, geschieht in und mit ihr. Da, vereinfachend gesagt, die Sprache dialektische Phänomene beherbergt, ge-
langen über sie Widersprüche ins Denken. Ihrer Herr zu werden, vermochte Aristoteles, indem er Sprachregeln entwickelte, die sie für
unzulässig erklären. In diesem Sinn dient das Regelsystem der Sprache als Schutzzaun gegen den Teufel, »die alte Schlange«.

Gedruckt wurde bereits vor Gutenberg. Neu war dessen Gedanke,

»bewegliche« Metalltypen zu verwenden. Diese ließen sich in beliebiger Zahl zusammensetzen und wieder trennen. Damit konnte als technisches Verfahren gemeistert werden, was Denken und Sprechen seit Urzeiten leisten. Was hier der Formenvorrat, sind dort die Druckformen. Darin liegt das Revolutionäre des neuen Verfahrens. Ihm dient als Grundprinzip die Vertauschung. Wenn von Rationalisierung in der Herstellung des Buches gesprochen wird, so heißt Rationalisierung im Falle des Buchdrucks zugleich Bewußtmachung durch Lockerung. Vertauschung, Austausch zu neuer Abfolge, Beweglichkeit schärfen die Aufmerksamkeit, den Blick für die Regel, die dem Tausch zugrunde liegt, ja ihn überhaupt erst möglich macht. Stets gilt es, Denken und Sprache einzugrenzen, ihre einzelnen Glieder einzubringen in eine Reihenfolge, Ordnung. Allerdings ist diese Reihung zur Wortfolge weit mehr als Summierung. Durch Über- und Unterordnung schafft sie ein flexibles Gebilde, dem die Logik Eindeutigkeit, »Sinn« verleiht. Andernfalls könnte es seinen Zweck nicht oder nur bedingt erfüllen, nämlich »Sinn zu stiften«. »Sinn« bedeutete ursprünglich »Weg«, »Reise«. Von hier zu »Bedeutung« ist es nur ein Schritt. Am Ende des Wegs winkt die Wahrheit.

Tatsache ist indessen, daß Sprache und Logik nicht identisch sind. Neben dem Reichtum der Sprache nehmen sich die Gesetze der Logik eher bescheiden aus. Deren Zwang sich zu unterwerfen, bedeutet für die Sprache Verzicht, Einschränkung der Bewegungsfreiheit. Als gäbe es in einer Stadt lediglich Einbahnstraßen. Bewahren Denken und Sprechen ihre Beweglichkeit auf extreme Weise, bricht neben Vielförmigkeit auch Vieldeutigkeit auf: Die Sprache wird dialektisch. Sie zeigt, wie Goethe es nennt: »Widerspruchsgeist« gegen eine Wahrheit, die als »stabil«, »ewig« auf den Sockel gehoben werden kann. An deren Stelle tritt eine Wahrheit, die wie ein Blitz aufleuchtet, überraschend, schockierend, Unsicherheit verbreitend. Sie kommt und geht. Nicht der Sonne vergleichbar, sondern dem Mond. Sie kann »manipuliert« und, was beängstigender sein mag, »manipulierbar« erscheinen. Ihr Manipulator? Der Witz.

Wahrheit und Eindeutigkeit, das ist es, was vom Genie erwartet wird. Es schafft eindeutige Verhältnisse, wie der Held es tut. In seinen *Philosophischen Vorlesungen* hebt Schopenhauer am Genie hervor, daß es das, »was in schwankender Erscheinung schwebt«, zu befestigen wisse »in dauernden Gedanken«. Die Vorstellung des »Schwankenden« verweist auf Scherz, Spiel, Müßiggang, Betrug wie auf Wasser und Welle, das Element des Proteus, des Teufels. *Nausia*: »Übelkeit« nannten die Griechen das Gefühl, dessen der zu »Schiff«

Tod eines Ehepaars

Mathilde, krank und nah' am Scheiden,
Ward schnell gesund. Als dies ihr Mann vernahm,
Erlag er, ach! dem tiefen Gram;
Sie hört die Post und stirbt vor Freuden.

Friedrich Christoph Weisser

Reisende inne wird, wenn die See bewegt ist. Das Schiff schaukelt,
»schwankt«, und er fühlt sich krank: »seekrank«. Lateinisch *nausea*,
französisch *nausée* ist zugleich das Wort für »Ekel«, eine Schmerz-
empfindung – vgl. englisch *ache* –, die als menschliche Urerfahrung
Grundlage bildet für Sartres berühmten Roman *La Nausée: Der Ekel*.
»Übel« hat im Deutschen die Bedeutung des Normen- und Ordnungswidrigen, Bösen. Es entspricht der Sünde. In englisch *evil* kommt das
wohl noch deutlicher zum Ausdruck. Kafkas Josef K. lernt dieses Gefühl kennen – Kafka gibt sogar das Stichwort »Schiff« –, als er dem
Gericht auf der Spur zu sein glaubt.

Schopenhauer bestimmt den Stellenwert von Genie und Esprit in
der Tradition des christlich-abendländischen Kulturverständnisses.
Esprit, Witz wird, wie der Mond, dem Schwankenden, Unsicheren,
Nicht-Festgestellten, »Unordentlichen« zugeordnet. Bereits Lessings
Überlegungen wiesen in dieser Richtung. Der Witz stürze uns »aus
einer Befremdung in die andere«. Aus der beständigen »Durchkreu-
zung« der Fäden von ganz verschiedenen Farben entstehe dann »die
Kontextur«, die in der Kunst das sei, was die Weberei »Changeant«
nenne: »ein Stoff, von dem man nicht sagen kann, ob er blau oder rot,
grün oder gelb ist: der beides ist, von dieser Seite so, von der andern
anders erscheint: ein Spielwerk der Mode, ein Gaukelputz für Kin-
der«. Spielwerk also, Fassade, unsolides Hin und Her. Als nicht Fest-
gestelltes sein Erscheinungsbild verändernd wie der Teufel. Der Ordnung, Gründlichkeit, Eindeutigkeit diametral entgegen – anders,
»sonder« und an die Verwandtschaft von »sondern« und »Sünde«
erinnernd.

3. Züge des Abenteuerlichen

Lichtenberg, einer der witzigsten deutschen Autoren, dessen *Sudelbüchern* wir einige der geistvollsten Äußerungen zum Thema »Witz« verdanken, notiert sich, Witz »hascht« eine Ähnlichkeit, der Verstand prüft sie und findet sie »richtig«. Was solcherart zustande komme, sei Erfindung. Auffindung also eines bislang Unbekannten. Einfall, der sich dem Zufall verdankt. »Erfinden« war ursprünglich nicht wesentlich vom einfachen »Finden« verschieden. Später gewann Erfindung die ihm heute eigene Bedeutung: »Einfall der schöpferischen Phantasie«. Doch Erfindung hat zwei Gesichter: Sie kann real Herausgefundenes sein oder bloßes Phantasiegebilde. Der Witz fragt im Grunde nicht nach diesem Unterschied. Auch dies trägt ihm Feindschaft ein.

»Einfall« und »Einsicht« grenzt Kant von einander ab. Dem »lebhaften oder feinen« Witz sei der Einfall zuzuordnen, der »gründlichen und scharfsinnigen« Urteilskraft die Einsicht. Lebhaftigkeit hier, Gründlichkeit dort. Je nach Erwartung desjenigen, in dessen Dienst der Witz gestellt wird, Gelehrter oder Schöngeist, Deutscher oder Franzose, habe er sich von dieser oder jener Seite zu zeigen. Nicht ohne Grund warnt Georg Friedrich Meier in seinen *Gedanken von Scherzen* (1744) davor, nicht zu bedenken, »ob der Witz durch die nötige Scharfsinnigkeit unterstützt worden«. Sonst könne es gar leicht geschehen, daß uns unser Witz ein »Blendwerk« vormache. Die Folge solcher Täuschung wäre, daß wir »Dinge in solchen Stücken« verglichen, worin sie doch voneinander unterschieden worden. Furcht vor dem Gekünstelten, Ordnungswidrigen. Ein Blendwerk ist ein Phantasiegebilde, Hirngespinst. Deswegen schreibt Gellert, bei Leuten, die »nicht gut denken« könnten, täten »witzige Blendwerke oft gute Dienste«.

Die Laxheit, die sich in der leichthändigen Verbindung von Einfall und Einsicht, Phantasie und Verstand, im fehlenden »ordnungsgemäßen« Austarieren äußert, gilt den Kritikern des Witzes als Ungeduld, Neugier und Dreistigkeit, was soviel wie Schamlosigkeit bedeutete. Alle drei Begriffe behaupten seit Jahrhunderten ihren Platz im christlichen Sündenkatalog; ihre Verwendung bestätigt, daß das Vorurteil dem Witz gegenüber religiös begründet ist. Kant spricht es unmißverständlich aus: »Lediglich den Einfällen alles (zu) verdanken haben, heißt: dem bloßen Glück des Schicksals sein Leben anvertrauen.« Einsichten seien eben »die Wirkung der anhaltenden Arbeit und Geduld«, während Einfälle »von der bloßen Gelegenheit« abhingen, vom Zufall. Zufall wie Einfall ist für den Philosophen »Ungefähr«: jener »ein äußeres«, dieser »ein inneres Ungefähr«. Was hierunter zu verstehen sei, ist heute nicht mehr ohne weiteres zu erkennen. Der »ungefähre Zufall«, das »blinde Ohngefahr« ist das, was nicht der Regel entspricht, aus dem Zusammenhang des Lebens herauszufallen scheint. An ihm hat das Glück mehr teil als der »Vorbedacht«. Seine Göttin ist Fortuna, Führerin zum Abenteuer, heidnische Dienerin eines christlichen Gottes.

Als Ausnahme, Störung der Ordnung muß der Zufall zwangsläufig vor allem da in Erscheinung treten, wo der Mensch sich an Ordnungsprinzipien klammert, sein Verhältnis zu ihnen verkrampft ist. Wer das Gebot der Ordnung predigt, Unterwerfung fordert, ruft die intervenierende Hand des Zufalls herbei. Sich dem Zufall anvertrauen heißt, mit dem Rad der Fortuna zu steigen und zu fallen. Grimmelshausens *Simplicius Simplicissimus* (1669) weiß ein Lied zu singen von diesem Hin und Her, den Wechselbädern des Lebens. Die Unberechenbarkeit Fortunas, ihre Willkür verweist auf Proteus. Seine Gestalt – dem Mond, Fortunas Gestirn, vergleichbar – versinnbildlicht Wechsel, »Unordentlichkeit« und »Leicht-Sinn«. Unordentlichkeit steht für Verneinung von Ordnung. Ordnung gilt als Prinzip, das Regelmäßigkeit, Harmonie, Rangfolge genauso einschließt wie Disziplin, Gleichschritt, Zuverlässigkeit und Sauberkeit. Es erübrigt sich, die Gegenprobe vorzunehmen. Geordnetheit als das auf (gesetzlicher) Regelung beruhende System suggeriert die Vorstellung des Klaren und Übersichtlichen. In ihr sind die Teile planvoll auf ein Ganzes bezogen. Gott liebe notwendigerweise die Ordnung, wie er notwendigerweise die Unordnung hasse, schreibt Nicolas Malebranche, der »christliche Plato«. Daß es Unordnung überhaupt gibt, wird menschlicher Sündhaftigkeit zugeschrieben. Ein beliebtes Argument gegen Revolution. Deren Gegner berufen sich auf die ewige, unabänderliche, von Gott geschaffene Natur als Vorbild für die geschichtlich-soziale Ordnung. Bekannt ist Goethes Äußerung, er wolle lieber »eine Ungerechtigkeit begehen, als Unordnung ertragen«.

Ruhe und Ordnung erscheinen aus dieser Sicht als Ideal. Beides, Ruhe wie Ordnung, hat gerade in Deutschland seine Geschichte. Carl Friedrich Bahrdts *Handbuch der Moral für den Bürgerstand* (1789) fordert, daß die »Regulen« »Ordnung, Ruhe und Wohlstand« der Untertanen durch Gesetze gesichert werden. Ein Mann wie Knigge sieht den einzigen Zweck des Staates darin, »Ordnung, Ruhe, nützliche Geschäftigkeit, Sicherheit des Lebens und des Eigentums und Genuß unschuldiger Freuden zu befördern«, wie er in einem »Manifest« schreibt (1795). Statt Verwirklichung von Glück als Staatszweck, wie das Programm der europäischen Aufklärung es will, die Beförderung »unschuldiger Freuden«. Bescheidener geht es kaum. In Deutschland bleibt Staatsziel, auf die äußerste Befolgung der Gesetze zu achten und für Ruhe, Sicherheit und Ordnung zu sorgen. Ende des 18. Jahrhunderts schränkt die preußische Reformgesetzgebung den Staat auf die »Erhaltung der bürgerlichen Ruhe und Ordnung« ein. Besonders seit den Karlsbader Beschlüssen (1819) und zur Zeit der Politik Metternichs werden »Ruhe und Ordnung« zu Kampfparolen gegen revolutionäre Aufmüpfigkeit. Die Berufung auf sie wird zur Panazee bei der Abwehr der Ansprüche der Untertanen, zum Mittel der Legitimation und Erhaltung der eigenen Herrschaft. Damit ist das eher aufgeklärt-liberale Staatsverständnis auf den Kopf gestellt. Nicht die Rolle des Menschen gibt den Ausschlag, sondern jene des Staates. Und der Staat, das ist die Obrigkeit. Die Ordnung, die Macht.

Wie das Abenteuer rebelliert Witz gegen die Forderung nach Anpassung, Einordnung, »Verbindung des Vielen nach einer Regel« (Kant). Im Namen von Willkür, Zufälligkeit – Freiheit. Eine Gesellschaft, der Ordnung, Disziplin über alles geht, muß Abenteuer und Witz zu Außenseitern erklären. Ihre Ausgrenzung läßt sich rechtfertigen als Sicherungsmaßnahme. Deren Vollzugsorgan ist der Bürger. Der findet seine Normen, sein Arbeitsethos in ihr bestätigt. Man könnte sagen, daß er, alles in allem, in ihr seine Identität gewinnt. Eine Identität der Abgrenzung, wie wir gesehen haben. Ein Denken, das alle menschliche Erkenntnis einem einheitlichen Zusammenhang einzuverleiben sucht, auf Arbeit sich gründend, in Schwere sich vollziehend, muß sich gegen das Prinzip des Witzes zur Wehr setzen.

In der Zufälligkeit, wie sie den Einfall kennzeichnet, sieht Hegel ein Zeichen von Auflösung, Verfall. Er stellt ihr die »feste, sichere Ordnung« der bürgerlichen Gesellschaft und des Staates gegenüber. Der Abenteurer ist für ihn »der neue Ritter«, der wie Don Quijote »ein Loch« in die »Ordnung der Dinge« hineinstoßen will. Auch am Witz entdeckt Hegel Züge des Abenteuerlichen. So ist »neuer Ritter« nicht nur der Abenteurer, auch der Witzige. Was leistet der Witz anderes, als »Löcher in die Ordnung der Dinge« hineinzustoßen? Unermüdlich spielt er mit den Achillesfersen von Denken und Sprechen. Als subjektiver Einfall faßt er irgendein gleichgültiges Objekt und hebt, wie Hegel schreibt, »unvermutet mit treffender Schärfe eine

> »Witz ist Wissen um die Ähnlichkeit des Verschiedenen und
> die Verschiedenheit des Ähnlichen.«
>
> *Madame de Staël*

Seite, eine Beziehung« heraus, »welche vorher an dem Gegenstand,
wie er vorlag, nicht erschien und denselben durch die neue Bedeut-
samkeit in ein anderes Licht stellt«. Damit beweist er, daß das Feste
schwankend ist. Vorläufig. Von schwebender Relativität. Autoritärer
Anspruch kann auf ihn nicht bauen.

4. Vom Sprühfeuer der Salonkultur

Verborgenes oder Verstecktes holt der Witz ans Licht. Er tut dies,
indem er sich hören oder sehen läßt. Denn er *ist*, indem er aufblitzt.
Nach Freud sind bei den »witzigen Köpfen« »besondere Anlagen
oder psychische Bedingungen vorauszusetzen, welche die Witzarbeit
gestatten oder begünstigen«. Mehr noch: Mit der »Witzarbeit« sei
der »Drang zur Mitteilung« unabtrennbar verbunden. Als Spiel mit
den eigenen Worten und Gedanken mag die Witzigkeit bisweilen
einer Objektperson, eines Gegenüber, an die sie sich richtet, entbeh-
ren. Wir lachen oder kichern dann vor uns hin. Aber letztlich bedarf
die in Gedanke und Wort erscheinende Witzigkeit des anderen. Sozusagen um sich an ihm zu erproben und auf sich selbst zurückzuwir-
ken. Was die Witzigkeit im witzigen Sprechen erreicht, ist Wortlust.
Gemessen an der von asketischen Religionstraditionen geforderten
Enthaltsamkeit in Gedanke und Wort ist sie Sünde. Ein Werk des
Satans.
  Wir erinnern uns der folgenreichen Frage: »Ob ein Deutscher Witz
haben könne.« Die Franzosen hatten sie verneint, ohne dabei auch
die Begleiterscheinungen der Witzigkeit in Abrede zu stellen. Doch
der Abbé Bouhours hatte seine Definition von »Schöngeist«: »*bon
sens qui brille*«: »gesunder Menschenverstand, der glänzt«, einge-
schränkt durch die Warnung, »aber daß er nicht zu sehr glänzt«. Denn
es sei ein größerer Fehler, zu sehr zu glänzen als nicht genug. Voltaire
war dann so weit gegangen, »die Lust am Glänzen und durch Neues
Überraschen« als Charakteristikum des »falschen Schöngeists« her-
auszustellen. Nur: Wo nimmt eitle Angeberei schon für sich ein? Die
Deutschen hätten solcher Warnungen freilich nicht bedurft. Sie hatten ihren Luther. Die Saat der Weltindifferenz, ja Weltaskese, die er

in ihrem Gemüt ausgestreut hatte, war längst vielfältig aufgegangen. Echter Glanz war für sie weder am Hof noch im Salon zu finden. Und Frankreich?

In Frankreich hatten die Salons das geistige Erbe des Hofs angetreten. Vertreter der verschiedensten Schichten trafen sich hier. Diese dialogische Begegnung trug nicht wenig dazu bei, daß die Aristokraten bürgerliche Denkformen und Moralvorstellungen übernahmen und die bürgerliche Intelligenz sich mit den obersten Schichten vermischte. So verkehrten im Salon der Marquise M. du Deffand neben Voltaire auch die Engländer Edward Gibbon, David Hume und Hugh Walpole. Bei der Madame L. F. Épinay trafen sich so gegensätzliche Charaktere wie Marivaux, Montesquieu, d'Alembert und Rousseau. Die brillante Formulierung trug das Gespräch. Als Maxime, Sentenz, Paradox beherrschte der Esprit die Situation.

Der französischen Salonkultur hatte Deutschland nichts Gleichwertiges entgegenzusetzen. Daß es hier an einem kulturell-geistigen Zentrum fehlte, hätte sich nicht unbedingt hemmend auswirken müssen. Nur: Die soziale Ordnung im Deutschland des 18. Jahrhunderts gründete in der Trennung. Hier wiederholte sich im gesellschaftlichen Miteinander, was auf staatlicher Ebene das Bild der Nation geprägt hatte. Nicht Miteinander, müssen wir korrigieren, sondern Neben- und Gegeneinander. Dem Makropartikularismus entsprach ein Mikropartikularismus. Daß man sich trennte, sei nicht nur in der Stadt so gewesen, schreibt Rudolf Engelsing, »das war auch von Stadt zu Stadt, Staat zu Staat, Dialekt zu Dialekt, Konfession zu Konfession so, die ergänzenden Trennungen zur Trennung von Stand und Beruf bildeten sich in dem Land der kleinen und mittleren Staaten und Städte, das Deutschland war, kein Gegengewicht in einer Metropole hatten, die diesen Trennungen entgegenwirkte und eine öffentliche Geselligkeit und private Zirkel von öffentlichem Interesse ausbildete, ohne sich durch die feudalen Hindernisse einschränken zu lassen«.

Wieder wendet man den Blick nach Frankreich. »Deutsche«, fordert 1773 eine Zeitschrift ihre Leser auf, »ahmt doch den Franzosen nach! Werdet ihnen... in den Gesellschaften gleich... Wagt es, und ihr werdet... ein Publikum ausmachen.« »Eine schöne Ode, eine niedliche pièce fugitive, ein witziges oder auch gelehrtes Buch« beschäftige die Pariser Gesellschaft oft viele Tage. Tatsächlich entstanden Anfang der neunziger Jahre in Deutschland kleine Kreise, »welche Schöngeisterei und Mode-Lektur zu einem Hauptgegenstand ihres Bestrebens« machten. Zu ihnen traten in den letzten Jahren vor der Jahrhundertwende literarische Zirkel, deren Besucher durch

»nützliche und angenehme Unterhaltung über gelehrte, einem jeden interessante Gegenstände« und »durch Lectüre, Gespräch und Prüfung selbstverfertigter Aufsätze« in den »Genuss echter geselliger Freuden« kamen.

Traf man in den sogenannten »Sonntagsgesellschaften« zu Spiel, Gespräch und Lektüre zusammen, so stellte der ausgesprochen schöngeistige Zirkel die höchsten Ansprüche. Er war dem Salon vergleichbar, wie er in Berlin Berühmtheit erlangt hatte. In der »Lesegesellschaft« von Moses Mendelssohns Tochter, Dorothea Mendelssohn Veit, trafen sich zweimal wöchentlich Berliner Schriftsteller, Gelehrte und Kaufleute ohne Rücksicht auf Religionsunterschiede. Auf einmalige Weise dem französischen Vorbild vergleichbar war der Salon der geistvollen Rahel Levin, später Varnhagen, wo Persönlichkeiten wie der politische Publizist Friedrich von Gentz und der schwedische Botschafter Brinckmann genauso verkehrten wie Ludwig Tieck, Adalbert von Chamisso, Clemens von Brentano oder Friedrich Schlegel. Im Gegensatz zu der »Wahllosigkeit« der jüdischen Salons, die sozusagen den sozialen Raum außerhalb der Gesellschaft bildeten, trugen die Zusammenkünfte in nicht-jüdischen Salons, wie sie sich beispielsweise in der großen Hauptstadt fanden, wie Hannah Arendt schreibt, »das Gepräge patriotischer Geheimbünde«. Nach der Katastrophe von 1806 wurde der Salon, der Menschen aus allen Ständen zusammenhielt, verdrängt durch eine neue sehr exklusive Geselligkeit. Sie will mehr sein als Salon. Dieser Trend führte zur Bildung der Zelterschen Liedertafel, aus der wiederum die Christlich-Deutsche Tischgesellschaft entstand. Sie gründet sich auf Statuten, die Frauen, Franzosen, Philistern und Juden den Zutritt verbieten.

Die Reihung »Frauen, Franzosen, Philistern und Juden« ist nicht zufällig. Sie alle galten als Anhänger oder Schützlinge der Aufklärung, in deren Ablehnung man sich einig war. Die neue Wortbildung »Aufklärischt« spricht für sich. Dazu kamen Franzosenfeindlichkeit und Opposition gegen die Salonkultur überhaupt. Sie wird als »undeutsch« abgetan. Philister, meint Brentano, verachteten »alle Volksfeste und Sagen und was an einsamen Stellen vor moderner Frechheit gesichert, im Alter ergraut ist«. Sie nennten die Natur, »was in ihren Gesichtskreis oder vielmehr in ihr Gesichtsviereck fällt, denn sie begreifen nur viereckige Sachen«. Voltaire sei ihnen »lieber als Shakespeare, Wieland als Goethe«. Daß Juden und Franzosen in einem Atemzug genannt werden, überrascht nach dem Gesagten kaum. Zudem: Frankreich, dem klassischen Land der Aufklärung, das zugleich der politische Feind ist, verdanken die Juden die Verwirklichung der Gleichberechtigung.

Auch die Zusammenkünfte der Christlich-Deutschen Tischgesellschaft folgten einer Ordnung. Stets lag ein Programm vor. Meistens wurde eine ernste patriotische Geschichte verlesen, die dann in einem Nachgang ins Schwankhafte variiert werden mußte. Die »monologische« Art von Unterhaltung war weit von dem entfernt, was das Gesicht der französischen Salons prägte. Gewiß, in Mademoiselle de Scudérys Zirkel dichtete man Madrigale, bei Mlle de Montpensier malte man Porträts und bei Madame de Sablé formulierte man Maximen, doch die Konversation, die diese Tätigkeit begleitete, verfolgte, um es mit Madame de Staël zu sagen, das Ziel, »seinen Verstand in allen Abstufungen durch Ton, Gebärde und Bild zu offenbaren« und, nach Belieben, eine Art von Elektrizität hervorzurufen, deren sprühende Funken die Lebhaftigkeit der einen mäßigt und die Apathie der andern verbannt«. Rede diene bei den Franzosen eben nicht bloß als »Werkzeug zur Mitteilung von Ideen, Gefühlen, Angelegenheiten«, sie sei zugleich ein »Werkzeug, womit man spielt«.

Typisch für das Salongespräch war das Paradox und die dialektische Formulierung. Sie findet sich am reinsten in den Maximen und Aphorismen der französischen Moralisten. Der Salon ist ihre Bühne, auf der der Mensch sich als Spieler bewegt und zugleich sein eigener Zuschauer ist. In ihren Werken erscheint das Beobachtete als kondensierte Lebenserfahrung, dargeboten in einem Stil, der »sprunghaft«, »gärend« (Karl Vossler) ist. Die dialektische Struktur dominiert, Irrtum und Wahrheit erscheinen untrennbar verbunden. Denn in ihrer paradoxen Gestalt enthüllt Wahrheit sich als »dialektische« Wahrheit. Unfertig, schwankend, nicht festgelegt, also offen wie das witzige Gespräch, das sie in Worte bringt.

Nun, die Christlich-Deutsche Tischgesellschaft vermochte genausowenig über ihren Schatten zu springen wie die Mitte des 18. Jahrhunderts aufgekommenen Lesegesellschaften, in denen man neuerschienene Bücher und Zeitschriften las und diskutierte. Mangel an freier Bewegung, monologisches Nebeneinander hier wie dort. Mit zwangloser Konversation, kritischem Meinungsaustausch oder spielerischem Hin und Her hatten diese gesellschaftlichen Veranstaltungen nur entfernte Ähnlichkeit. Eine Witzkultur vermochte in solchen privaten Zirkeln so wenig zu gedeihen wie in den Vereinen. Deren erster, der »Tugendbund. Sittlich-wissenschaftlicher Verein«, war 1808 in Königsberg begründet worden. Vereinsleben dient eher der Bindung, Kanalisierung von Emotionen als der Einübung von Ratio-

nalität in Form pointierenden Sprechens. Es ist Ersatz: nicht Blitzer-
zeuger – Blitzableiter.

Der spielerische Umgang mit der Sprache, von dem Madame de
Staël spricht, ruft das herbei, was Madame de Scudéry das »Ich-weiß-
nicht-was«, ein »(gewisses) Etwas« nennt. Madame de Scudéry, in
deren Salon u. a. La Rochefoucauld, einer der bedeutendsten Moralisten, verkehrte, sieht im Fehlen dieses »Etwas« die Ursache für die
vielbeklagte Langeweile: den *Ennui*. Sie weiß sich im Einklang mit
ihrem Zeitgenossen Hobbes, der im Witz ein Antidot für die Unlust
der Langeweile sieht. Dieses geheimnisvolle Etwas, das, wie der Geschmack, dem *»honnête homme«* und dem Belesprit zugesprochen
wurde, ist nichts anderes als der Witz.

Es konnte nicht ausbleiben, daß in Deutschland auch der Einsam-
keitskult des 18. Jahrhunderts mit der Wende zum 19. Jahrhundert
brüchig wurde. Er hatte aus der Not eine Tugend gemacht. So lobt der
Aufklärungsphilosoph Christian Garve zwar die Zurückgezogenheit
als das der »Cultur des Geistes« Zuträgliche, macht aber zugleich aus
seiner nüchtern-kritischen Einschätzung der Einsamkeit kein Hehl.
»Überhaupt und der Natur der Sache nach«, schreibt Garve, »scheint
Gesellschaft für die Zeiten der Gesundheit, der Heiterkeit und des
Vergnügens gemacht, die Einsamkeit aber der natürliche Zuflucht-
sort des Kranken, Betrübten und Gebeugten zu sein« (*Über Gesellschaft und Einsamkeit*). Garve gehörte zu den sogenannten Popularphilosophen, die nicht zuletzt wegen ihres *common sense* als »platt«,
»oberflächlich« angefeindet wurden. Er war ein Optimist und stolz
auf seine lebenszugeneigte Systemlosigkeit.

5. Deutsche Dichter – brillante Franzosen

»Ein großer Korb ward jetzt ans Feuer gebracht«, so berichtet ein Augenzeuge, »voll Bücher, die hier öffentlich, im Angesichte des deutschen Landes der Flamme übergeben werden, im Namen der Gerechtigkeit, des Vaterlandes und des Gemeingeistes. Ein gerechtes Urteil sollte hier gehalten werden über die schlechten, das Vaterland entehrenden, unseren Volksgeist verderbenden Schriften; zum Schrecken der Schlechtgesinnten und aller derjenigen, die mit ihrem seichten Wesen, leider! nur zu sehr die alte keusche Volkssitte entstellt und entkräftet haben. Der Titel jedes Buches ward von einem Herold laut ausgerufen; dann erscholl jedesmal ein lautes Geschrei der Anwesenden, ein Ausspruch des Unwillens: Ins Feuer! Ins Feuer! Zum Teufel mit demselben! Somit ward das Corpus delicti den Flammen überantwortet.«

Die Rede ist hier von der Bücherverbrennung auf dem Wartburgfest 1817, das »jene Nachtseiten des deutschen bürgerlichen Geistes offenbarte, die heute, im Rückblick, uns nur zu vertraut erscheinen« (Hagen Schulze). Wie Luther einst die Bannbulle des Papstes verbrannt hatte, so soll nun den Schriften aller Feinde des Vaterlands das gleiche Schicksal bereitet werden. In Namen von »tiefem« Wesen und »keuscher« Volkssitte, wie zu folgern ist. Unter den dem Scheiterhaufen überantworteten Büchern befanden sich Werke Augusts von Kotzebue. Ihr Verfasser habe sich über die Ideale der Nationalbewegung lustig gemacht, »schlechte Gesinnung« gezeigt. Zwei Jahre darauf wurde Kotzebue von dem Studenten Karl Ludwig Sand ermordet.

Der Verfasser des Lustspiels *Die deutschen Kleinstädter* (1803) war nichts anderes als ein unerhört erfolgreicher Schriftsteller, der nach den Freiheitskriegen auf der Seite des restaurativen Staates stand. Obwohl seine Stücke die Kassen füllten und als platt, oberflächlich abgetan wurden, fehlt es ihnen nicht an sozialkritischen Spitzen. Es entbehrt nicht der Ironie, daß der ähnlich vielgespielte August Wilhelm Iffland an ihnen kritisierte, sie wollten »gegen Sitten und Verhältnisse angehen«. Was schwerer wog, Eichendorff sprach es aus: Kotzebue habe die »Humanitätsreligion« »salonfähig« gemacht. Jenen sei er zuzuzählen, die »das überkommene Kapital zu größerer Bequemlichkeit und Menschenbeglückung völlig in Scheidemünze und Kupfer« umgeprägt und an die Stelle »jener idealen Menschlichkeit den bloßen nüchternen Verstand« gesetzt hätten, der fortan »die wißbegierige Welt über alles, was er wußte und nicht wußte, gehörig aufklären sollte«. Statt ewige Wahrheit zu bieten, demonstriere er

Kompromiß und Relativität, statt Erziehung zu verlangen, vermittle er bloße Rührung. Die »Virtus«, Tugend, werde bei dem »eitlen und leichtfertigen Kotzebue zu bloßer Frivolität«.

Der Dichter, »welcher das Publikum zu sich emporziehen sollte, lasse sich zu ihm herab, weil es klatscht und bezahlt«. Sein Theater wolle nur unterhalten, rechtfertigt sich Kotzebue, ohne sich dessen bewußt zu sein, daß gerade diese Einseitigkeit Stein des Anstoßes war. Daß er, der in ganz Europa und sogar in der Neuen Welt bekannte Dramatiker, dazu imstande war wie kaum ein anderer seiner Zeit, hatte ihm nicht zuletzt Goethe bescheinigt. 90 seiner 230 Dramen ließ Goethe in Weimar aufführen. Den Modeklischees seinen Tribut zollend, spielt Kotzebue mit ausgeprägtem dramaturgischen Instinkt Land gegen Stadt, Einsamkeit gegen Gesellschaft, Bürgertum gegen Adel aus. Doch dies geschieht auf eine »schillernde« Weise, die den sozialkritischen Vorstoß jeweils wieder zurücknimmt in die Feier des Status quo. Ein Hin und Her, das dem Autor den Vorwurf der Vieldeutigkeit und Unentschiedenheit, d. h. Standpunktlosigkeit eingetragen hat. »Revolutionär und Sklav«, auf diese Formel hat Goethe das Schwankende an Kotzebues Denken und Wesen gebracht. Gar nicht so weit entfernt ist er damit von August Wilhelm Schlegels bösen Versen:

> »O Schand und Spott!
> Du Sansculott!
> Verwegne Tat
> Aristokrat!«

Trug Kotzebues scharfe Zunge schon nicht dazu bei, daß der Autor sich Freunde machte, so dürfte es vor allem sein »undeutscher« Witz, den er dem »bleiernen Witz«, d. h. »Nicht-Witz« seiner Zeitgenossen entgegensetzte, zuzuschreiben gewesen sein, daß er zu einem der geschmähtesten und verachtetsten Autoren seiner Zeit wurde. Daß sein Drama *Die deutschen Kleinstädter* (1803), das noch heute durch Witz und elegante Dialogführung besticht, den Namen des Kleinstädtchens »Krähwinkel« zu einem Begriff werden ließ, steht auf einem andern Blatt.

Als die Freudenfeuer auf der Wartburg loderten, waren die Scheiterhaufen noch kein halbes Jahrhundert verglüht, auf denen die Göttinger Hainbündler Wielands Werke verbrannten (1722). Die Mitglieder dieser Protestbewegung gegen den Rationalismus der Aufklärung, Johann Heinrich Voß, Ludwig Christoph Hölty u. a., verübelten dem Dichter seine Vorliebe für die französische Kultur. Mit Voltaire verglichen zu werden, war damals keine Empfehlung. Das, wie Arno Schmidt es nennt, »Freudenpulver« von Wielands Prosa verdankt sich nicht zuletzt dem »Esprit«, über den der Verfasser der *Abderiten* (1774) in reichem Maße verfügt. Wie andere sei er, schreibt Eichendorff, von der Frömmigkeit ausgegangen, aber sie sei ihm nicht »an die Seele gewachsen«. Deshalb habe er sie »ausgezogen«, »nachdem er bei Voltaire und in der vornehmen Sozietät gelernt hatte, sich des altmodischen Kleides zu schämen«.

Auch in der leichtesten und kunstlosesten Gattung, die »kaum etwas anderes poetisch« habe als die Lebhaftigkeit des Ausdrucks und den Reim, belehrt Wieland junge Dichter in einem »Sendschreiben«, sei »Witz und Laune oder glückliche Ejakulation eines augenblicklichen Gefühls genug, einen Verfasser der Nation lieb und schätzbar zu machen«. Wieland war zwar ein überaus erfolgreicher Autor, dessen Einkommen mit jenem Goethes oder Schillers Schritt hielt, daß die Nation, der er den Spiegel vorhielt, um ihre Borniertheit zu entlarven, ihn liebte und schätzte, ist indessen wenig wahrscheinlich.

Auch Wieland, der wie Gellert seinen Landsleuten nahelegte, sich klar und gefällig auszudrücken, mußte den Vorwurf der Frivolität über sich ergehen lassen. Er bevorzuge die »Schwebe zwischen sogenanntem Platonismus und ordinärer Sinnlichkeit«, verkuppele »Zucht und Unzucht« miteinander. Empört schreibt Eichendorff: »In dieser Kuppelei aber sind die Grazien gezeugt, für deren Dichter Wieland gilt; griechische Hetären, die französisch von Tugend plaudern und vor den Spiegeln ihrer Boudoirs in künstlichen Ballettstellungen die verlorene Unschuld nachmachen.«

Am faßbarsten wird Wielands Witz in dem, was man »witzigen Sprung« genannt hat. Auf einen Gedankenstrich folgt eine Pointe. Relativismus, Skeptizismus wird sichtbar. Doch Wieland will Witz und Empfindung vermittelt wissen. Sein Ideal ist Grazie, als Zusammenfassung der Kultur des Witzes mit jener des Gefühls. In dieser »wunderbaren Ausgeglichenheit« (Erik A. Blackall) habe Wieland Zivilisiertheit in die deutsche Sprache gebracht. Doch: War dies eine Empfehlung? Kaum. Gerade sie, die Verfeinerung, »zivilisatorische Glätte«, war vielen ein Dorn im Auge. Wir haben bereits Goethes Diktum zitiert, wonach Poliertheit und Charakter einander ausschließen, der Druck »gesellschaftlicher Verbindungen« jeden Zug verwischte, aus dem ein »charakterliches Bild« gemacht werden könnte. Die deutsche Obsession mit Charakter! Strammstehen als Kriterium der Abgrenzung. Überhaupt habe der französische Geist für »Charakterreinheit« keinen Sinn, meint Wilhelm von Humboldt. Weshalb es nicht »ein einziges gutes Charaktergemälde« in französischer Sprache gebe. Keine Frage, Wielands relativierende Weltsicht reichte über Deutschland und seine Originalitätssucht hinaus. Europäisierung der deutschen Kultur war sein Ziel. Vermenschlichung.

Es ist bestimmt kein Zufall, daß den Witz des mehr als ein halbes Jahrhundert nach Wieland geborenen Heinrich Heine niemand so gerecht und scharf beurteilt hat wie George Eliot – eine Engländerin. Dies muß auffallen, da die Wertvorstellungen, Abgrenzungsparolen sich inzwischen kaum geändert haben. Die meisten seiner zeitgenössischen Kritiker denunzierten Heine als frivol, gotteslästerlich und französisch. Schon 1827 wurde der Ruf nach Verbrennung seiner Bücher laut. Nach Auffassung der englischen Autorin stellt Heines »Esprit« – im englischen Text ist das französische Wort hervorgehoben – eine Bereicherung deutschen Wesens dar. Vorläufig allerdings sei das, was Heine zu bieten habe, noch »undeutsch«: Heinrich Heine, ein deutscher Dichter, der ein »brillanter Franzose« sein könnte. Ein Kompliment, gewiß. Nur nicht in Deutschland.

Wie könnten ihm seine Landsleute den Spott verzeihen, mit dem er sie leichthändig bedachte! Spott auf ihre harmlose, unpolitische Biedermeierei, ihre Provinzialität, ihre Schwäche für Titel, Beamtentum, Militär, ihre 36 Monarchen (Golo Mann). Sollte es je in Deutschland zu einer Revolution kommen, so würden die Deutschen ihre Könige dennoch nicht so rauh behandeln, wie Engländer und Franzosen die ihren behandelt hatten. Heine selbst deutet ironisch an, durch den Witz sei er ein Dichter von Gottes Gnaden. Er verdanke seine Schriften, meint er, auf den Ursprung des Wortes »Einfall« aus der Mystik anspielend, »der Gnade und Barmherzigkeit Gottes«. Offenbar segne Gott »profane, sündhafte, ketzerische Schriftsteller«, je weniger Aussicht sie auf den Himmel hätten, desto mehr mit »vorzüglichen Gedanken und Menschenruhm«. Als »kolossaler Napoleon« des Witzes (Beda Allemann), Vorläufer der Surrealisten, Vorwegnehmer des Verfremdungsprinzips, verlangt Heine vom Witz, daß er gezielt und ernsthaft sei. Nur dann sei er »erträglich«, wenn er »auf einem ernsten Grunde« ruhe. Deshalb treffe so gewaltig der Witz Börnes, Jean Pauls und der Narren in Shakespeares *König Lear*. Als Charakteristikum von Heines Witz gilt die Fähigkeit zum »Weitsprung«, wie sie auch Wieland, der gleich ihm so unendlich viel zur Bereicherung und Lockerung der deutschen Prosa beigetragen hat, nachgerühmt wird. Heine verstehe es ausgezeichnet, jenen alles zusammenfassenden Weitsprung »als knappsten Schlußsprung aus

> »Auch sind mir in diesem Augenblicke nicht alle Studentennamen im Ge-
> dächtnisse, und unter den Professoren sind manche, die noch gar keinen
> Namen haben.«
>
> Aus: *Heinrich Heine, Harzreise*

dem Stand« erscheinen und künstlerisch wirken zu lassen (Bruno
Markwardt). Witz im Dienst eines hohen Kunstverstands, der, indem
er Gebundenes trennt und Getrenntes verbindet, die Gegensätzlichkeit des Wirklichen bewußt macht. Kritiker wie der Philosoph Karl
Rosenkranz (1853) glaubten freilich, Heine dafür tadeln zu müssen,
daß er »den Gelüsten« nicht widerstehen könne, »dem Witz auch das
Heilige mit rücksichtsloser Roheit zu opfern«. Andere charakterisie-
ren seine Prosa als »rein, reich, anmutig, beschwingt, nur bisweilen
ein wenig zu witzig« (Egon Friedell). In einem Heine gewidmeten
Tagebucheintrag (1838) bedauert Friedrich Hebbel, daß Heines »ver-
worrene Gemütszustände sich nicht in der Klarheit eines entschiede-
nen Gefühls auflösen« ließen. Der bekannte Vorwurf: schwankend,
unentschieden, nicht festgelegt zu sein. Darin jedoch, in dieser Fähigkeit, von den ernstesten Ansichten zu handeln, ohne sich zwischen
ihnen zu entscheiden, liegt gerade Heines Modernität. Der Dichter
war, wie Golo Mann es formuliert: »Aristokrat zugleich und Rebell«.
Er lasse uns hoffen, sagt George Eliot von ihm.

6. Vom »Geist der Zersetzung«: Jüdischer Witz

Am Abend des 10. Mai 1933 loderten in Deutschland erneut die
Scheiterhaufen. Verbrannt wurden auch diesmal Zeugnisse deutschen Kulturlebens, die man als »undeutsch« ansah. Wenn später
von dieser »entwürdigenden Aktion« die Rede ist, vergißt man meistens zu erwähnen, daß diese Vernichtung »undeutschen Geistes«
Vorläufer hat und auf eine Tradition zurückblickt. »Wir fordern«,
heißt es im Aufruf der Deutschen Studentenschaft, »den Willen und
die Fähigkeit zur Überwindung des jüdischen Intellektualismus und
der damit verbundenen liberalen Verfallserscheinungen im deutschen
Geistesleben.« Zuviel Verstand also, der Vorwurf der Dekadenz.
»Feuersprüche« als Urteilssprüche – das Lied von vorgestern:

»Feuersprüche« zur »Bücherverbrennung«

»Gegen dünkelhafte Verhunzung der deutschen Sprache, für Pflege des kostbarsten Gutes unseres Volkes:

Ich übergebe dem Feuer die Schriften des Alfred Kempener genannt Alfred Kerr, die Schriften des Heinrich Mann.

Gegen seelenzerfasernde Überschätzung des Trieblebens, für den Adel der menschlichen Seele:

Ich übergebe dem Feuer die Schriften des Magnus Hirschfeld und van de Velde. Wir wollen abtun jede Unkultur und alles undeutsche Wesen! Das Höchste soll uns sein: die restlose Hingabe an das geliebte deutsche Volk und unser stolzes deutsches Vaterland!

Denn wir bekennen uns zu dem Rufe: Deutschland, Deutschland über alles!«

Nieder mit der Dialektik auch. Sie ist des Teufels: entwaffnend – zersetzend. Mit der Dialektik habe man ein schonungsloses Werkzeug in der Hand, schreibt der Dialektiker Nietzsche. Man wende es an, wenn man keine anderen Waffen mehr habe. In Notwehr, sozusagen. Deshalb seien die Juden Dialektiker. Was Nietzsche unter Dialektik versteht, sagt er an anderer Stelle. Sie ist für ihn »kalte Vernünftigkeit«. »Raffiniert«, »auf Schleichwegen« sich bewegend, versetze sie den »kalten Messerstich des Syllogismus«. Überzeugungstaktik, rhetorischer Kniff, auch Nietzsche bediente sich ihrer mit Meisterschaft. Nach dem, was wir in früheren Kapiteln an Zusammenhängen kennengelernt haben, verdienen Nietzsches Ausführungen kaum, originell genannt zu werden.

Witziges Denken ist dialektisches Denken. Es geht, wie schon Plato wußte, synthetisch wie analytisch zu Werk. Indem es verbindet und trennt, destabilisiert es die etablierte Wahrheit, um eine tiefere und verborgenere *Wahrheit* aufleuchten zu lassen. Wie die Dialektik ist Witz in diesem Sinn »Widersprechungsgeist«, der, nach Goethe, dem Menschen gegeben wurde, »damit er den Unterschied der Dinge erkennen lerne«. Das kulturideologische Klischee vom »witzigen Juden« und dessen »dialektischen Tricks« suggeriert nicht nur das Bild des »Nein-Sagers« zum christlichen Heilsangebot, sondern zugleich auch Verwandtschaftsbeziehungen zwischen jüdischem Witz und französischem Esprit. Das deutsche Witzverständnis legt sie fest. Hier wie dort verdankt sich die Position der Grenzsteine ein und derselben Elle.

Daß die Juden von den Gründern und Lehrern der katholischen Kirche von Anfang an mit dem Satan, dem Widersacher, Verneiner,

Verführer und Antichrist in engste Verbindung gebracht wurden, ist vielfach dokumentiert. Als aus der Norm, der Ordnung Herausfallende waren sie verdächtig, »unheimlich«: »nicht-heimisch«, also fremd. Selbst und gerade bei Luther kehrt der Vergleich mit dem Teufel vielfach wieder: Die Juden gelten als Zerstörer und Verderber wie jener. Ihr Denken nicht weniger als ihr Sprechen. Man macht ihnen genau das zum Vorwurf, was Eduard von Hartmann der Dialektik nachsagt: Sie beruhe »legitimationslos« allein auf ihrer eigenen Versicherung, folge einer Logik, die sich als »oszillierendes und homogenisierendes ›Weder Noch‹ und ›Sowohl Als Auch‹« darstellen lasse. Auch diese Formulierung entbehrt der Originalität.

Jüdischer Witz wird denunziert als »zersetzender Witz«. Im Witz ein »zersetzendes« Prinzip zu sehen ist nicht neu. Friedrich Schlegel und Novalis priesen witziges Denken als bindend und lösend, als einen Priester, könnten wir in Abwandlung eines Wortes von Jean Paul sagen, der jedes Paar nicht nur traut, sondern auch wieder scheidet. In der Zuordnung des Prädikats »zersetzend« zum jüdischen Geist erhält extrem negative Deutung eine ethnische Grundlage. Lapidar heißt es bei dem Historiker Theodor Mommsen, ohne Zweifel seien die Juden ein Element der Dekomposition. Im Jahr 1892 verkündete die Konservative Partei ihr Tivoli-Programm, das zum Widerstand aufrief gegen »den vielfach sich vordrängenden und zersetzenden jüdischen Einfluß auf unser Volksleben«.

Wenn die Bereitschaft, die Juden zu tolerieren, im Schwinden war, so war Grund dafür der neue Patriotismus. Die Jahre der Herrschaft Napoleons über Deutschland hatten, wie der jüdische Publizist Saul Ascher es 1815 nannte, eine »Germanomanie« entfesselt. Hieß es früher, man habe nichts gegen Juden, wenn sie sich nur bereit zeigten, zum Christentum überzutreten, so ereifert man sich jetzt: »Getauft oder nicht, das gilt gleichviel.« Man hasse die »Unsittlichkeit und Leichtfertigkeit«, d. h. das »frivole Wesen« der Juden, die zu keinem Volke gehörten, als »Aventuriers« in der Welt umherschweiften und da blieben, wo »sie recht viel zu räsonnieren fänden« (Eduard Meyer). Mit andern Worten: Die Juden werden identifiziert mit Kräften, welche die bestehende gesellschaftliche Ordnung untergraben. Einen »jüdisch-destruktiven Intellektualismus« glaubt Hans Blüher zu entdecken. Beharrlich wird die Behauptung wiederholt, jüdischer Intellektualismus und »vergiftender«, sprich: »zersetzender«, Zynismus gehörten zusammen. Die »zersetzende Lauge« des Spottes, wer sie ausschütte, könne nicht Deutscher sein. In seiner *Deutschen Geschichte* (1879 ff.) belehrt der Historiker Treitschke seine deutschen

Landsleute schließlich, »daß deutsche Herzen bei Heines Witzen nie recht wohl werde«. Bis »man entdeckte, daß Heines Esprit keineswegs Geist war im deutschen Sinne«, habe es freilich noch »länger« gedauert.

Sollte tatsächlich die Möglichkeit bestehen, daß Juden witziger sind als Nicht-Juden? Immerhin ist es denkbar, daß bestimmte Formen der Geistesschulung den Verstand schärfen. Ihr Fehlen würde sich dann nachhaltig auf die Entfaltung der Geisteskräfte auswirken. Wenn Esprit darin besteht, wie ein französischer Philosoph sagt, »die Ähnlichkeit der verschiedenen und die Verschiedenheit der ähnlichen Dinge zu erkennen«, so muß es möglich sein, sich diese Fähigkeit bis zu einem gewissen Grad durch Einübung anzueignen. Wie? Beispielsweise durch talmudisches Exercitium. Verdanken sich Folgerichtigkeit des Räsonnements und Klarheit der Sprache bei den Franzosen nicht auch neben Affektmodellierung und gesellschaftlicher Durchlässigkeit jahrhundertelanger juristischer Schulung?

Soweit die »Art der Verknüpfung scheinbar nicht zusammengehöriger Elemente in Rede, Argumentation und Erzählung«, dieses »Überspringen von einem Gegenstand zum andern (wie bei Mahler von einem Motiv zum andern)« nicht gewollt, als bewußtes, schockierendes Stilmittel verwendet würde, ließe es sich nach Alex Bein »wohl mit Recht« mit der Welt des Talmud in Verbindung bringen. Statt logischer Systematisierung – assoziative Aneinanderreihung, wie sie auch Theodor Lipps oder Emil Kraepelin als charakteristisch für den Witz ansehen. Eine Offenheit, Beweglichkeit, »Charakterlosigkeit« entsteht, die »äußerlich als Zucht- und Schamlosigkeit« wirken könne. Statt »äußerlich« sollte man wohl besser sagen: »in böswilliger Deutung«.

Heinrich Heine, schreibt der Wahldeutsche Houston Stewart Chamberlain, sei »mächtig« nur »im Zerstören«. Nichts sei ihm »heilig«. Zwar konzediert der englische Kulturphilosoph der »Kanaille« Heine »technische Virtuosität«, er qualifiziert den Dichter im übrigen jedoch ab als »Witzbold«. Heine ein »Witzbold«? »Jede Zucht des Willens« gehe ihm ab, beständig verstoße er gegen die »Naturwahrheit«. Zum Vorwurf der Künstlichkeit tritt jener der Kälte. Chamberlains Zeitgenosse Nietzsche formuliert Vorbehalte mit der rhetorischen Frage: »Wer wird an Wahrheit der Empfindung eines Heine glauben?« Andere erheben den Vorwurf der Schamlosigkeit, Frivolität, ja Frechheit.

Jüdischer Geist sei neben den Esprit der Franzosen zu stellen. Unter deutschem Geist will man anderes verstanden wissen. So schreibt Friedrich Wilhelm Heinz, den Mord an Rathenau rechtfertigend, 1930 in seinem damals viel gelesenen Roman *Sprengstoff*: Habe man einiges aus Rathenaus Büchern und Schriften gelesen und lese dann »etwas Deutsches dagegen«, »vielleicht ein paar Seiten Gottfried Keller oder Wilhelm Raabe«, so habe man »den ganzen Unterschied zwischen Geist und Esprit, Charakter und Intellekt«, und das »Sprühfeuer« verfange nicht mehr. Heinz' Bild vom nicht mehr verfangenden Sprühfeuer ist eindeutig: Es unterstellt die Absicht der Verführung durch Fassade, eitel Gewolltes, Künstliches, modisch dem Tage Angehöriges, durch »Witzelei«, »jüdische Geistreichelei« und »verwerfliche Suggestionskünste«, wie Adolf Bartels in seiner *Geschichte der deutschen Literatur* (1928) schreibt. Nur die »reinliche Scheidung zwischen Deutsch und Undeutsch« könne Deutschland noch retten, die Flucht, wie Heinz schreibt, vor dem »leibhaftigen Zerfall«.

Esprit also statt Geist; Intellekt statt Charakter. In seinem Roman *Der Hungerpastor* (1864) illustriert Wilhelm Raabe, der von Heinz angepriesene charaktervolle Vertreter deutschen Geistes, diese Gegensätzlichkeit. Raabe stattet Moses Freudenstein, seine zweite Hauptfigur, aus mit »zerstörerischer« Geistigkeit, läßt ihn neugierig und geschwätzig sein und nennt ihn, auf die Gestalt von Proteus und Teufel anspielend, eine »schlüpfrige, ewig wechselnde Kreatur«. Kein Wunder, daß Freudenstein schließlich nach Paris geht, sich dort als Literat niederläßt – in diesem »Satansnest«, wo Heine Zuflucht gefunden hatte und Thomas Manns Saul Fitelberg seine skandalorientierte Konzertagentur betreibt.

Mit Rufen wie »Quel esprit!«, ereifert sich im *Doktor Faustus* (1947) Saul Fitelberg, würde das Pariser Premierenpublikum Adrian Leverkühns Werke feiern, wenn der Komponist sich für ihn als seinen Agenten entschiede. Um ihn »durch die Lüfte zu führen«, »ihm die Reiche der Welt zu zeigen« und »sie ihm zu Füßen zu legen«, bietet der französische Jude mit dem deutschen Namen dem umworbenen Kunden seinen »Zaubermantel« an. Die Anspielung auf den Versucher der Bibel ist unüberhörbar. Saul Fitelberg mangelt es so wenig an Witz und Redegewandtheit wie Schillers Moritz Spiegelberg. Bei diesem dritten »außerordentlichen Menschen« in den *Räubern* (1781) dient die »Witzigkeit« der Abgrenzung. Spiegelberg ist Jude, Schelm, »witziger Kopf«, »mutwilliger Schriftverächter«, »Meisterredner« und »Projektemacher« in einem. Schiller wie Raabe oder Thomas Mann konnten – darin Gustav Freytag (*Soll und Haben*, 1855) oder

Felix Dahn (*Ein Kampf um Rom*, 1876) gleich – zurückgreifen auf bereitliegende Kulturklischees. Daß diese für den Leser von heute kaum noch Signalwirkung haben, hat sein Gutes. Zugleich geht auf diese Weise wichtige, zur Korrektur auffordernde (Kultur-)Information verloren.

7. Warnung vor der Laxheit des Dilettanten

Er habe usprünglich den »Geschmack der Natur« gehabt, gesteht Lessing seinem Dichterkollegen Racine zu, um dann zu beklagen, daß der französische Dramatiker durch »Galanterie« und durch den Geschmack, dem Hofe zu schmeicheln, »entnervt« worden sei. Der Begriff »Entnerven« läßt aufhorchen. Schon mehrfach waren wir ihm begegnet. In der mittelalterlichen Medizin versteht man unter Nerven »Lebenskraftadern«. Von hier leitet sich die Bedeutung von »nervos« als »stark«, »nachdrücklich« ab. »Entnerven« heißt »schwächen«, »auflösen«. Aber nicht nur durch Hofnähe sieht Lessing die Schwächung, Auflösung verursacht, auch durch Galanterie, die auf französischen Einfluß zurückgehende verfeinerte (höfische) Lebensform.

Sogar Schiller warnt vor »Entnervung«. Dem Wort kommt ein hoher Stellenwert zu in seiner »ästhetischen Erziehung« des Menschen. Der Dichter und Geschichtsprofessor hatte recht eindeutige Vorstellungen von menschlicher »Bestimmung«. Auf »zwei entgegengesetzten Wegen« könne sich der Mensch von dieser Bestimmung »entfernen«, heißt es im zehnten Brief der Schrift *Über die ästhetische Erziehung des Menschen* (1795). Unser Zeitalter wandle auf beiden »Abwegen«: »Rohigkeit« auf der einen, »Erschlaffung und Verkehrtheit« auf der anderen Seite. Nur die Schönheit vermöge von dieser »doppelten Verirrung« zurückzuführen. Für Schiller ist die Schönheit eine »notwendige Bedingung der Menschheit«.

Eine »schmelzende« und eine »energische« Schönheit unterscheidet der Dichter. Beide gehen in der Einheit des »Ideal-Schönen« auf. Wirkung des schmelzenden Schönen ist es, »das Gemüt im Moralischen wie im Physischen aufzulösen«. Doch wie die energische Schönheit den Menschen vor einem »gewissen Überrest von Wildheit und Härte« bewahren kann, so vermag ihn die schmelzende vor einem »gewissen Grad der Weichlichkeit und Entnervung« zu schützen. Zur »Indulgenz«, Nachsicht, in Sachen Geschmack komme es in Zeiten der »Verfeinerung«. Deshalb werde man in den sogenannten »verfeinerten Weltaltern« Weichheit nicht selten als Weichlichkeit, Fläche in Flachheit, Korrektheit in Laxheit, Liberalität in Willkür oder Leichtigkeit in Frivolität ausarten sehen. »Herrlichste Menschheit« grenze dann an »verächtlichste Karikatur«. Stellten sich uns in den niederen Klassen »rohe gesetzlose Triebe« dar, die sich »nach aufgelöstem Band der bürgerlichen Ordnung« entfesselten, so gäben uns die »zivilisierten Klassen den noch widrigeren Anblick der Schlaffheit und einer Depravation des Charakters«. Schiller sieht den Geist der Zeit schwanken zwischen Rohigkeit und Verkehrtheit, bloßer Natur und Unnatur.

Solche Gegenüberstellung, in welcher Zivilisation als ein Irrweg erscheint, der zu Schlaffheit, d. h. »Entnervung«, Verkehrtheit und Unnatur, d. h. Künstlichkeit führt, setzt »Verfeinerung« und »Auflösung« in eins. Und wo der Charakter erschlaffe und sich auflöse, da werde »die Wissenschaft zu gefallen und die Kunst zu vergnügen streben«. Das Schöne fällt der »Zersetzung« anheim, sinkt herab zum bloßen Angenehmen. Da es lediglich die Sinne vergnügt, ist für Schiller das Angenehme der Kunst nicht würdig. Als das Reizende bringt es »gar kein Erkenntnis seines Objekts hervor und gründet sich auf keines«. Flach und leer, verdankt es sich einem Künstler, der »niederwärts nach dem Glück und dem Bedürfnis« blickt. »Eitle Geschäftigkeit« beherrscht ihn, »die in den flüchtigen Augenblick gern ihre Spur drücken möchte«. Schiller sieht in dieser Art von Dichten »Betrügerei«, die nicht danach fragt, was die Dinge »sind«, sondern wie sie sich am besten den Sinnen empfehlen. Das innere Wesen werde dem äußeren Eindruck aufgeopfert. Es zeige sich »kein Ideal« »unter jener luftigen Hülle und kaum etwas absolut Festes in jener ewigen Bewegung«. In Schillers Ausführungen sind fast alle Klischees versammelt, die wir im Laufe unserer Betrachtungen über den Witz dingfest machen konnten. Sie reichen von der Flachheit, der Mühelosigkeit als Ausdruck von Oberflächlichkeit und Schlaffheit bis hin zur Frivolität. Namen nennt Schiller nicht. Ein ideales Beispiel für die »Nullität«, auf die er es abgesehen hat, wäre das Werk Kotzebues gewesen.

Schillers Warnung: Fallt nicht auf den »witzigen Kopf« herein! Verwechselt nicht das »wahrhafte Kunstgenie« mit ihm! Der witzige Kopf gehört auf die Seite der Dilettanten, die Genuß über Vollendung stellen. In der Kunst gehe es nun einmal um ein Objektives und ein Subjektives, und je nachdem, ob das eine oder das andere dann »die hervorstechende Seite« ist, trete der Dilettantismus in Erscheinung. Den »Poeten« mache erst der Schritt vom Subjekt zum Objekt. Im Dilettantismus, dessen Ausbreitung zu den widerspruchsvollen Folgen der Aufklärung gehört, sahen Schiller und Goethe eine Bedrohung der Kunst. Außerdem durchkreuzte er ihr Erziehungsprogramm für die Deutschen. Der Dilettantismus, die liebhaberhafte Kunstproduktion, die von jeher als Vorrecht des Adels galt, hatte nicht zuletzt als »Selbstbildung« neuen Wert und Rang erlangt. So aktuell war das Problem in den Augen der beiden Olympier, daß sie eine Stellungnahme dazu entwarfen. Die geplante Schrift gedieh allerdings nie über ein »Schema« hinaus.

Zugegeben, legen Schiller und Goethe ihrem Leser nahe, für Geselligkeit und Gesellschaftlichkeit, für den Zeitvertreib mag Dilettantismus von Nutzen sein; der Schaden, den er anrichtet, überwiegt jedoch bei weitem. Denn er befördert, um nur einige Stichworte zu nennen, »Flachheit«, »Gedankenleerheit«, »Sinnlichkeit«, »Mittelmäßigkeit«, »Verderbtheit des Geschmacks«, »Oberflächlichkeit« und, natürlich, »Schöngeisterei«. Unter den Namen, die das Schema nennt, findet sich jener Wielands. Angekreidet wird ihm vor allem »Laxität«: Nachlässigkeit, Zügellosigkeit, Pflichtvergessenheit also.

Schiller und Goethe können nicht umhin, anzuerkennen, daß Verfeinerung von Nutzen sei. Zugleich beklagen sie, Dilettantismus fördere einen »unruhigen Produktionstrieb«, der zu Leichtigkeit und Veräußerlichung führe. Dilettantismus »entnerve« das Schöne, wie überhaupt Verfeinerung eine Art der Entnervung sei. Dekadenz also. Kennzeichen der Dekadenz ist nach Nietzsche, der einiges darüber wußte, daß das Wort souverän wird und aus dem Satz herausspringt, so wie die (einzelne) Seite Leben gewinnt auf Unkosten des Ganzen. Zerfall in Perspektiven: das Problem der Moderne, festgemacht an der Frage von Dilettantismus, sprich: Kitsch, und Witz. Einem Witz, den Freud schließlich vor allem bei »neurotischen Personen« finden wird.

> »Wenn er philosophiert, so wirft er gewöhnlich ein angenehmes Mondlicht über die Gegenstände, das im ganzen gefällt, aber nicht einen einzigen Gegenstand deutlich zeigt.«
>
> *Georg Christoph Lichtenberg*

> »Das menschliche Leben zerfällt in zwei Hälften, in der ersten wünscht man die zweite herbei, und in der zweiten wünscht man die erste zurück.«
>
> Nach *Kuno Fischer*

8. »Wort – Lustgewinn«

Im Deutschen bezeichnet man Witz als Verstandesgabe und Witz als Textsorte mit dem gleichen Wort. Andere Sprachen machen einen Unterschied. »Esprit« steht im Französischen neben »Bonmot«, »Wit« im Englischen neben »Joke«. Weil Witz seine alte Bedeutung verlor, kommen wir Deutschen mit einem einzigen Wort aus. Unser »Witz« als Wort für witzige Geschichte bedeutet im Grunde nichts anderes als die vom Witz, besser: vom witzigen Einfall, der »Spitzfindigkeit«, gefundene Spitze. Durch Bedeutungserweiterung konnte aus der Pointe, der Spitze, der Witz werden. In umgangssprachlichen Wendungen wie »Das ist der Witz bei der Sache« oder »Was ist dabei der Witz« findet sich der alte Sinn bewahrt. Der Witz als das Produkt der abhanden gekommenen Witzigkeit, das in der Pointe seinen Sinn erhält. Wer dächte, wenn er sich die Tatsache dieses Zusammenhangs durch den Kopf gehen läßt, nicht an Freud? An das, was der Vater der Psychoanalyse zum Witz zu sagen hat. Seine Studie *Der Witz und seine Beziehung zum Unbewußten* (1905) zu übergehen, weil sie sich in erster Linie mit der Textsorte Witz beschäftigt, wäre kaum zu verantworten. Sie gilt als »klassischer« Beitrag zum Thema.

Freud geht aus vom Begriff der »Witzarbeit«. Nicht jeder sei zu ihr fähig. Die Wahl des Begriffs »Witzarbeit« erinnert daran, daß Witz nicht nur etwas ist, das man »macht«, es ist auch etwas, das man »hat«. Bei den »witzigen Köpfen« seien besondere Anlagen oder psychische Bedingungen vorauszusetzen, welche die Witzarbeit gestatteten oder begünstigten. Auf der Grundlage dieser subjektiven Bedingtheit des Witzes geht Freud der Frage nach, wie die Witzigkeit »arbeitet«. Ein Gedanke ist nämlich nicht notwendigerweise witzig, wie man weiß. Damit er zum Witz wird, muß es zu einer Auswahl unter möglichen Ausdrucksformen kommen. Denn es geht ja gerade darum, jene

Form zu finden, die den »Wortlustgewinn« mit sich bringt. Nur daß eben, und dies ist der springende Punkt, nicht »bewußte Aufmerksamkeit« die Auswahlentscheidung treffe. Nicht Scharfsinn und Einbildungskraft allein machten den witzigen Kopf, nicht das »Vorbewußte« spiele die entscheidende Rolle, sondern das Unbewußte. Nach Freud wird die noch schwankende Fassung des vorbewußten Gedankens »festgestellt« durch unbewußt wirkende Kräfte. Wir dürften uns vorstellen, schreibt der Psychoanalytiker, daß eine »allzeit lauernde« Absicht, den Wortlustgewinn zu erreichen, sich des Anlasses, der gerade im Vorbewußten gegeben sei, bemächtigt, um den »Besetzungsvorgang ins Unbewußte zu ziehen«. Die Lust, die das witzige Sprechen bringt, verdanke sich allerdings nicht allein der Technik, sondern auch der Tendenz. Freud erkennt, daß die häufigsten und wichtigsten technischen Mittel der Witzarbeit in der Technik der Traumarbeit wiederkehren.

Wie Traumbildung im Dienst der Unlustersparnis stehe, so ziele der Witz auf Abbau von Verdrängungsaufwand und sei im Gegensatz zum Traum, einem »asozialen« Produkt, die »sozialste« aller auf Lustgewinn zielenden seelischen Leistungen. Da beide dem Unbewußten entstammten und den Abgrund zwischen Bewußtem und Unbewußtem überbrückten, die Hemmungen des Bewußtseins löschten, erlaubten sie dem Menschen, Lustquellen wiederzuentdecken, die er im Laufe des Erwachsenwerdens verloren habe. Als Einfall.

Es gebe nur wenige Menschen, deren Witz unabhängig von der jeweiligen Stimmung arbeite. Wenn man deprimiert ist, neigt man im allgemeinen nicht dazu, seinen Witz spielen zu lassen. Im Vorhandensein starker, bis ins Unbewußte reichender Tendenzen sieht Freud die kräftigste Anregung zur Witzarbeit. So mag Witz das eine Mal Selbstzweck sein, während er das andere Mal im Dienst einer Absicht steht. Gilt er dort als harmlos, so hier als tendenziös. Im tendenziösen Witz oder, besser: im witzigen Sprechen mit Tendenz, können Dinge gesagt werden, die sonst wohl ungesagt bleiben müßten. Es erlaubt, Hindernisse zu umgehen, die den Fluß des Gesprächs »hemmen« würden. Seien es nun die Machtverhältnisse oder ganz einfach die Etikette. Daraus wird verständlich, daß erst in einer hochentwickelten, d. h. verfeinerten Kultur die Witzigkeit ihren eigentlichen Stellenwert gewinnt. Sie gestaltet sich zur Kunst, deren Kern die »Auflehnungslust« und deren Hülle die »Spiellust« ist. Je fortgeschrittener, »freier« eine Gesellschaft ist, desto größeren »Spielraum« bietet sie der Witzigkeit, desto vielschichtiger, entwickelter ist ihr Spiel. Madame de Staël schreibt hierzu:

»Die Art des Wohlbefindens, welche eine belebte Unterhaltung gewährt, besteht gerade nicht in dem Gegenstande dieser Unterhaltung; nicht die Ideen und die Kenntnisse, die man darin entwickeln kann, bilden das Haupt-Interesse«. Dies gehe hervor aus einer gewissen Manier, aufeinander zu wirken, sich gegenseitig und rasch Vergnügen zu machen, so schnell zu sprechen, wie man denkt, sich selbst mit Wohlgefallen zu empfinden, Beifall ohne Anstrengung zu ernten, seinen Verstand in allen Abstufungen durch Ton, Gebärde und Blick zu offenbaren und, nach Belieben, eine Art von Elektrizität hervorzubringen, deren sprühende Funken die Lebhaftigkeit der einen mäßigt und die unangenehme Apathie der andern verbannt.

Diesem Talent aber sei nichts so fremd wie der Charakter und die Geistesart der Deutschen: »Sie wollen in allen Stücken ein ernsthaftes Ergebnis. Bacon hat bemerkt, daß *die Unterhaltung nicht ein Weg, der nach Hause führe, sei, wohl aber ein Pfad, auf welchem man sich auf gut Glück ergehe.* Allen Dingen geben die Deutschen die nötige Zeit; aber in Sachen der Unterhaltung ist das Nötige die Belustigung; denn wenn man diese Grenze überschreitet, so verfällt man in die Erörterung, in einen ernsten Gedankenaustausch, der mehr eine nützliche Beschäftigung als eine angenehme Kunst ist. Eingestehen muß man auch, daß der Geschmack und die Berauschung des Gesellschaftsgeistes unfähig machen zu ernsten Anstrengungen und eigentlichen Studien; so daß die Eigenschaften der Deutschen vielleicht in mehrfacher Beziehung mit dem Mangel dieses Geistes zusammenhängen.«

Der Gang der Ideen sei seit einem Jahrhundert gänzlich durch die Unterhaltung bestimmt worden, fährt die Französin fort: »Man dachte, um zu sprechen, man sprach, um Beifall einzuernten, und alles, was nicht gesagt werden konnte, schien in der Seele überflüssig zu sein. Der Wunsch zu gefallen ist unstreitig eine schätzbare Anlage; allein er unterscheidet sich doch sehr von dem Bedürfnis, geliebt zu werden. Der erstere macht abhängig von der Meinung; das letztere erhebt über dieselbe. Selbst denen, welchen man großes Leid zufügt, kann man zu gefallen wünschen; und gerade dies ist die Gefallsucht, eine Eigenschaft, die nicht den Weibern allein zukommt, die sich vielmehr in allen den Fällen äußert, wo man mehr Gefühl zur Schau trägt, als man wirklich in sich hat. Die Rechtlichkeit der Deutschen gestattet ihnen nichts dergleichen; sie nehmen die Anmut ganz buchstäblich; sie betrachten den Zauber des Ausdrucks als eine Verbindlichkeit für das gute Betragen. Daher denn ihre Empfindlichkeit; denn sie vernehmen kein Wort, ohne etwas daraus zu folgern, und noch weniger begreifen sie, wie man die Rede als eine freie Kunst behandeln könne, die keinen anderen Zweck hat, als das Vergnügen, das man darin findet.«

> »Worte sind nur Worte, und wo sie gar leicht und behende dahinfahren, da sei auf deiner Hut; denn die Pferde, die den Wagen mit Gütern hinter sich haben, gehen langsameren Schrittes.«
>
> *Matthias Claudius, An seinen Sohn Johannes*

Wenn Madame de Staël dann von »improvisierender Betrügerei« spricht, so meint sie damit genau das, was den Kern der Technik des witzigen Sprechens ausmacht: Spiel mit Wörtern und Gedanken, mit (scheinbaren) Denkfehlern, mit Einladungen zu »falscher Identifikation« (Werner Krauss). Freud bringt die Sache auf die Formel von der »zweifachen Wurzel der Witzeslust«. Das nächste Kapitel wird Licht in das Gemeinte bringen. Heißt das nun, wäre zum Abschluß zu fragen, daß es in Deutschland an jenen »besonderen Anlagen«, jenen »psychischen Bedingungen« fehlt, die dem »witzigen Kopf« auf die Beine helfen? Gewiß, wie der Appetit beim Essen kommt und Geschmack sich am Schmecken erweist, so stellt sich auch das Vergnügen am »Wortlustgewinn« beim Sprechen ein. Sichert die Freiheit dem Witz sozusagen »Auslauf« im Dialog, so ruft die Affektmodellierung als Grundlage der Verfeinerung die Tendenz auf den Plan. Ob diese Voraussetzungen für Deutschland erfüllt waren?

9. Sinn im Unsinn

Noch kann man witzig sein, ohne sich in Witzen zu ergehen. Das ändert sich. Gegen Ende des 18. Jahrhunderts und in zunehmendem Maß zu Beginn des 19. Jahrhunderts wird das Wort »Witz« hineingezogen in den Bereich des Erheiternden, Lächerlichen. Bereits 1802 nennt das *Adelungsche Wörterbuch* als »ursprünglichen« Sinn eine »alte hin und wieder übliche Bezeichnung« für Verstand überhaupt. Man bedient sich jetzt gern der Zwillingsformeln »Witz und Scherz«, »Witz und Laune«. Nicht tiefe geistige Erkenntnisse werden vom Witzigen erwartet; er hat geistreich-scherzhafte Reden zu führen. Kant spricht vom »launichten Witz« und verbindet diesen erstmalig mit Lachen.

Zunehmend Verengung erfährt der Witzbegriff im Laufe des 19. Jahrhunderts. Noch Johann August Eberhard hatte in seinem *Versuch einer allgemeinen deutschen Synonymik* (1795 ff.) Witz über

Scherz und Spaß gestellt und geschrieben: »Ein Scherz und ein Spaß wird auch oft für eine Scherzrede mit einem kurzen sinnreichen Einfall gebraucht (bon mot), welcher Lachen erregt, indem der Witz verschiedene Dinge auf eine überraschende Art zusammenstellt.« Der Scherz sei darum ein »witziger Einfall«, über den auch Personen »von einem gebildeten Geschmack« lachen könnten. So verengt sich der Bedeutungshof des Wortes immer mehr: Das Scherzhafte der Witzigkeit drängt in den Vordergrund. Nun können Witz und Scherz zur Formel verbunden werden. Daß Witz von Verstand, Geist herkommt, gerät in Vergessenheit. Es bleibt bei Verharmlosung zum handlichen Format.

Am Ende bezeichnet Witz eine geistige Fähigkeit im Sinne von »Er hat viel Witz«, d. h. viele kluge Einfälle (fast immer im scherzhaften, spöttischen Sinn), teils kollektiv den Niederschlag solcher Fähigkeit: »der jüdische Witz«, teils eine einzelne Äußerung: »ein guter, ein schlechter Witz«. Im Gegensatz zum Englischen und Französischen wird Witz im Deutschen schließlich als Synekdoche gebraucht: Die Bezeichnung für das Produkt, die Äußerung, verdrängt jene für die Fertigkeit seiner Herstellung. Witz, was, wie wir hörten, strenggenommen, die durch Witzigkeit geschaffene Pointe bedeutet, findet sich nun im erweiterten Sinn gebraucht, als Name einer Textsorte. Schon 1828 heißt es bei Goethe: »Viele sogenannte Berliner Witze und schnelle Erwiderungen kamen zur Sprache.«

In der Pointe eines Witzes offenbart Witzigkeit sich am unverhülltesten. Im Grunde sei die Pointe »ein semantischer Trick«, meint Wolfgang Preisendanz. Durch ihn werde »ein für die seriöse Ausrichtung und Einstellung unstatthafter Sinn so in die Lebensbezüge hineinprojiziert«, daß die »von Ernst bestimmte Ordnung der Dinge gerade das für sie Belanglose, Ausgefallene, Nichtige« zur Geltung bringen müsse. Es geschehe im Witz immer wieder, daß ein Zusammenhang hergestellt werde, der scheinbar unsinnig sei, schreibt Heinrich Lützeler, der große Kenner des rheinischen Witzes. Aber gerade in dem scheinbar Unsinnigen werde ein verborgener sinnvoller Zusammenhang aufgedeckt. Aus scheinbarem Unsinn entspringt Sinn, der wirklichen Unsinn zu entlarven vermag. Diese Form des »Kurzschlusses« gehöre zum Witz. Der Punkt, wo Unsinn in Sinn überspringt, der Sinn sozusagen wie ein Funke aufleuchtet, ist, wie gesagt, die Pointe. Ohne diese Zuspitzung als Niederschlag der Witzigkeit kein Witz. Witzigkeit als Fähigkeit zur Zuspitzung. Kann geistvolles Spiel mit Gedanken und Worten als einfachste Leistung der Witzigkeit gelten, so Zuspitzung zur Pointe als die extremste.

Auffallendstes Merkmal dessen, was durch die Witzigkeit zustande kommt, ist die Überlagerung mehrfachen Sinnes, d. h. eigentlich die Bewußtmachung dieser Überlagerung, die, immer schon als zum Wesen der Sprache gehörend, im Wort- oder Satzgefüge vorgegeben ist. Diese »Gegensinnigkeit« genannte Möglichkcit, durch sprachlichen Ausdruck in verschiedener Richtung auf etwas gebracht zu werden, ist die Voraussetzung dafür, daß der witzige »Einbruch« zum »Zusammenbruch eines Erfahrungsmusters« (Max Eastman) führt. So läßt Witzigkeit sich auch definieren als Fähigkeit zur Aktivierung von nicht realisiertem sprachimmanentem Bedeutungspotential. In diesem Sinn wirken tatsächlich Phantasie und Verstand aufs engste zusammen. Der witzige Einfall als Störenfried, der die sprachliche Regel annulliert und, was freilich selten erkannt wird, indem er das tut, sie zugleich auch bestätigt. Witz »hebt auf«: Er annulliert und bewahrt in einem. Wie ist das möglich?

Wir haben bereits im neunten Kapitel des dritten Teils, »Spitzfindiges Spiel«, mit Hilfe der Linguistik eine Antwort auf diese Frage umrissen. Es liegt auf der Hand: Damit wir einen Satz verstehen, muß er eine homogene Bedeutungsebene bieten, d. h. verständlich sein. Wir können ihm nur dann einen Sinn entnehmen, wenn er einen enthält. Deswegen bilden die Wörter, die einen Satz konstituieren, ein »Sinn«-stiftendes Bezugssystem. Für sich allein genommen sind die Wörter schillernd, vieldeutig, offen. Im Verband, »festgestellt«, gewinnen sie eine bestimmte Qualität. Nun kann es aber auch vorkommen, daß die Feststellung mißlingt. Statt »Eingleisigkeit« entsteht »Zweigleisigkeit«: »Gegensinnigkeit« – die Sinne überschneiden sich.

»Sinn« bedeutet ursprünglich, wie erwähnt, »Richtung«. Sinnüberschneidung schafft eine Situation des »geteilten Sinnes«, des »Doppelten«, »Gespaltenen«, wie es der Grundbedeutung der Wörter »Dilemma« und »Zweifel« entspricht. Die Bedeutung bleibt in der Schwebe, sie schwankt, schillert, wird proteisch. Dieser aus der menschlichen Fehlbarkeit, Begrenztheit resultierende semantische Tatbestand mag der Grund dafür gewesen sein, daß man die »pathologische Situation« zum »Unordnung« stiftenden Anarch, den mit gespaltener Zunge sprechenden Teufel in Beziehung setzte.

Teufel ist ein Lehnwort aus dem Griechischen. Über das gotisch-griechische Christentum gelangte es in unsere Sprache. Griechisch *diábolos* bedeutet »Verleumder«, d. h. jemand, der »Falsches zu Gehör bringt«. Es gehört zu *diabállein*: »hinübertragen«, »übersetzen«, »entzweien«, »verfeinden«, »täuschen«, »irreführen«. Der Teufel als derjenige, der »zwei« macht aus »einem«. Sinn wandelt sich zu Dop-

> *Wir*
> Du toller Wicht, gesteh nur offen:
> Man hat dich auf manchem Fehler betroffen!
> *Er*
> Ja wohl! Doch macht ich ihn wieder gut.
> *Wir*
> Wie denn?
> *Er*
>   Ei, wie's ein jeder tut.
> *Wir*
> Wie hast du denn das angefangen?
>
> *Er*
> Ich hab einen neuen Fehler begangen;
> Darauf waren die Leute so versessen,
> Daß sie des alten gern vergessen.
>
>   *J. W. v. Goethe*

pelsinn in seinem Mund. Zwei Wege stehen dem Menschen offen, diesem teuflischen Prinzip zu begegnen: Kampfansage im Namen der Ordnung oder Einbindung dieses Prinzips ins Leben als – Spiel. Nichts anderes als diese Einbindung bewerkstelligt der Witz. Der geheimnisvolle Kafka ist deshalb ein witziger Autor. Seine Werke verdanken viel von ihrer unauslotbaren Vielschichtigkeit nicht zuletzt dem virtuosen Umgang mit der Vieldeutigkeit der Sprache. Ein Werk wie *Der Prozeß* wird durch die »semantischen Scharniere«, die Spiel mit der Mehrdeutigkeit ermöglichen, sozusagen in der Schwebe gehalten. Durch die Wahl von »schillernden« Begriffen wie »Prozeß«, »Verhaftung«, »Hinrichtung«, »Verfahren«, »Aufgabe« u. ä. macht Kafka sich »pathologische Sprachsituationen« zunutze, um »pathologische Lebenssituationen« ins Bild zu bringen. Sein Witz greift hinter den Schein, zersetzt ihn, zeigt, daß die »Ordnung« Illusion ist. In diesem Sinn weist er ins Bodenlose, ist er – modern.

10. »Stachel« oder »Spiegel«? – Witz am Werk

Verlust des Witzes, der »Spitzfündigkeit« also. Wo ließe sich diese »Entwitzung« nun am überzeugendsten nachweisen? Doch wohl da, wo der Witz erfahrungsgemäß eine prägende Rolle spielt. Im Epigramm beispielsweise, zu dessen Wesensmerkmalen Kürze, Spitzfindigkeit und Scharfsinn gehören. Als erstes und unerläßlichstes Kennzeichen für den Epigrammdichter gelten »ein hurtiges Naturell«, die Begabung, »Spitzen«, d. h. Pointen zu erfinden, Angeregtsein durch Affekte, wie es in der geistvollen Unterhaltung, der »Conversation« der Fall ist (Johann Gottlieb Meister). Was geschieht, können wir vorausgreifend fragen, wenn es an solcher Anregung fehlt? Das Epigramm wird »entwitzt«.

In Griechenland als Aufschrift und Sinnspruch entstanden, fand das Epigramm im antiken Rom seine Ausprägung als witziges Gebilde: Martials Schöpfungen gewannen Modellcharakter und dienten als Vorbild nicht nur für Lessing. Die Franzosen bedienten sich des Epigramms in der politischen Auseinandersetzung; der Engländer John Owen führte die von Martial begründete Tradition zur Vollendung. An seinen Epigrammen, Angriffswaffe oft gegen Institutionen, schulten sich die deutschen Barockdichter.

In der »kurzen Spitzfindigkeit« sieht Martin Opitz das wichtigste Merkmal des Epigramms. Sind die Deutschen überhaupt dazu fähig, ein solches Gebilde zu schaffen? Der erste Theoretiker des deutschen Epigramms, Johann Gottlieb Meister, Rektor der Leipziger St. Nikolaischule, hält es für angebracht, seiner Schrift *Unvorgreifliche Gedanken von teutschen Epigrammatibus* (1698) einen »Vorbericht von dem Esprit der Teutschen« beizugeben. Wir haben ihn bereits zitiert. Darin sucht Meister den immer wieder erhobenen Vorwurf zu entkräften, die Deutschen hätten keinen Witz und könnten somit auch keine Epigramme verfassen. »Warum sollte eben der teutsche Bauch so unförmlich sein«, fragt er, »daß sich die Weißheit davor entsetzen müßte.« Als Beweis führt er Namen an: Martin Opitz, Friedrich von Logau oder Andreas Gryphius, allesamt vielzitierte Epigrammatiker. Daß Meister die Epigramme Martials über die der Griechen stellen würde, war zu erwarten gewesen. Denn im Grunde konnte Martial als ein römischer Belesprit gelten. Der »Zuschliff«, den er seinen Epigrammen zu geben vermochte, fehlte den Produkten der Griechen.

Lessing versieht das Epigramm, bislang »Überschrift« genannt, nicht nur mit einem neuen Namen: »Sinngedicht«, auch mit einer neuen theoretischen Fundierung. Nach dem Urbild der griechischen »Aufschrift« auf einer Statue oder einem Dokument definiert Lessing es als ein Gebilde, das zunächst »Erwartung« erweckt, d. h. die Aufmerksamkeit erregt und dann »Aufschluß« bietet. Die Pointe des Epigramms will Lessing von jener des Witzes unterschieden wissen. Letzterer sei »mehr ein Gedankenspiel« als ein Gedanke, ein »Einfall«, dessen »Anziehendes« größtenteils aus der Wahl oder Stellung der

Wörter entstehe. Wenn Lessing die Epitheta »scharfsinnig«, »ungekünstelt« und »edel« der Pointe des Sinngedichts zuordnet, so will dies zugleich besagen, daß er sie dem Witz vorenthält. Andererseits verteidigt der Dichterphilosoph das Zweideutige am Epigramm, das die Barockdichter als abschreckend empfanden. Wir wissen, weshalb. Als Vertreter der Verstandeskultur der Aufklärung fürchtete Lessing sich nicht mehr vor dem Teufel. Warum sollten wir nicht mit dem Zweideutigen scherzen?, fragt er. Der Witz des Verfassers eines Lustspiels wie *Minna von Barnhelm* führte das Epigramm zu neuer Blüte. Seine Schrift *Zerstreute Anmerkungen über das Epigramm, und einige der vornehmsten Epigrammatisten* (1771) blieb nicht unwidersprochen. Vor allem durch Herder.

»Mitempfindung« statt Entlarvung verlangt Herder vom Epigramm. Für die pointierte Form hat er nicht viel übrig. An Hamann schreibt er: »Vielleicht ists bei mir eben auch Einseitigkeit des Geschmacks, daß ich die Spitzen des Martialschen Sinn- und Windgedichts nie habe leiden können und mich an einer simplen Viole oder Rose im griechischen Geschmack immer mehr erquickte.« Windgedicht? Auch hier der Tadel des Gekünstelten, Eitlen! Herder hält ihm das Ideal des Einfachen, Natürlichen entgegen. Scharfsinn, die geistreich-rasche Wendung der Gedanken, der von der Aufklärung dem Sturm und Drang sich zuwendende Dichter und Philosoph ersetzt sie durch den »lichten Gesichtspunkt«. Herzliche Empfindung statt des witzigen Einfalls. Oder »Spiegel« statt »Stachel«. Mit der Pointenlosigkeit wird das Epigramm »entwaffnet«, dem konkret Gesellschaftlichen entzogen. Klopstock singt der witzigen Pointe das Grablied:

> Bald ist das Epigramm ein Pfeil,
> Trifft mit der Spitze;
> Ist bald ein Schwert,
> Trifft mit der Schärfe;
> Ist manchmal auch – die Griechen liebten's so –
> Ein klein Gemäld', ein Strahl, gesandt
> Zum Brennen nicht, nur zum Erleuchten.

»Erleuchten« – nicht »Brennen«! So gibt es schließlich zwei Spielarten von Epigramm: das »langsame Epigramm«, wir könnten auch sagen, das »schwere«, von der Empfindung getragene, und das »hurtige«, pointierte, »spitzige«, das der Witzigkeit bedarf. Ihnen entsprechen zwei Traditionen: die griechische und die römische. Der Ruf »Zurück zu den Griechen« ist zugleich ein Werturteil. Ins Abseits verweist er Rom. Und, wie wir gehört haben, Frankreich mit ihm. Goethe beschritt beide Wege. Seine *Venetianischen Epigramme* (1790) und die gemeinsam mit Schiller verfaßten *Xenien* (1796) knüpften an bei dem Römer Martial und bei Lessing. Späteren Epigrammatikern riet das politische und gesellschaftliche Klima in Deutschland freilich an, auf das »Brennen« zu verzichten und sich mit dem »Erleuchten« zu begnügen. Die Deutschen sahen sich sowieso lieber als »Erleuchter« denn als »Brandstifter«. Sie verfassen Revolutionsdramen, überlassen es aber den andern, Revolution zu machen. Was bleibt, ist das zahnlose Vivat.

Beschaffenheit der Überschriften

Denn läßt die Überschrift kein Leser aus der Acht',
Wenn in der Kürtz' ihr Leib, die Seel' in Witz bestehet;
Wenn sie nicht allzutief mit ihrem Stachel gehet,
Und einen Abriss nur von einer Wunde macht;
Wenn Thränen sie allein den Lachenden auspresst,
Und dem, der's nötig hat, zur Ader kitzlend lässt.

Christian Wernicke

An...

Mit scharfem Stachel sticht
Das Bienchen und der Igel,
Ich aber steche *nicht* mit meinem Sinngedicht;
Ich halte nur den *Spiegel*
Dem Sünder hin, vor's Angesicht!

Johann Wilhelm Ludwig Gleim

Stachel oder Spiegel – Tatsache ist, daß Gleims Verse kaum aus eigenem Erleben schöpfen. So bekennt der Junggeselle und Gegner der Französischen Revolution in einem Epigramm:

A. Gleim wird von allen bösen Zungen
   so schlimm verlästert und betrübt!
B. Schon Recht, warum hat er von Lieb und Wein gesungen
   Und nicht *getrunken*, nicht *geliebt*!

Leben aus zweiter Hand, Nachahmung, Umarmung und Händedruck *en gros* – die geballte Faust sucht man vergebens. »Als Bürger leben und als Halbgott denken«, wie es bei Flaubert heißt. Doch trotz ihrem

Verharren im Unverbindlichen haben Vertreter der spielerischen Anakreontik dazu beigetragen, daß die Sprache der deutschen Lyrik leichtflüssiger und eleganter wurde. Ihre »mittlere«, »populäre« Schreibart – im Gegensatz zur »hohen«, »schönen« – will Lebensfreude verbreiten, ist gerichtet auf das Freundlich-Gesellige. Um diese »süße Lieblichkeit« zu erreichen, hantiert sie großzügig mit den Registern, welche die Traditionelle Kunst des guten Redens, die Rhetorik, für sie bereithält. Dichten als Olympiade des Witzes.

Mit gutem Grund hat man den Witz auch geistige Elektrizität genannt. In Erscheinung tritt er, wenn der Blitz zuckt, der Funken springt. Seinen Niederschlag findet er im Sprachgebilde. Einfall wird »Wortlaut«, verfestigt sich zu »Be-deutung«. Witz erscheint als Spiel mit dem Bedeutungspotential von Wörtern und Sätzen. In dem Formenangebot der im Untertanenstaat Deutschland traditionsgemäß als »Mache«, »inhaltslose Schönrednerei« mißachteten Rhetorik materialisiert er sich, kann er sich ausleben. Der gefeierte Späthumanist Jacob Ägidius Klostermann, Verfasser einer seinerzeit vieldiskutierten Schrift *De ingenio*, setzte, um den Tatbestand zu verdeutlichen, den Witz, das *ingenium*, in Analogie zum Glockenklang. Wo ist die Stimme der Glocke, fragt er pathetisch, wenn niemand am Strang zieht? Sie verharrt in reiner Möglichkeit (*dynamis*, *potentia*). So ist sie omnipräsent und doch nicht zu hören. Wie der Klang nun, um hörbar, wirklich: *energeia*, *actus*, »Form«, zu werden, des Erzmantels der Glocke bedürfe, so konkretisiere sich der Witz in den Hohlformen, die ihm die Rhetorik bereitstelle. Klostermanns Klanganalogie trifft den Sachverhalt auf einprägsame Weise.

Wie ein Blitz soll das Witzwort einschlagen. Es »kitzelt« die Phantasie, erzeugt Lustgefühle. Vertraute Zusammenhänge werden gelöst, neue, unerwartete geschaffen. In Satzbau und Wortwahl produziert Witz die (witzige) Abweichung von der (unwitzigen) Norm. Verfremdung und Enthüllung sind ihr Ziel. Denn das alltägliche Wort, die gewohnte Rede, wenn sie »ungewöhnlich« gebraucht werden, wirken überraschend, verwundernd. Sichtbar wird, was vorher nicht sichtbar war, bloße, vielleicht nicht einmal erahnte Möglichkeit. Und wozu dies alles? Wir sagten es bereits: um dem Ekel, der Nausea, und der Langeweile des Banal-Alltäglichen zu entgehen, wie schon der römische Rhetor Quintilian schreibt und Baudelaire in seiner Theorie der Langeweile bestätigt.

Vielleicht witzigste und überraschendste Form antithetischer Kombination ist das Zeugma, die »Zusammenjochung«. Sie kommt zustande durch »unpassende« Koppelung. »Die Flaschen wurden leerer und die Köpfe heißer«, heißt es in Heines *Harzreise*. Lawrence Sterne schreibt: »Er hob die Augen und das Bein gegen Himmel.« Wortspiele auf der Grundlage der Kombination von Homonymen oder der Abwandlung von Vertrautem zu Bedeutungsfremdem tut ein übriges. In Heines *Deutschland – Ein Wintermärchen* heißt es:

> Sie suchten nach Spitzen, nach Bijouterien,
> Auch nach verbotenen Büchern...
>
> ...
>
> Die Konterbande, die mit mir reist,
> Die hab ich im Kopfe stecken.
> Hier hab ich Spitzen, die feiner sind
> Als die von Brüssel und Mecheln,
> Und pack ich einst meine Spitzen aus,
> Sie werden euch sticheln und hecheln.

Und Goethe dichtet: Wer sich nicht selbst zum Besten halten kann, der ist gewiß nicht von den Besten. Ähnlich lesen wir in Wielands *Geschichte des Agathon*: »›Mein lieber Agathon‹, versetzte der Sophist mit einem schalkhaft mitleidigen Lächeln, ›man kann alles, was man will, sobald man nichts will, als was man kann.‹«

Witzige Virtuosität als Paronomasie demonstriert Schiller in *Wallensteins Lager*: »Die Bistümer sind verwandelt in Wüsttümer, / Die Abteien... sind nun Raubteien.« »Dreckete« nennt Luther die päpstlichen Dekrete; Nietzsche spricht von »weitsichtigen, weitsüchtigen Augen«.

Auf Amphibolie und Ambiguität sind wir weiter oben ausführlich eingegangen. Desgleichen auf das Epigramm, die witzige Form *par excellence*. Das Betätigungsfeld des Witzes bzw. der Witzigkeit ist unbegrenzt. Nur daß aus der Verbreitung des Witzes in Deutschland nun einmal eher Zurückhaltung spricht als Freigebigkeit. Umgang mit Witz will geübt, ja gelernt sein. Allein dort findet sich das Verlangen nach rhetorischer Schulung, gewinnt Rhetorik Gewicht und Tradition, wo dem Wort »Spiel-Raum« gegeben ist – in der Demokratie. Thomas Mann spricht von »Pakt zwischen Wohlredenheit und dem Aufwieglertum«.

Nicht allein die Nachfrage bestimmt den Preis, auch die Verfügbarkeit der Ware. So ließ die Demokratisierung der athenischen Politik einen Markt für Bildung im weiteren und engeren, d. h. politischen Sinn entstehen. Die im Land umherziehenden Sophisten, »Weisheitslehrer«, führten sie im Angebot. Bald in dieser, bald in jener Stadt

> »Ich saß neben Salomon Rothschild, und er behandelte mich ganz wie seinesgleichen, ganz famillionär.«
>
> Aus: *Heine, Die Bäder von Lucca*

> »Nach der Ansicht der einen soll der Mann viel verdient und sich dabei etwas zurückgelegt haben, nach anderen wieder soll sich die Frau etwas zurückgelegt und dabei viel verdient haben.«
>
> Nach *Sigmund Freud*

offerierten sie Kurse, bildeten sie junge Männer zu Rednern aus, schulten sie im wirkungsvollen öffentlichen Auftritt. Ihr Know-how verband rhetorische Selbstdarstellung mit Wissensvermittlung, »Kolportage von Bildung«. Sie waren die Enzyklopädisten Griechenlands. Immens sind ihre Verdienste um die griechische Kultur.

Nicht ausbleiben konnte, daß die Sophisten ins Gerede kamen, man an ihrer Tätigkeit Anstoß nahm. Lehrten sie nicht, wie man Eindruck schindet, sich in Szene setzt? Seine Sache am effektvollsten vorträgt? Auf Teufel komm raus witzig, einnehmend, schlagend. Mehr auf Überredung als Überzeugung aus. Sie seien letztlich gewinnsüchtige Händler mit Trugweisheit, stellten den Schein über die Wahrheit, behaupteten ihre Feinde. Die Sophistik geriet solcherart in Gegensatz zur Philosophie. Statt des selbstverleugnenden, nur der Wahrheit lebenden Philosophen der spitzfindige, egoistische »Wortgaukler«, wenn wir Platon Glauben schenken dürfen. Idealist der eine, markt-, effekt-, glanzorientierter Materialist der andere. Eitle Selbstüberschätzung halte bei ihm der Unsittlichkeit die Waage.

Aufbewahrt hat dieses Verdammungsurteil der Sprachgebrauch. Ein Sophist ist im Deutschen ein »spitzfindiger« und geschwätziger Scheingelehrter; Sophistik gilt als Scheinwissen, Haarspalterei. Vorwürfe klingen an, die uns aus der Diskussion nicht nur um die Verdienste der Rhetorik, sondern auch um Witz und Esprit vertraut sind. Doch selbst in diesem Bereich kennt Europa Divergenzen. Dem englischen Adjektiv *sophisticated* beispielsweise, in den Umkreis von »sophistisch« gehörend und über das Lateinische dem Griechischen entlehnt, fehlt jeglicher negative Beigeschmack. Die Bedeutungsskala dieses relativ häufig gebrauchten Wortes reicht von einfühlsam, scharfsinnig, intellektuell über kultiviert, verfeinert bis raffiniert, ausgeklügelt, »nicht naiv«. *A sophisticated person* genannt zu werden, kann als Kompliment gelten. Kennt die französische Sprache das Wort als »überfeinert«, »alles andere als naiv oder treuherzig«, so geht das Deutsche eigene Wege. Die entsprechende Form fehlt. Freilich: Wer käme schon auf den Gedanken, den deutschen Michel als »*sophisticated*« zu bezeichnen. Nicht einmal er selbst würde es sich einfallen lassen, wie wir wissen. Er wollte lieber für »*unsophisticated*« gehalten werden. Gehörte zum Marsch auf dem deutschen Sonderweg, könnten wir abschließend fragen, vielleicht auch die Tendenz zur Abrichtung zum europäischen Sonderling? Halb Parzival, halb Hamlet, aber leider eben doch – Tölpel?

Sieh dich vor!*

Überhaupt rede in der großen Welt nie warme Herzenssprache! das ist dort eine fremde Mundart. Rede nicht von den reinen, süßen, einfachen häuslichen Freuden! Das sind Mysterien für solche Profanen. Habe Dein Gesicht in Deiner Gewalt, daß man nichts darauf geschrieben finde, weder Verwunderung noch Freude, noch Widerwillen noch Verdruß! Die Hofleute lesen besser Mienen als gedruckte Sachen; das ist fast ihr einziges Studium. Vertraue Deine Angelegenheiten niemand! Sei vorsichtig, nicht nur im Reden, sondern sogar im Hören! sonst wird Dein Name leicht kompromittiert.

Aus: Adolph von Knigge
Über den Umgang mit Menschen

»Ihr Gesicht glich einem Codex palimpsestus, wo unter der neuschwarzen Mönchsschrift eines Kirchenvatertextes die halb erloschenen Verse eines altgriechischen Liebesdichters hervorlauschen.«

Aus: Heinrich Heine, *Harzreise*

Epilog

»deutsch adj. mit jm reden = mit jm offen und ehrlich reden; jm rücksichtslos sagen, was man denkt. 15. Jh.«

Küpper, *Wörterbuch der deutschen Umgangssprache*

»Es ist der Charakter der Deutschen, daß sie über allem schwer werden und alles über ihnen schwer wird.«

Goethe, *Wilhelm Meisters Lehrjahre*

Die *ultima ratio* und darüber hinaus:
Gesucht wird Held mit Gemüt

Im Wertsystem der Deutschen rangiert zuoberst der Begriff Genialität. Vom Genie erwarten wir, wie Ernst Robert Curtius schreibt, »daß
es uns das Bild der Welt erneuert, oder daß es aus sich eine eigene
Welt des Geistes gestaltet«. Da wir ein Volk ohne nationale Tradition
sind, uns dieser gemeinschaftliche nationale Strom fehlt, aus dem die
individuellen Quellen sich speisen, gebricht es uns an Selbstverständ-
lichkeit des inneren Gleichgewichts, an natürlicher Sicherheit. Ständig sind wir versucht, Mangel an tragender Lebensvernunft auszuglei-
chen durch ein Höchstmaß an Pflichterfüllung. Disziplin also statt
moralischer und intellektueller Selbstverantwortung als Mensch und
Individuum. Auch die Unterwerfung verleiht Halt, Sicherheit, bietet
– Lust. Im Geniekult, der Heldenverehrung schafft sie sich ein Alibi.
Das Genie soll uns das Schwankende feststellen (Schopenhauer).
»Ein jeglicher muß seinen Helden wählen, / Dem er die Wege zum
Olymp hinauf / Sich nacharbeitet«, heißt es in Goethes *Iphigenie*.

Genie sollte es sein, bedachtsam, gründlich und systematisch ge-
wonnene Einsicht, *bon esprit*, nicht Belesprit, Witz. Der ist auf die
tiefere Ebene des bloß Unterhaltungsorientierten abgesunken, zu
Kitsch und Klatsch. Zunächst ist man, wohl als Reaktion auf das »Ge-
niewesen« des Sturm und Drang, noch recht zurückhaltend im Gebrauch des Begriffs »Genie«. Kant, der darunter die »musterhafte
Originalität« des Talents eines Menschen versteht, will es ausdrück-
lich auf die schöne Kunst beschränkt sehen. Eine Art Erzengel Michael, der den Drachen von Gelehrsamkeit und kultureller Über-
fremdung entgegentritt, sieht Herder in ihm. »Kraft des Menschen,
welche durch Handeln und Tun Gesetz und Regel gibt« stellt Genie
für Goethe dar. Hegel reklamiert es für das allgemeine Reich des Geistes. Das Wort kann nun als »ganz allgemeiner«, dem Witz entgegengesetzter Ausdruck gebraucht werden. Unbeschadet der Tatsache,
daß auch das Französische, wo »Witz« und »Genie« nebeneinander
bestehen, Genie eher das (eigentlich) »Schöpferische« meint: Ein
»Blitz« sei noch keine »Sonne«.

Zum Erlöser wird das Genie bei Schopenhauer. Für Nietzsche
schließlich ist dann die »wahrhaft reale ›Geschichte‹« eines Volkes die
»unsichtbare Brücke von Genius zu Genius«. Alles andere tut der
Philosoph ab als »schattenhafte« »Variation im schlechten Stoffe«. In
der zweiten Hälfte des 19. Jahrhunderts verliert der Geniebegriff
seine Sonderbedeutung. Genie bezeichnet jetzt auch den großen

Menschen, den Erfinder und Helden. Das Genie als Held, was gibt es
Deutscheres! Der fragwürdige Klang, der dem Wort heute eignet,
könnte vergessen machen, daß es einst einen Heiligenschein trug. Hegel sah im Helden nichts geringeres als den »Geschäftsführer« des
Weltgeistes. Den »guten Willen zum Selbstuntergang« attestiert ihm
Nietzsche. Tatsächlich begann im Totenkult einst seine Feier. Vor-
verlegung der Zeremonie machte Totenkult zum Heldenkult. Von
beidem können gerade wir Deutsche ein Lied singen. Anders die
Franzosen. Nur Spott und Ironie hat Voltaire für Heldentum übrig.
Er kenne in der Weltgeschichte »keinen einzigen Helden«, wendet
der französische Aufklärer gegen den allgemeinen Heldenkult ein,
»der nicht wenigstens einmal in seinem Leben aufs gründlichste angeführt worden wäre von irgendeinem Tunichtgut«. Gebe es nicht für
Menschen angemessenere, weniger »barbarisch blutige« Gesprächs-
stoffe als Kriegsberichte?

Witz und Heldentum verhalten sich zueinander wie Sprachgebärde
und Faustgriff. Helden seien »immer konstruktiv«, schreibt der umstrittene Julius Langbehn in *Rembrandt als Erzieher* (1900). Sie bau-
ten auf, »auch wenn und wo sie scheinbar niederreißen«. Luther habe
es bewiesen. Immer »destruktiv« gesinnt seien Epigonen: »Sie zerstören und zersetzen, auch wo sie scheinbar aufbauen.« Langbehns Gegenüberstellung von Held und Epigone liefert eine neue Variante der
Polarität Genie und Schöngeist, Originellem (dem »Urgrund« Ver-
pflichtetem) und Abgeleiteten. Sie ist bereits völkisch-national einge-
färbt. Schon Lichtenberg hatte allerdings Genie von den »feinen Köpfen« abgehoben, weil »Feinheit« in Deutschland gleichbedeutend war
mit Schwächlichkeit, Schlaffheit. Sie gehört in den Umkreis von Zivilisiertheit und damit von Künstlichkeit, Dekadenz. Helden also nach
wie vor?

Untersuchungen Marburger Sozialwissenschaftler zu Grundele-
menten des »Geschichtsbilds« kommen zu schockierenden Ergebnis-
sen. Sie erbringen den Beleg, »daß die in der Schule gelehrte Geschichte mit ihrer Hervorhebung dominanter Individuen (›die großen
Männer‹) oder personalisierter Kollektivbegriffe« nichts geringeres

transportiert als eine »charismatische Geschichtsphilosophie«. Und nicht nur, daß aus dieser »soziale Interessen und Konflikte antagonistischer Gruppen eskamotiert« seien, sie hebe auch ab »auf moralische Urteile« statt »auf kritische Reflexion des Geschichtsprozesses und dessen gesellschaftliche Bedingungen« (Pierre Bourdieu). Männer, die Geschichte machten, heißt der Slogan, große Männer mit Charisma, Helden...

Dem gegenüber Autoren wie George Bernard Shaw und Bertolt Brecht: Mit ihren Stücken haben sie dazu beigetragen, den Sockel des Heldentums zu untergraben. Aus des witzigen Shaw elegantem Stil soll denn auch Oberflächlichkeit und Eitelkeit sprechen. Diejenigen, die so argumentieren, fänden »nur dann Tiefe«, kommentiert Valeriu Marcu, selbst ein espritvoller deutschschreibender Autor, »wenn sie sich bei der Lektüre langweilen, und wenn die von ihnen verehrten Literaten das Geheimnis einiger Auserwählter bleiben«. Daß Brechts Heldendämmerung dann neue Helden gebar, ist den unglücklichen Zeitläuften zuzuschreiben. Die gegensätzlichen Fassungen des *Galilei* zeugen von tiefgehender Wandlung. Sie hat Brechts Theaterkonzept völlig durcheinandergebracht. War Galilei zuerst ein Held, weil er »nein sagte«, sich weigerte, ein Held im traditionellen Sinn zu sein, so sollte ihm gerade diese Weigerung später zum Vorwurf gemacht werden. Fehlendes Heldentum stempelt ihn zum Feigling. »Unglücklich das Land, das keine Helden hat!« hatte sein Schüler Andrea ausgerufen. Galileis Kommentar: »Nein. Unglücklich das Land, das Helden nötig hat.« Galilei hat sich im »Kampf gegen die Bestie der Unterdrückung«, wie Ernst Bloch es nennt, als Versager erwiesen.

Deutsche Genies, deutsche Helden – Millionen und Abermillionen Seiten füllen die Berichte ihrer Taten. Bis in unsere jüngste Vergangenheit reicht die Kette. »Held der Arbeit« nannte sich ihr letztes Glied. Vorbildliteratur, lebensfeindlich im Namen des Lebens. Wen wundert es, daß der Antiheld sich nicht deutsch-christlichem, sondern spanisch-jüdischem Schöpfergeist verdankt. Er hat Kopf, Witz. Seine Schule ist das Leben. In ihr lernt er mit den Waffen der Klugheit zu kämpfen. Um zu überleben. Der »andere« Brecht, sein Ur-Galilei oder sein Azdak (*Der kaukasische Kreidekreis*) geben von ihm Zeugnis. Auch Brechts *Schweyk*. Ganz anders der »echte« deutsche Held: Er wußte zu sterben. Es gebe wenige Völker, meint Norbert Elias, »die in ihrer nationalen Mystik, in ihrer Dichtung und in ihren Liedern so viele Hinweise auf Tod und Selbstaufopferung haben wie die Deutschen«. Sie seien damit Opfer ihres »Idealbildes von sich selbst«. Heldentum erwächst in der Geschichte der Deutschen nun einmal aus Niederlage und Tod. Drang zur Größe, den ein Gewissen befeuert, das am Absoluten mißt, den Kompromiß des Lebens empört als »unannehmbar« zurückweist. Mystisch, irrational.

Statt die »Interessen des Lebens« wahrzunehmen, wie humanistisches Engagement es fordert, Helden- und Totenkult, ein Anti-Intellektualismus, in dem die »Entwitzung«, die Verteufelung des »gleichmachenden« Witzprinzips weiterwirkt. »Wichtiger als alle Vivisektion des Intellektualismus«, konnte in den zwanziger Jahren ein junger Rechtsintellektueller wie Wilhelm Stapel verkünden, »ist das Wachstum eines nationalen Mythos, eines Mythos nicht aus den Nerven geschwitzt, sondern aus dem Blut blühend.« Zwischen »Volkheit« und »Intellektualismus« herrsche Krieg. Denn Intellektualismus sei nichts anderes als »Skeptizismus«, sprich: Zersetzung, und »Dürre«. Er kennt »nur Gewitztheit«.

Nicht über Witz verfügt der deutsche Held, er hat Gemüt. Wenn Kant »Esprit« den Wörtern zurechnet, die sich nicht leicht übersetzen lassen, weil sie mehr »die Eigentümlichkeit« einer »Sinnesart« bezeichneten als einen bestimmten Gegenstand, so gilt gleiches für das deutsche Wort »Gemüt«. Häufig muß es als Antwort herhalten auf die Frage »Was ist deutsch?« »Deutsch« steht dann auf selbstverständliche Weise für seelische Tugenden wie Innerlichkeit, Tiefe und Gemüt. Für Novalis ist Gemüt der »tragende Wesenskern« des Deutschen. In seinem Roman *Heinrich von Ofterdingen* (1808) erhob er es zum Schlüsselbegriff. Wir gefielen uns in seinem Gebrauch. Nicht zuletzt wohl, weil wir stets nur verschwommene Vorstellungen hatten von dem, was es mit der »witzigen« blauen Blume, unserer »Seelenarabeske«, auf sich hat. So trat neben den Esprit der Franzosen, den Humor der Engländer das Gemüt der Deutschen. Identität durch Abgrenzung selbst hier. Freilich auch Pose der Überlegenheit. Der seinen Schäferhund streichelnde KZ-Kommandant als ihre widerliche Karikatur. Schon Goethe meldete Vorbehalte an. »Die Deutschen sollen in einem Zeitraum von dreißig Jahren das Wort Gemüth nicht aussprechen«, schrieb er, »dann würde nach und nach das Gemüth sich wieder erzeugen.«

Goethes Kritik hat in einem Tadelswort Lichtenbergs seine Entsprechung. Es gilt der deutschen Genie-Inflation.

Zweifellos sind wir zurückhaltender geworden im Umgang mit den Wörtern Gemüt und Genie. Entspannter, könnte man sagen. Die Notwendigkeit, eine Gegenposition zu der rationalen Funktion Geist und Verstand hervorzuheben, scheint nicht länger dringend. Auch die von dem deutschen Nationalökonom Werner Sombart geprägte

»So viel ist gewiß, keine Nation führt das Wort Genie so oft im Munde als die deutsche seit 6 bis 8 Jahren, und nie sind die Genies seltner gewesen. Es ließe sich eine Bibliothek von deutschen Büchern sammeln, wo das Wort auf jedem Blatt, die Sache aber selbst gar nicht vorkommen müßte. Der Henker halte sich da in Grenzen wenn man das Genie mit einem Feuerstrom vergleicht, dessen Wellen unaufhaltbar dahinbrausen, und durch seinen Glanz und Lärm Blindheit und Taubheit über das Geschlecht der Zaunkönige verbreitet. So bald ein ehrlicher Mann, der es aus der Zeitung weiß, daß er ein Genie ist, und ein paar kleine Bemerkungen gemacht hat, soll er sie etwa eben so dünne sagen wie Leibniz, Locke, Hartley, das ist nicht möglich, er sprudelt, schäumt, ergießt sich, reißt *Sense*-Körner und *Nonsense*-Felsen wie Häuser mit sich fort, und schwillt und braust und schallt mächtig von Straßburg bis Königsberg. Wenn ich etwas zu sagen [hätte], so ließ ich bei Strafe des Stranges verbieten künftig das Genie mit einem Strom zu vergleichen, oder wenigstens einen ganz stillen langsamen und tiefen dazu zu nehmen...«

Georg Christoph Lichtenberg

Formel »Händler und Helden«, d. h. englische Händler und deutsche Helden, ist längst in ihrer Hohlheit durchschaut. Mit dem Ideal des gemütvollen Helden, in dem Eigenwertdemonstration sich mit der Einübung von Wunschvorstellung paart, ist kein Hund hinter dem Ofen hervorzulocken und schon gar nicht mehr Staat zu machen. Wie mit dem Slogan vom Volk der »Dichter und Denker«, das unsere Gegner nicht ganz zu Unrecht in ein »Richter und Henker« verkehrt haben. Ironischerweise wurde das Deutschlandbild der Welt sowieso weit mehr von den Naturwissenschaften und der Technik geprägt als von den Geisteswissenschaften und Künsten.

Finden wir uns also damit ab, daß auch unser Verhältnis zum Witz Teil bildet des deutschen Sonderbewußtseins. Es ist untrennbar verbunden mit dem von den Deutschen zunächst nur allzu positiv eingeschätzten Sonderweg, der ihr Land für Jahrhunderte dem Hauptstrom der westlich-europäischen Entwicklung entfremdet hat. Spätestens seit der Katastrophe von 1945 verworfen, konnte er zum »Negativ-Symbol« (Kurt Sontheimer) werden. Es ist, als wäre uns unversehens bewußt geworden, daß zwischen »sonder« und »Sünde« ein Zusammenhang besteht. Zurückeskortiert nach Europa von unseren siegreichen »Reedukatoren«, sind wir inzwischen auch mit der Seele heimgekehrt. Die Tür nach Frankreich, erneut steht sie uns offen.

Wahrhaft bürgerlicher Charakter *

»*Ein amerikanischer Beobachter berichtet um 1890:* In den Vereinigten
Staaten haben wir in den letzten siebzig Jahren etwa 4600000 deutsche
Auswanderer aufgenommen – einen großen Teil davon in den vergange-
nen fünfundzwanzig Jahren – und es wird allgemein anerkannt, daß die
Deutschen sich leicht und vorteilhaft mit der einheimischen Bevölkerung
vermischen. In der Politik neigen sie weniger als die meisten anderen Ein-
wanderergruppen dazu, sich von Gruppeninteressen leiten zu lassen; im
Arbeitsleben sind sie strebsam und ihr Charakter ist im Durchschnitt zu-
friedenstellend.

Der deutsche Auswanderer läßt sich gut in den deutschen ländlichen
Gebieten und in den hauptsächlichen Einschiffungshäfen, in Bremen und
Hamburg, studieren. Jeder, der eine Zeitlang in Deutschland auf dem
Lande gelebt hat, kommt aufs neue zu der Überzeugung, daß die Deutschen mit ihrem ausdauernden und keine Mühen scheuenden Fleiß, ihrer
Sparsamkeit und in ihrem verläßlichen, antirevolutionären und wahrhaft
bürgerlichen Charakter, das bewunderungswürdigste Volk auf dem europäischen Kontinent sind. Die sozialistische Bewegung in Deutschland ist
eine nationalistische Bewegung auf politischer Ebene. Es gibt keine starke
revolutionäre oder anarchistische Gesinnung in Deutschland. Die Deutschen entwickeln die gewagtesten Theorien, überlassen es jedoch anderen, sie zu verwirklichen. Sie respektieren die Autorität, schätzen ihre
Institutionen und nachdem sie sich für ein konstitutionelles Regierungssy-
system entschieden haben, dauert ihr Bemühen um die dazu nötige Verfas-
sung einen guten Teil des Jahrhunderts. Im ganzen ist der deutsche Einfluß in den Vereinigten Staaten konservativ und wird es auch bleiben.«

Aus: *F. L. Dingley, European Emigrations* (1890)

In einem 1991 verfaßten Bericht der EG-Kommission über den EG-Euro-
päer steht zu lesen, daß die Deutschen die größten Biertrinker der EG
sind, am häufigsten zum Arzt gehen und die meisten Autos fahren. Die
Franzosen sind der Statistik zufolge die größten Weintrinker, sie essen das
meiste Kalbfleisch und lieben das Spiel mehr als alle anderen EG-Euro-
päer.

Niemand hindert uns daran, dem Krähen des gallischen Hahns zu folgen, noch einmal zum Esprit in die Schule zu gehen, auf einem mit
Pinard und Brie garnierten Ferien-Kurs einem Geist uns in die Arme
zu werfen, der Ausgewogenheit höher stellt als Kraftmeierei, Vollendung höher als Originalität. Menschsein gilt ihm mehr als Charakter-

nachweis, Dialog mehr als Befehlsempfang, Diskussion mehr als Verordnung. Daß er Sowohl-als-auch über unser Entweder-oder stellt, sollten wir ihm nicht als Charakterlosigkeit ankreiden, sondern als Zeichen von Reife bewundern. Halten wir uns also getrost an das französische Sowohl-als-auch. Aber auf eine Weise, daß in dem Sowohl des Als-auch das Entweder-oder aufgehoben ist und das Sowohl-als-auch nicht umschlägt in ein neues Entweder-oder. Wie sagte doch der Franzose Paul Claudel? »Die Ordnung ist die Lust der Vernunft; aber die Unordnung ist die Wonne der Phantasie.« Wir bedürfen beider.

Literaturverzeichnis

Adorno, Th. W.: Minima Moralia. Reflexionen aus dem beschädigten Leben. Berlin u. Frankfurt/Main 1951

Arendt, Hannah: Rahel Varnhagen. München 1962

Auerbach, Erich: Das französische Publikum des 17. Jahrhunderts. München 1933

Bach, A.: Geschichte der deutschen Sprache. Heidelberg [8]1965

Baczko, B.: Rousseau. Einsamkeit und Gemeinschaft. Wien 1970

Beauvais, R.: Nous serons des Protestants. Paris 1976

Beckmann, B.: Witz, in: Deutsches Wörterbuch, Bd. XIV, 2, Leipzig 1939

Bein, A.: Die Judenfrage. Biographie eines Weltproblems. 2 Bde. Bd. I. Stuttgart 1980

Best, O. F.: Abenteuer – Wonnetraum aus Flucht und Ferne. Frankfurt/Main 1980

Ders.: Der weinende Leser. Kitsch als Tröstung, Droge und teuflische Verführung. Frankfurt/Main 1985

Ders.: Bertolt Brecht: Weisheit und Überleben. Frankfurt/Main 1982

Ders.: Der Witz als Erkenntniskraft und Formprinzip. Darmstadt 1989

Blackall, E. A.: Die Entwicklung des Deutschen zur Literatursprache 1700–1775. München [3]1967

Böckmann, P.: Formgeschichte der deutschen Dichtung. Bd. I. Hamburg [3]1967

Bouhours, D.: Entretiens d'Ariste et d'Eugène. Hg. von René Radouant. Bd. IV. Paris 1920

Bourdieu, P.: Die feinen Unterschiede. Kritik der gesellschaftlichen Urteilskraft. Dt. von B. Schwibs und A. Russer. Frankfurt/Main 1982 (stw 658)

Brackert, H. u. F. Wefelmeyer (Hg.): Naturplan und Verfallskritik. Zu Begriff und Geschichte der Kultur. Frankfurt/Main 1984 (es 1211)

Breitenstein, R.: Der häßliche Deutsche. Wir im Spiegel der Welt. München 1968

Bruford, W. H.: Die gesellschaftlichen Grundlagen der Goethezeit. Weimar 1936

Burger, H. O. (Hg.): Annalen der deutschen Literatur. 3 Bde. Stuttgart 1962

Buytendijk, F. J. J.: Das menschliche Spielen. In: Neue Anthropologie. Hrsg. von H. G. Gadamer und P. Vogler. Bd. IV: Kulturanthropologie. Frankfurt/Main 1973

Claus, M.: Lessing und die Franzosen. Rheinfelden 1983

Craig, G. A.: Über die Deutschen. Dt. von H. Stiehl. München 1983

Curtius, E. R.: Die französische Kultur. Bern u. München [2]1975

Dahrendorf, R.: Gesellschaft und Demokratie in Deutschland. München 1965

Diemer, A.: Elementarkurs Philosophie. Philosophische Anthropologie. Düsseldorf/Wien 1978

Eichendorff: Neue Gesamtausgabe in vier Bänden. Bd. IV (Literaturhistor. Schriften [...]). Stuttgart 1958

Elias, N.: Über den Prozeß der Zivilisation. Soziogenetische und psychogenetische Untersuchungen. 2 Bde. Bd. I. Basel 1939. Neuausgabe Frankfurt/Main 1969

Ders.: Studien über die Deutschen. Machtkämpfe und Habitusentwicklung im 19. und 20. Jahrhundert. Frankfurt/Main 1959

Eliot, G.: Essays. Hg. von Th. Pinney. New York 1963

Engelsing, R.: Der Bürger als Leser. Stuttgart 1974

Freud, S.: Der Witz und seine Beziehung zum Unbewußten. In: Gesammelte Werke, Bd. VI. Frankfurt/Main 1958

Garve, Chr.: Über Gesellschaft und Einsamkeit. In: Versuche über verschiedene Gegenstände aus der Moral, der Literatur und dem gesellschaftlichen Leben. Breslau 1801

Gehlen, A.: Der Mensch. Seine Natur und seine Stellung in der Welt. Wiesbaden [12]1978

Gerstenberg, H. W. von: Briefe über Merkwürdigkeiten der Literatur. In: Sturm und Drang. Kritische Schriften. Hg. von E. Loewenthal. Frankfurt/Main [3]1972

Gottsched, J. Chr.: Versuch einer Critischen Dichtkunst [...]. Leipzig [4]1751. Neuausgabe Darmstadt 1962

Hauser, A.: Sozialgeschichte der Kunst und Literatur. 2 Bde. München 1953

Heine, H.: Sämtliche Werke. 7 Bde. Hrsg. von E. Elster. Leipzig 1887ff.

Heiss, R.: Wesen und Formen der Dialektik. Köln/Berlin 1959

Hess, P.: Epigramm. Stuttgart 1989 (Sammlung Metzler 248)

Hirzel, R.: Der Dialog. Ein literarischer Versuch. 2 Bde. Hildesheim 1963. Reprograph. Nachdruck der Ausgabe von 1895

Huizinga, J.: Homo Ludens. Basel [...] [3]o. J.

Humboldt, W. von: Studienausgabe in drei Bänden. Hrsg. von K. Müller-Vollmer. Frankfurt/Main 1971

Jean Paul: Vorschule der Ästhetik. Hrsg. von N. Miller. München [2]1974

Jünger, F. G.: Über das Komische. Frankfurt/Main 1948

Kahler, E. von: Die Verantwortung des Geistes. Frankfurt/Main 1952

Kant: Werke. 10 Bde. Hrsg. von W. Weischedel. Bd. II (Vorkritische Schriften bis 1768) und Bd. X (Schriften zur Anthropologie, Geschichtsphilosophie und Pädagogik). Darmstadt 1968

Klages, L.: Die Sprache als Quell der Seelenkunde. Zürich 1948

Kluge, Fr.: Etymologisches Wörterbuch der deutschen Sprache. Berlin [19]1963

Knigge, A. von: Über den Umgang mit Menschen. Einl. von Max Rychner. Bremen 1964

Koch-Hillebrecht, M.: Das Deutschenbild. Gegenwart, Geschichte, Psychologie. München 1977 (Beck'sche Schwarze Reihe 162)

Kofler, Leo: Zur Geschichte der bürgerlichen Gesellschaft. Darmstadt und Neuwied [5]1974 (Soziolog. Texte 38)

Küpper, H.: Wörterbuch der deutschen Umgangssprache. Stuttgart 1987

Lausberg, H.: Handbuch der literarischen Rhetorik. 2 Bde. München 1960

Lepenies, W.: Melancholie und Gesellschaft. Frankfurt/Main 1969

Lessing: Sämtliche Schriften. 23 Bde. Hrsg. von Lachmann/Muncker. Stuttgart/Leipzig 1886 ff.

Lichtenberg, G. Chr.: Schriften und Briefe. 4 Bde. Hrsg. von W. Promies. München 1968

Littré, E.: Dictionnaire de la Langue Française. Paris 1863 ff.

Lützeler, H.: Philosophie des Kölner Humors. Köln 1954

Mann, Golo: Deutsche Geschichte des 19. und 20. Jahrhunderts. Frankfurt/Main 1958

Mann, Th.: Betrachtungen eines Unpolitischen. Frankfurt/Main 1956

Ders.: Doktor Faustus. Frankfurt/Main 1971

Markwardt, B.: Geschichte der deutschen Poetik. Bd. I und Bd. II. Berlin [3]1964 bzw. 1956 (Grundriß der german. Philologie 13/1 und 2)

Mattenklott, G.: Melancholie in der Dichtung des Sturm und Drang. Stuttgart 1968

Mitzka, W. (Hg.): Trübners deutsches Wörterbuch. Bd. VIII. Berlin 1957

Neel, A. F.: Handbuch der psycholog. Theorien. München 1974

Neumann, G. (Hg.): Deutsche Epigramme. Stuttgart 1969

Nietzsche, F.: Werke. 3 Bde. Hg. von K. Schlechta. München 1954 f.

Plessner, H.: Die verspätete Nation. Frankfurt/Main 1974 (stw 66)

Ders.: Philosophische Anthropologie. Frankfurt/Main 1970

Pöls, W. (Hg.): Deutsche Sozialgeschichte 1815–1870. Dokumente und Skizzen. München [3]1979

Preisendanz, W.: Über den Witz. Konstanz 1970

Ders.: Heinrich Heine. Werkstrukturen und Epochenbezüge. München 1973

Pross, H.: Was ist heute deutsch? Wertorientierungen in der Bundesrepublik. Reinbek bei Hamburg 1982

Renner, K. N.: Witz. In: Reallexikon der deutschen Literaturgeschichte. Bd. IV. Hrsg. von K. Kanzog und A. Masser. Berlin 1984

Riehl, W. H.: Die Familie. Stuttgart [10]1889

Rilla, P.: Lessing und sein Zeitalter. Berlin 1959

Ritter, J. (Hg.): Historisches Wörterbuch der Philosophie. Bd. I u. III. Basel/Stuttgart 1971 bzw. 1974

Ritter, G. A. und Kocka, J. (Hg.): Deutsche Sozialgeschichte. Bd. II. 1870–1914. München [2]1977

Röhrich, L.: Der Witz. Seine Formen und Funktionen. München 1977

Roth, A.: Was ist typisch deutsch? Image und Selbstverständnis der Deutschen. Freiburg/Würzburg 1979

Rousseau, J. J.: Der Gesellschaftsvertrag – ›Contrat Social‹. Stuttgart 1963

Ders.: Über Kunst und Wissenschaft. Über den Ursprung der Ungleichheit unter den Menschen. Frz.-Dt. Hamburg 1955

Sagarra, Eda: Der deutsche Michel. In: Akten des Internationalen Germanistenkongresses. Bd. IX. Tübingen 1986

Schiller, Fr. von: Sämtliche Werke. Hrsg. von G. Fricke und H. G. Göpfert in Verbindung mit H. Stubenrauch. München 1965

Schings, H.-J.: Melancholie und Aufklärung. Stuttgart 1977

Schmidt-Hidding, W./H. O. Schütz und W. Hempel (Hg.): Humor und Witz. München 1963 (Europ. Schlüsselwörter I)

Schmidt, J.: Geschichte des Genie-Gedankens in der deutschen Literatur, Philosophie und Politik 1750–1945. 2 Bde. Darmstadt 1985

Schöffler, H.: Kleine Geographie des deutschen Witzes. Göttingen 1955

Schopenhauer, A.: Die Welt als Wille und Vorstellung. 2 Bde. Leipzig 1819

Schulte-Sasse, J. und R. Werner: Einführung in die Literaturwissenschaft. München 1977

Schulze, Hagen: Wir sind, was wir geworden sind. Vom Nutzen der Geschichte für die deutsche Gegenwart. München/Zürich 1987

Simmel, G.: Soziologische Untersuchungen über die Formen der Vergesellschaftung. München [4]1958

Sowinski, B.: Deutsche Stilistik. Frankfurt/Main 1972

Staël, A. G. de: Über Deutschland. Frankfurt/Main 1985

Thomasius, Ch.: Von Nachahmung der Franzosen. 1687. In: Deutsche Literaturdenkmale des 18. und 19. Jahrhunderts. Hrsg. von A. Sauer. Leipzig 1894

Ders.: Discours welcher Gestalt man denen Franzosen in gemeinem Leben und Wandel nachahmen solle? In: C. T.: Deutsche Schriften. Ausgew. und eingel. von P. von Düffel. Stuttgart 1970

Trautmann, G. (Hrsg.): Die häßlichen Deutschen? Darmstadt 1991

Tucholsky, K.: Gesammelte Werke in 10 Bden. Hrsg. von Mary Gerold-Tucholsky und F. J. Radatz. Reinbek bei Hamburg 1975

Voltaire: Esprit. In: Encyclopédie ou dictionnaire raisoné des sciences, des arts et des métiers. Hrsg. von d'Alembert und Diderot. Paris 1751 ff. Bd. V: Bad Cannstatt 1966

Wandruzka, M.: Die europäische Sprachengemeinschaft. Tübingen 1990 (Uni Taschenbuch 1588)

Weisenberger, K. (Hg.): Prosakunst ohne Erzählen. Tübingen 1985

Wiedemann, C.: Römische Staatsnation und griechische Kulturnation. In: Akten des Internat. Germanistenkongresses. Bd. IX. Tübingen 1986

Wiegmann, H.: Geschichte der Poetik. Stuttgart 1977 (Metzler 160)

Winckelmann, J. J.: Gedanken über die Nachahmung der griech. Werke in der Malerei und Bildhauerkunst. 1755. In: Kunsttheoret. Schriften. Faks. der 1. Aufl. 1764–1767, 8 Bde. 1962 ff.

Wolff, Chr.: Vernünftige Gedanken von dem gesellschaftlichen Leben der Menschen. Halle/Saale 1721. Neudr. Hildesheim/New York 1971

Žmegač, V. (Hg.): Geschichte der deutschen Literatur vom 18. Jahrhundert bis zur Gegenwart. Bd. I, 1. Königstein/Ts. 1979

Kulturgeschichte

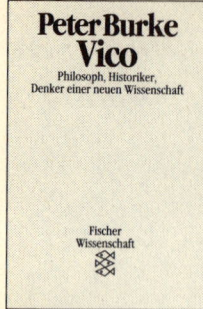

Philippe Ariès,
André Béjin,
Michel Foucault u. a.
**Die Masken des
Begehrens und die
Metamorphosen
der Sinnlichkeit**
Zur Geschichte
der Sexualität
im Abendland
Band 7357

Peter Burke
Vico
Philosoph, Historiker,
Denker einer
neuen Wissenschaft
Band 10284

Gerrit Confurius
**Sabbioneta oder
Die schöne Kunst
der Stadtgründung**
Band 10532

Eduard Fuchs
**Illustrierte
Sittengeschichte**
Sechs Bände
in farbiger
Schmuck-Kassette
Ausgewählt und
eingeleitet von
Thomas Huonker
Kassette: Bd. 4330
Die Bände sind auch
einzeln erhältlich:
**Band 1:
Renaissance I**
Band 4331

**Band 2:
Renaissance II**
Band 4332

**Band 3:
Die galante Zeit I**
Band 4333

**Band 4:
Die galante Zeit II**
Band 4334

**Band 5:
Das bürgerliche
Zeitalter I**
Band 4335

**Band 6:
Das bürgerliche
Zeitalter II**
Band 4336

Peter Gay
**Die Republik
der Außenseiter**
Geist und Kultur
in der Weimarer
Zeit 1918–1933
Band 4378

Carlo Ginzburg
**Erkundungen
über Piero**
Piero della Francesca,
ein Maler der
frühen Renaissance
Mit einer Einleitung
von Martin Warnke
Band 10334

Fischer Taschenbuch Verlag

fi 1703 / 1 a

Kulturgeschichte

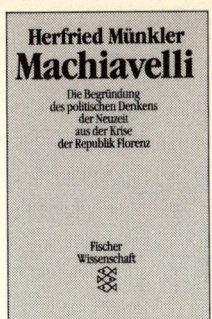

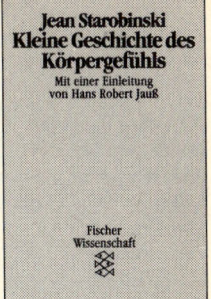

Hermann Glaser
Die Kulturgeschichte der Bundesrepublik Deutschland
Drei Bände in Kassette: Bd. 10530
Die Bände sind auch einzeln erhältlich:

Band 1: Zwischen Kapitulation und Währungsreform
(1945–1948). Band 10527

Band 2: Zwischen Grundgesetz und Großer Koalition
(1949–1967). Band 10528

Band 3: Zwischen Protest und Anpassung
(1968–1989). Band 10529

Rebekka Habermas, Walter H. Pehle (Hg.)
Der Autor, der nicht schreibt
Über den Büchermacher und das Buch (Festschrift für Günther Busch). Band 4444

Jost Hermand
Grüne Utopien in Deutschland
Zur Geschichte des ökologischen Bewußtseins. Band 10395

Jost Hermand, Frank Trommler
Die Kultur der Weimarer Republik
Band 4397

Maurice Lombard
Blütezeit des Islams
Eine Wirtschafts- und Kulturgeschichte 8.–11. Jahrhundert Band 10773

Herfried Münkler
Machiavelli
Die Begründung des politischen Denkens der Neuzeit aus der Krise der Republik Florenz. Band 7342

Wolfgang Schivelbusch
Geschichte der Eisenbahnreise
Zur Industrialisierung von Raum und Zeit im 19. Jahrhundert Band 4414

Lichtblicke
Zur Geschichte der künstlichen Helligkeit im 19. Jahrhundert Band 4341

Das Paradies, der Geschmack und die Vernunft
Eine Geschichte der Genußmittel Band 4413

Jean Starobinski
Kleine Geschichte des Körpergefühls
Mit einer Einleitung von Hans Robert Jauß Band 10523

Fischer Taschenbuch Verlag

Literaturwissenschaft

Reinhard Baumgart
Selbstvergessenheit
Drei Wege zum Werk:
Thomas Mann, Franz Kafka,
Bertolt Brecht
Band 11470

Hartmut Böhme /
Nikolaus Tiling (Hg.)
Leben, um eine Form
der Darstellung zu finden
Studien zum Werk Hubert Fichtes
Band 10831

Carl Buchner /
Eckhardt Köhn (Hg).
Herausfordeung der Moderne
Annäherung an Paul Valéry
Band 6882

Hermann Burger
Paul Celan
Auf der Suche nach der
verlorenen Sprache
Band 6884

Michel Butor
Die Alchemie und ihre Sprache
Essays zur Kunst und
Literatur. Band 10242
Ungewöhnliche Geschichte
Versuch über einen Traum
von Baudelaire. Band 10959

Mathieu Carrière
für eine Literatur
des Krieges, Kleist
Band 10159

Victor Erlich
Russischer Formalismus
Band 6874

Gunter E. Grimm (Hg.)
Metamorphosen des Dichters
Das Rollenverständnis
deutscher Schriftsteller
vom Barock bis zur Gegenwart
Band 10722

Gerhard Härle (Hg.)
»Heimsuchun und süßes Gift«
Erotik und Poetik bei
Thomas Mann. Band 11243

Käte Hamburger
Thomas Manns biblisches Werk
Band 6492

Gustav René Hocke
Europäische Tagebücher
aus vier Jahrhunderten
Motive und Anthologie
Band 10883

Christoph König /
Eberhard Lämmert (Hg.)
Literaturwissenschaft
und Geistesgeschichte 1910 bis 1925
Band 11471

Fischer Taschenbuch Verlag

Literaturwissenschaft

Ralf Konersmann
Lebendige Spiegel
Die Metapher des Subjekts
Band 10726

Jan Kott
Shakespeare heute
Band 10390

Leo Kreutzer
Literatur und Entwicklung
Studien zu einer Literatur
der Ungleichzeitigkeit
Band 6899

Milan Kundera
Die Kunst des Romans
Essay. Band 6897

Paul Michael Lützeler (Hg.)
Spätmoderne und Postmoderne
Beiträge zur deutschsprachigen
Gegenwartsliteratur
Band 10957

Walter Müller-Seidel
Die Deportation des Menschen
Kafkas Erzählung
»In der Strafkolonie«
im europäischen Kontext
Band 6885

Marthe Robert
Das Alte im Neuen
Von Don Quichotte zu Franz Kafka
Band 7346
Einsam wie Franz Kafka
Band 6878

Leo Spitzer
Texterklärungen
Aufsätze zur europäischen Literatur
Band 10082

Tzvetan Todorov
Einführung in die
fantastische Literatur
Band 10958

Joachim Unseld
Franz Kafka
Ein Schriftstellerleben
Band 6493

Achim Würker
Das Verhängnis der Wünsche
Unbewußte Lebensentwürfe
in Erzählungen E.T.A. Hoffmanns
Band 11244

Fischer Taschenbuch Verlag